星火

中國地下歷史學家與他們的未來之戰

Ian Johnson
張彥——著
林瑞——譯

China's Underground Historians
and Their Battle for the Future

即使是在最黑暗的時代，我們也有權期待一些啟明。這種啟明或許不來自理論和概念，而更多地來自一種不確定、閃爍而又很微弱的光亮。這光亮源自某些男人和女人，源自他們的生命和作品。他們幾乎在所有情況下都點燃著，並把光散射到他們在塵世生命所及的全部範圍。像我們這樣長期習慣了黑暗的眼睛，幾乎無法告知人們，那些光到底是搖曳的燭光，還是灼熱的陽光。

——漢娜．鄂蘭（Hannah Arendt），
《黑暗時代群像》（*Men in Dark Times*）

目次

第三部　未來

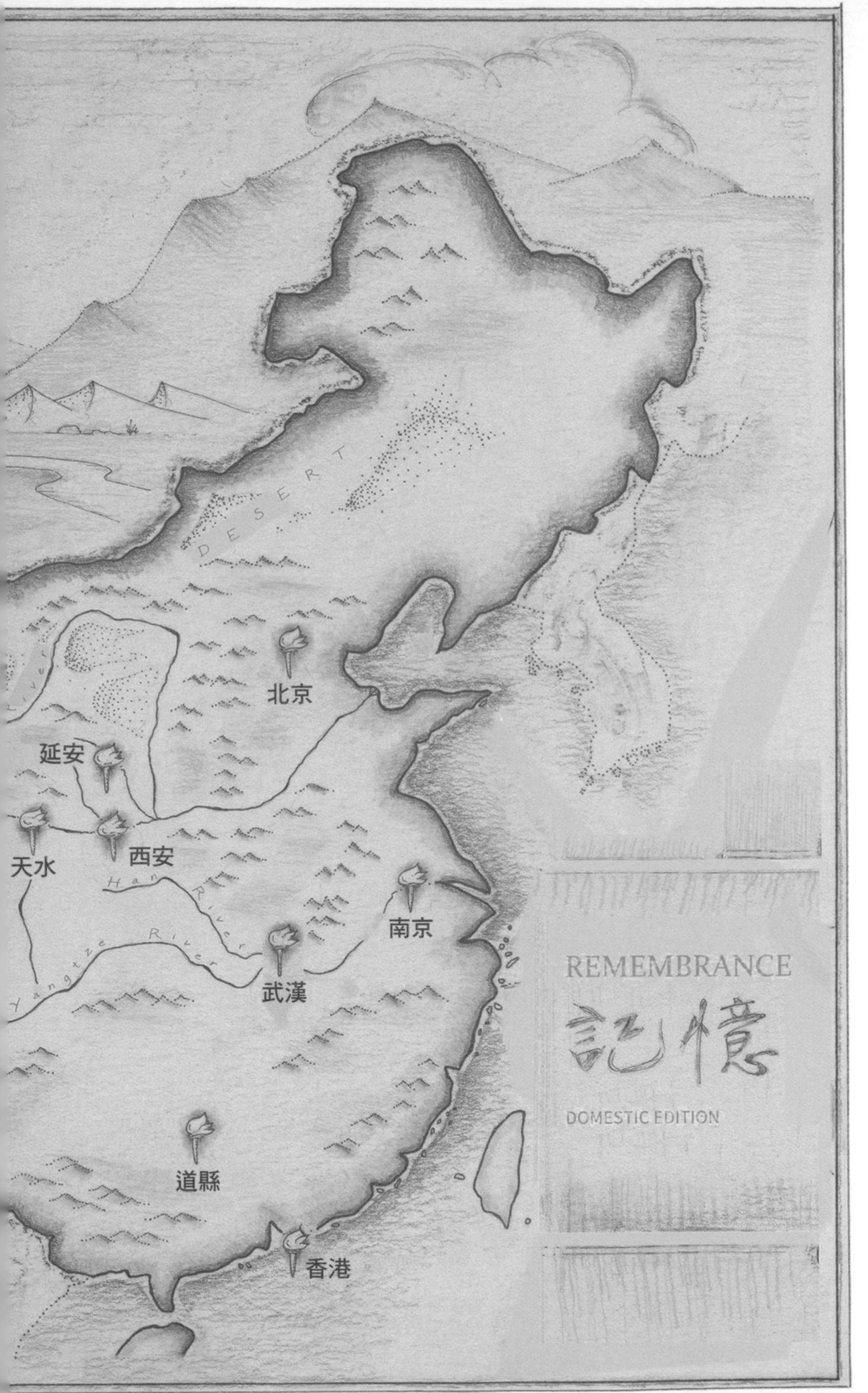
DESERT
River
北京
延安
西安
天水
Han River
Yangtze River
南京
武漢
道縣
香港
REMEMBRANCE
記憶
DOMESTIC EDITION

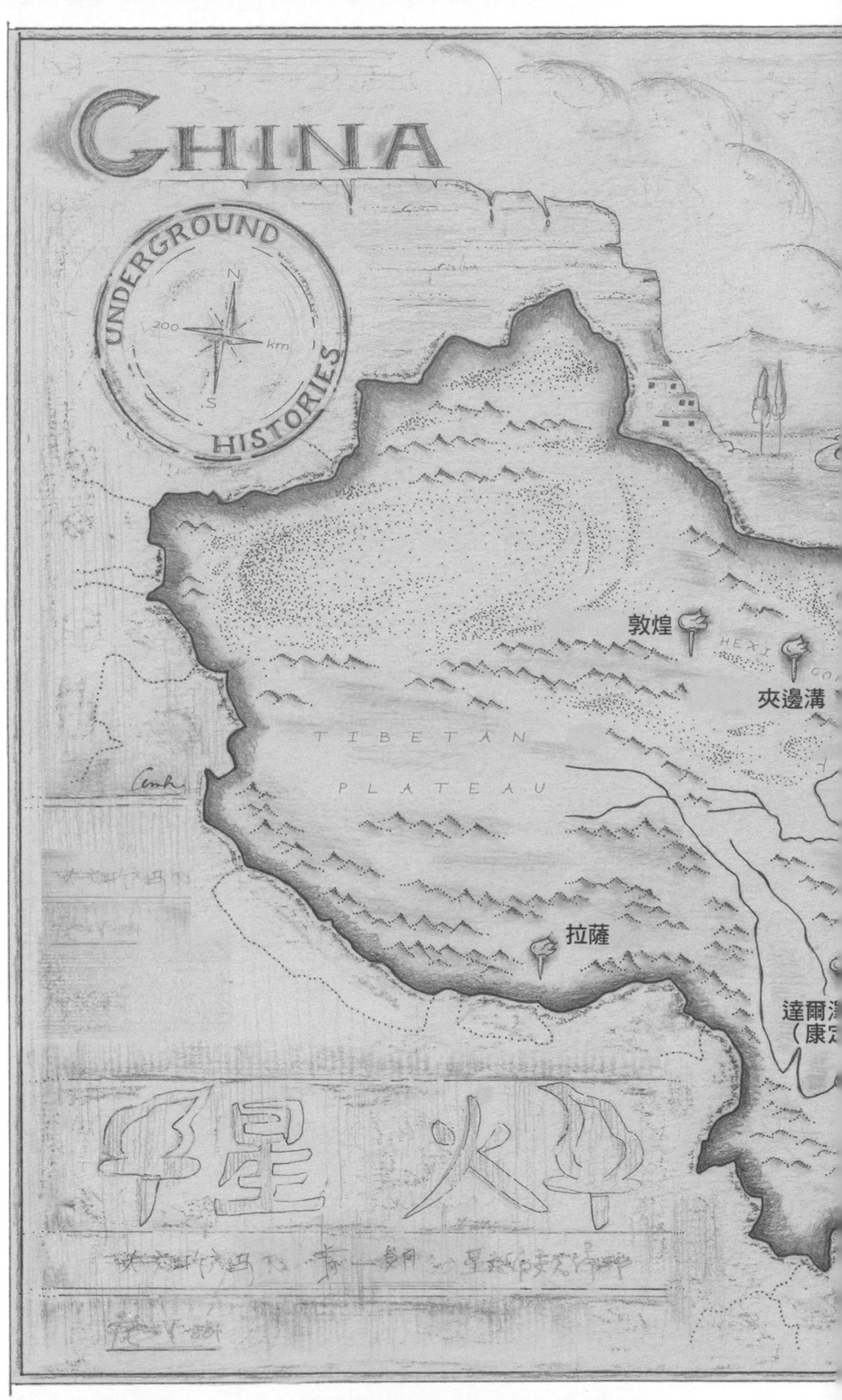
CHINA
UNDERGROUND HISTORIES
N
S
200
km
敦煌
夾邊溝
TIBETAN
PLATEAU
拉薩

中文版新序

對我來說，《星火》在台灣的出版，就像它的英文版首發一樣重要。早在展開本書寫作過程之初，我就知道英文版問世只能算工程完成一半而已。另一半是它面向廣大華人世界的中文譯本。

事實上，早在二〇一〇年展開本書研究工作時，我已經做著迎接這一天到來的準備。在之後十年，我總以華語進行訪談，然後將過程錄音、轉譯成文字。在《星火》英文版中，我翻譯了其中部分材料，不過我一定會在附注中注明中文原始出處。所以這麼做的理由是，我要確定當有一天中文版問世時，我在書中引述的人物能夠原音重現。我感覺若不能做到這點，就是對那些受訪者的背叛。我從一開始就知道這本書會有兩個並行、但對等的版本：一是用我的母語寫成的英文版，另一是以書中人物母語面貌問世的中文版。

而我也知道，中文版最佳的、也是唯一能夠出版的地點就是台灣。當然，在中國出版這樣一本書根本不可能，但台灣基於歷史因素使然，是絕佳的中文版發行首選。在不久以前，台灣也曾歷經獨裁統治，許多台灣的中老年人或許對此記憶猶新。在那段期間的台灣，統治系統外的作家與導演也曾甘冒奇險發表「地下」雜誌與影片。在今天的中國，這類人物是所謂「體制外」人士，在當年台灣，這類人物被稱為「黨外」。

我還記得當我於一九八六到八八年間留學台灣時，陳映真等知識分子辦了一家叫做《人間》的雜誌。像直到不久以前還能在中國出現的一些刊物一樣，《人間》是一本半合法雜誌，討論一九八〇年代台灣的許多敏感議題。我有幾位在《人間》工作的友人，就曾調查過環境破壞與原住民命運這類禁忌議題。

拿當年的台灣與今天的中國做對比或許並不準確。即使在當年蔣介石統治下，國民黨也沒能像今天的中國共產黨擁有這許多壓迫工具。但正因為如此，《星火》中的人物尤令人可敬。或許台灣讀者可以從歷史回顧中，見到人們在台灣最黑暗一刻站起來，為爭取更自由、更民主的社會而抗爭，他們的抗爭看似垂死掙扎，但最後他們成功了。

《星火》在英語世界引起讀者迴響，基於一些相同的理由，從更廣的角度來說，華人世界的讀者也會喜歡這本書。許多人告訴我，見到今天的中國竟還有一些能夠獨立思考的人，頗令他們振奮。歷經多年耳濡目染，全球各地人們早已將中國視為無可救藥的專制、甚至極權國度，出現在這個國度的任何曙光都能令人稱奇、心動，甚至狂喜。當然，許多中文讀者自然早已熟悉這點，但對於其他不那麼了解中國近年發展的人來說，他們也可能會產生同樣的振奮之情。

許多讀者也在這本書裡見到普世趨勢，特別是讓他們想到冷戰期間在蘇聯與東歐屹立不搖的獨立思考，還有那個時代的幾位巨人：索忍尼辛、昆德拉與哈維爾。我要用這本書向讀者引薦幾位依我之見，與索忍尼辛等歷史巨人旗鼓相當的人物。當然，《星火》書中這幾位人物自成一格，而且與索忍尼辛等人的對比也並非全然相同。

讀者會在書中見到了不起的記者江雪，以及著名女權運動學者與製片人艾曉明。在大饑荒期間，江雪的祖父曾為了讓家人活著而甘願自己餓死。艾曉明製作的不下十幾部影片中，不乏媲美《終點站酒店》（*Hotel Terminus*）或《浩劫》（*Shoah*）等納粹大屠殺紀錄片的偉大製作。讀者會在書中隨著譚合成旅行，這位非傳統、古怪、有趣、感性的作家曾經揭發共產黨直接幹下的大屠殺罪行。把時間拉近一些，這本書還會談到對二〇一九年新冠疫情進行私下調查的幾位人士的故事，以及「白紙運動」。

這樣的人都是不能見容於中國的人物，但他們存活了下來。他們沒有全數遭到滅絕。中國不是（至少還不是）「完美獨裁」。

＊＊＊

本書大多數內容都是二〇一〇與二〇二二年間的研究成果。有人會說，自那時以來，事情已經有了變化。當然，世事無常本是生命特質，沒有一本紀實文學書籍能把題材拉到今天。但就《星火》雜誌個案而言，近年來的時事發展只讓我更加堅信，與過去相形之下，這本書描繪的一般趨勢更加令人信服。

為了解這一點，且容我簡單說明這本書的結構。我在原版序中對這點有較詳細的敘述，但值得在這裡簡短再提一下：本書以中國地理為準，從中國西北談起，穿過「中原」腹地，談到它的邊陲，最後走出中國，談到台灣，以及亞洲其他地區、北美與歐洲地區的華人社群。我在書中談到中國地下歷史學家今天面對的困境，要比過去更加艱險，但海外華人如今扮演的角色也比多年前重要得多。我們見到中國境內的獨立記者現在得到海外編輯人與作家的支持，見到海外愈來愈多的地下影展投入鼓吹中國地下電影的運動。簡言之，本書大多數讀者，也就是海外的華人世界，很可能也是中國人民爭取自由思考的獨立鬥爭的一部分。

依我之見，以如此持續不斷方式進行的這種鬥爭，最近一次出現在第二次世界大戰期間，當時海外僑社捐錢幫助中國抗日。二戰結束後，中國陷於內戰，最後中國共產黨掌權，導致難民潮湧往香港、台灣與海外，不過中國與外界的溝通也因此大幅切斷。支持與反對共產黨的人在海外爭執了幾十年，但與中國沒有多少直接接觸。

毛澤東死後，中國對外開放，開始迅速發展。從一九七〇年代末期到二〇一〇年代初期這段前後約三十五年的時間，往往稱為「改革時代」。這段改革開放期間並非風平浪靜，以天安門大屠殺事件為例，就曾引起海外華人矚目。但總的說來，海外華人與中國異議人士之間的聯繫相對膚淺。造成這種現象的可能原因是中國經濟正快速成長，社會政策相對而言也較為放任。曾有好一陣子，似乎是中國會愈來愈開放。對許多人來說，它當然是個經濟發展的機會。異議人士繼續存在，只是面對排山倒海而來的膚淺的樂觀（中國正在改變！）與貪婪（我們必須面對現實，這可是全球最大的市場！），他們也只能孤軍奮戰。

現在，我們見到中國陷於後毛澤東時代第一場長期危機中。習近平的國家主義政策已經導致成長放緩。他管控公民社會的嚴厲政策，已經使中國許多最有前瞻性的人放棄了希望。他的新冠疫情政策讓數以千萬計民眾無端受災，使就算對政治最無感的中國民眾也認為政府領導人無能。而習近平在二〇二二年的三連任，意味這一切短期內不會結束，造成許多人心灰意冷。

正是在這種時空背景下，海外華人開始扮演重要角色。許多中國人移居海外，其中不乏中國最重要的思想家。過去可能計畫回國發展的中國青年，現在在海外創辦獨立報刊、紀錄片影展、討論會，他們參加抗議，甚至演出諷刺中國政局的單口相聲。

為了將中國獨立歷史運動的相關作品收集在一處，我建了一個叫做「民間檔案館」的非營利網站（www.minjian-danganguan.org），提供書本、雜誌與影片資料。這項行動獲得有理念的中國青年熱情響應，表示願當義工的人數之多頗令我稱奇。幾位為這個網站工作的青年一旦回國，可能因此遭到報復，但他們沒有退縮，因為他們相信這樣做能創造、維護獨立的中國思考。

這本書永遠不會在中國境內流通，但中文版的發行意味它現在可以在華人世界亮相，可以融入人與理念的洪流，在中國與世界其他國家之間流傳。華人世界的讀者對這類作品會有他們自己的思考。套用本書卷首引言那段漢娜・鄂蘭的話，這群中國地下歷史學家的生命意義何在呢？讀者需要自己做出決斷：他們是即將熄滅、搖曳的燭光，還是遠方那灼熱的陽光，那總能掃盡一切陰霾、讓大地回春的朝陽呢？

序

如果說全世界的人都有一種共通傾向，那就是他們都對歷史爭執不休。或許世事本如此；人類既然無法確知未來，只得在歷史中尋找線索。當然，如果我們今天觀察自己的國家，無論在非洲、美洲、亞洲或歐洲，歷史始終具有爭議性。美國人仍在辯論奴隸在美國史上占有的核心地位。歐洲人為當年殖民帝國的殘酷爭得面紅耳赤。非洲青年挖出「比夫拉戰爭」（Biafra War）與種族隔離時代的陳年舊帳。早在大多數人出生前就已發生的往事，卻成為形塑未來的重要關鍵，這種例子在日本、新加坡、印度，以及其他許多國家也俯拾皆是。

而世上這種傾向最明顯的國家莫過於中國，中國人一直對過去、現在與未來之間的互動迷戀不已。對現代中國領導人而言，歷史讓他們的掌權合法化：歷史選擇由共產黨拯救中國；歷史決定由共產黨勝出；歷史還要共產黨繼續掌權。當然，歷史是共產黨寫的，共產黨動員大批史學者、製片人、攝影師、記者，為它的事件版本（包括現代與古代）背書。透過這些人，共產黨控制了教科書、電影、電視紀錄片、著名歷史雜誌，甚至控制了戰爭電玩遊戲。

但已有愈來愈多的中國人發現，今天中國的獨裁亂象根源，正是出於共產黨對歷史的壟斷。在這些中國人眼中，之所以有這麼多人誤解今天的問題，就是因為共產黨歪曲了過去。如果中國人從小就以為中國共產黨在抗日戰爭中扮演關鍵角色，以為共產黨因民眾支持而掌權，以為共產黨領導人是一群愛國菁英分子，他們自然很難理解為何中國總有那麼多整肅、貪腐與衝突。

過去二十年來，這種對於歷史重要性的信念帶動一場地下歷史學家運動，已經緩緩在中國成形。我這裡所謂的「歷史學家」是種略稱，他們包括來自各行各業的菁英，有大學教授、獨立製片、地下雜誌發行人、小說家、藝術家，以及記者。其中有些是圈外人，或許還是異議分子，不過大多數人都繼續在體制內工作，有自己的財產，並且負責家庭生計。他們為了發表地下報刊、禁書、獨立紀錄影片，必須冒著職涯、前途受損的風險，甚至得面臨牢獄之災。他們力圖匡正共產黨對過去的扭曲，不讓自己的國家墜入更凶險的獨裁統治深淵。他們將過去的慘痛失敗與今天的問題連結起來，採取新做法公開這個政權的惡行劣跡。

中國關心歷史的傳統相當悠久。過去的帝王跟今天一樣，也會派任史官撰寫官方正史。不過非官方歷史同樣存在，並且有一個頗值得玩味的名稱，稱為「野史」，字面意義是「狂放」、「不羈」的歷史。今天中國人一般稱這種歷史為民間歷史或草根歷史，有點類似其他國家的所謂「反歷史」（counterhistory）。我則傾向使用「地下歷史」（underground history），因為它訴說了一群人數不多、往往陷於困境的公民，如何反抗具有壓倒性優勢的強大政府，「地下歷史」一詞很貼近這場不對稱戰役的精髓。

中國的地下歷史學家，頗受傳統中國文化的「江湖」概念啟發。「江湖」意指在朝廷與商業中心勢力範圍之外，無法無天的世界。在古代，江湖是強盜、土匪匿居之所，江湖人士不講王法，卻有著嚴厲的道義與準則。江湖可以是一種無法可管的無政府狀態，但往往更是一種講義氣、究公理之所在。

江湖史家早在中華人民共和國成立之初就已存在，不過近年來愈發重要。在共產黨統治的前五十年，他們是孤立的個人，文章、作品與書籍很快就遭公安機構沒收、查禁。甚至很少中國人知道這些人的存在。

但在過去二十年間，中國的地下歷史學家已融入一種歷經多次鎮壓而殘存的全國網絡。他們透過ＰＤＦ檔案雜誌與書籍、可下載影片等數位科技，以及其他躲避審查的創意，製作便於共享的作品，挑戰共產黨對歷史的粉飾與洗白。中國的地下歷史學家憑藉這些技術與做法，得以抵擋政府高壓。雖然許多人在高壓下只能渺無聲息、默默工作，一旦發生類似二〇二〇與二〇二二年新冠疫情爆發鎖國事件、政府因大規模動亂而窮於應付時，他們也會紛紛跳出來公開鼓譟。

或許同樣重要的是，數位科技讓中國青年得以重新認識中共建政前的志同道合之士。原本只有在外國研究圖書館才能讀到的書籍，現在都可以輕鬆共享。記錄反抗鬥士英勇事蹟的影片暗中流傳。引經據典的歷史小說，開始探討建政初期的禁忌議題（例如千百萬小地主慘遭殺害）；藝術作品在經過嚴密審查的檔案中見縫插針；一度孤軍奮鬥的異議人士，現在可以共享中國人民抵抗獨裁統治的強大集體記憶。一波又一波中國青年之所以能不顧嚴厲壓制與封鎖，不斷前仆後繼的挺身行動，或許這正是關鍵所在。

這本書記錄了過去二十年來中國地下歷史運動的崛起、在習近平統治期間持續的重要性，以及對中國前途的影響。

我在一九八四至一九八五年間留學中國，一九九四至二〇〇一年間在中國擔任報社記者，之後於二〇〇八與二〇二〇年間重返北京，投入新聞工作與寫作。我到地下歷史學家們的住處和工作場所拜訪。我讀他們寫的書、看他們拍的影片，在社群媒體上追蹤他們的戰鬥。我眼見他們的行動空間遭到壓縮，也目擊他們不但堅忍，還能在抗議事件爆發時挺身而出。我發現這不只是生存，也是積極抗爭的故事。

在我看來，最合理的做法是從三個層面講述這段地下抗爭史。首先是中國的地理空間，如此我們才能追隨中國地下歷史運動緩緩移動的重心，從作為共產黨革命搖籃的中國西北，走向中國文化腹地，再往南到香港，以及近年來它對海外盟友與數位平台的運用。

除了地理空間外，另一個我追蹤這運動的重要做法，則是根據時間先後，從過去談到現在，再談到未來，以過去、現在、未來三個時段構成本書的三大段落。第一時段主要出現於中國西北，我們聚焦於中國共產黨的建立，以及它統治中國的最初幾年，這個充滿血腥暴力的時段，對中國人的心靈造成重創。第二時段談論現在，我們見到在習近平統治的最初十年，地下歷史學家如何挑戰共產黨對歷史的壟斷。第三時段則根據香港起義、少數民族暴亂、二〇二〇年代新冠抗議等事件，展望未來走勢與政治改革的可能性。

第三個層面結合前兩個層面，談論地下歷史學家們的個人故事與作品。讀者會在本書見到許多人、許多故事，不過其中兩位會從頭到尾陪伴我們，一位是紀錄片製片艾曉明，我們會在第二章與她邂逅，當時她在中國西北拍攝一部有關勞改營的影片；另一位是記者江雪，她在發現自己家族的悲劇後，開始研究一九六〇年學生雜誌《星火》（本書書名發想即源於此）的故事。

艾曉明與江雪的故事，和製片人胡杰、地下歷史刊物編輯吳迪，以及歷史學者譚合成等幾位地下歷史運動重要人物交織在一起。本書第五、六、七章聚焦於這幾位人物及他們的事蹟，這三章主要探討習近平上台以前，歷史在共產黨統治中扮演的角色，以及習近平如何用歷史鞏固自己的統治；最後隨著數位科技問世，終於讓敢講述真相的中國人挑戰共產黨壟斷的史觀。

最後，我在這些主章間穿插了十幾篇名為「憶往事」的小篇章，這是源於二十世紀初期的「記憶地點」（places of memory）概念，係指戰場、博物館或刑場這類仍能與歷史共鳴的實體所在。過去幾十年，新科技已將這種概念擴大為「記憶場域」（theaters of memory），將電影、書籍與媒體都納入其中。基於這種構想，我希望能透過記述這些反歷史記憶中的人物、地點、標竿性作品，凸顯中國地下歷史學家們的雄心壯志：要寫出新的中國現代史，改變中國未來的命運。

＊＊＊

有些讀者立即就想到這對中國前途走向的意義。我會在本書結論中提出些想法，不過在你閱讀以前，請容我先談兩個值得牢記的要點。

首先，本書介紹中國境內幾位值得我們認識的人物。與索忍尼辛（Solzhenitsyn）、昆德拉（Kundera）、福爾曼（Forman）等幾位冷戰時期大作家或大製片家相比，這幾位中國人的作品在規模與抱負上都毫不遜色。[1]值得我們記住的是，原本這些東歐集團知識分子巨擘，多半對他們生活與工作的國家影響有限。直到這些國家陷入經濟停滯、老百姓開始想了解歷史真相以綢繆未來時，情況才出現轉變。

中國的經濟榮景顯然已成明日黃花。許多年輕人在不滿之餘只能消極以對，於是「躺平」與「潤」成為他們掛在嘴邊的熱門詞。

不過，這種切割與疏離可以迅速反轉為行動，新冠疫情封控就是特別有力的例子。由於這波封控事件，艾曉明與江雪等人在遭到邊緣化多年之後，再次成為著名公眾人物。江雪在二〇二三年新年元旦發表的文章大受歡迎就是例證。[2]在一波波抗議浪潮席捲全國、迫使政府放棄嚴厲清零封控政策的數週後，江雪發表文章敘述長年封控造成的沮喪，以及年輕人想要自由的呼聲，更旁徵博引東歐知識分子的見解，說明中國僵化的政治系統。這篇文章迅速在Telegram、微信及其他平台分享與轉發。微信封鎖了這篇文章，但各種相關版本仍持續不斷轉發。

江雪等人憑藉多年來針對小眾所做的研究與寫作，讓更多中國民眾能撇開政府宣傳，看清並理解周遭的世界。如此一來，我們也有必要去更了解這些人士、他們的歷史，以及他們的全國網絡。

＊＊＊

第二個值得注意的要點是，這些人士的生活與工作挑戰著如何看待中國的傳統智慧。我在二〇二〇年離開中國後，到新加坡的亞洲研究學會做了一年研究，之後進入紐約外交關係協會工作。透過這些職務，我親眼見證了我們的意見與政治領袖是如何低估了中國。在他們的基本認知中，中國除了監控、文化滅絕與盲目民族主義等一連串反烏托邦恐怖之外，並沒有其他問題。

但我在中國生活了二十多年，寫過許多有關中國當局宗教與政治迫害的文章，深知中國的真正問題還很多，而另有見解的中國人民也同樣明白。這也引發「如何與中國打交道」的問題。我將在結論中探討此事。

中國地下歷史運動的歷久不衰，也挑戰了共產黨支配社會的能力。你將在接下來的內容見到，共產黨未必總能取勝。儘管勝算微乎其微，今天牆內的中國人民仍不斷發表作品、製作影片挑戰當局。他們的理念仍持續傳播著，當社會問題達到沸點、國人對國家前途感到茫然時，他們經常成為指路明燈。這也是為何習近平以「控制歷史」作為首要政策的原因，因為他將地下歷史視為一種生死存亡的威脅。

這本書提出一個最重要的問題：「失憶症」真的已經勝利了嗎？任何的社會變革，一開始總是由一小群圈外人打頭陣。有時透過奉獻與堅持，他們的理念會成為主流。無論在什麼時代與社會，「大多數人」不知道或不關心幾乎是不言而喻的真理；但重要的是，今天許多中國人真的知道，也確實不斷抗爭，想要改變自己的社會。

本書不是一個公理戰勝強權的簡單故事。就像中國那全力監控人民的政權一樣，與它對抗的人民還沒能取勝。這也是我為何引用漢娜·鄂蘭關於黑暗時代人們的論述，作為本書的開場白。我們對今天中國的黑暗早已習以為常，任何光的刺激都足以讓人目盲。或許在讀完本書之後，你可以決定這些人是搖曳的燭光或灼熱的陽光，又或許他們兩者兼具：今天搖曳昏暗，但明日灼熱光明。

第一部

過去

只有大地能夠擔得起記憶的重負。

——馬薩·蒙吉斯特（Maaza Mengiste），
《影子王》（*The Shadow King*）

1 前言：記憶的景觀

中國的板塊構築形成縱橫交錯的山川與記憶。印度板塊從南方撞上歐亞板塊，造就喜馬拉雅山脈與廣大的西藏高原，幾乎將中國與其他地區隔絕。幾座較小型的山嶺成波浪狀朝太平洋擴散；幾條大河穿透這些山嶺，從西方高地流向海岸。對行走在這些山嶺與河流間的旅人而言，無論朝任何方向行走三百多公里，很難不碰上天然障礙。[1]雖說許多人認為中國是個極其同質化的國度（擁有數千年不間斷的歷史，而且超過百分之九十一人口為漢族），其地理卻造就另種現實：由不同地區拼湊而成的大雜燴，每個地區各有自成一格的氣候、語言與歷史。

中國人就像是在爭奪這片大地的控制權一般，將這些山山水水塗抹成一張畫布。幾千年來，他們不斷將思想銘刻在周遭環繞的岩石與山崖上。就這樣年復一年，每一處山川河谷都有了自己的神話、傳說、戰役、屠殺，以及美麗感人的故事。千年來，來到這些地方的旅人會在附近山崖邊刻下自己的情懷，古老的塗鴉喚起陳年往事。

有人在石上刻字無非為了自誇：我讀過歷史，不是一般人，既然到此一遊，就要略書己見。不過也有人喜歡留下些與本地風情有關的東西，讓未來旅人以一種新方式思考歷史，透過石上銘文與歷史對話。這種做法在現代人看來可能很奇怪，並認為唯有保持原貌、沒有人工斧鑿的自然景觀才真實。一些中國作家確實也曾抗議過這種走到哪、刻到哪的傳統。但在大多數人眼中，這算不得什麼違規犯紀，反倒認為與過去對話能豐富今日。

今天武漢市上游俯瞰長江的赤壁，就是這樣一處著名的打卡景點。西元二〇八至二〇九年冬天，這裡打了場決定性的戰役，交戰一方是軍事獨裁者曹操的軍隊，另一方是為抵禦曹軍而組成的小國聯盟。兵力較弱的聯軍最後出奇制勝，赤壁之戰因此聲名大噪，就跟許多西方人記憶中的「特拉法加海戰」（Battle of Trafalgar）一樣，是場挫敗暴君侵略野心的輝煌勝利（儘管這些故事就跟其他故事一樣，實際情況更為複雜）。

赤壁因為這場大戰一夕成名，但直到八百年後，才因為蘇東坡在一〇八二年的一次造訪，成了遊客朝聖的寶地。蘇東坡是中國極有名的詩人，也是朝廷官員。當時他因為反對獨裁式的變法而被貶官，流放到赤壁附近的一處農村。某天，他與友人乘坐一葉扁舟夜遊，一邊飲酒，一邊思考未來。遊畢歸來，他寫了一首賦表達這次夜遊的觀感。同年稍晚，蘇東坡重返赤壁，又寫下另一首賦。

這兩首賦被列為中國文學的著名作品，不僅因為文字，更因為蘇東坡是位大書法家。令人驚嘆的是，蘇東坡親筆寫下的其中一首賦，真跡竟能歷經千年滄海桑田，直到今日仍然存留，成為華人世界珍貴的藝術瑰寶。蘇東坡造訪赤壁之後，有人在赤壁建寺來紀念他，還蓋了一座東坡亭，陳列他的書法拓本。

〈赤壁賦〉因其文字與書法而聞名，但千年來它之所以為人津津樂道，主要是因為所寫的時空背景。蘇東坡在賦裡談到那場久遠的戰役，表達了一個永恆的訊息：義人會抗拒專制暴君。

讀到這兩篇作品的讀者們，會想到曹操敗北，正義的一方取勝，同時也想到蘇東坡因仗義執言而遭到流放。「正義終將戰勝威權」這普世觀念是〈赤壁賦〉的中心思想，但流亡人士的哀愁、掙扎與孤單，同樣也充斥於字裡行間。蘇東坡雖沒有直接言明，但毫不保留表達自己澎湃洶湧的感情，以及堅定不屈的意志。

在〈前赤壁賦〉中，蘇東坡談到自己的惶恐：在長江上「縱一葦之所如，凌萬頃之茫然。浩浩乎如馮虛御風，而不知其所止。」①他談到夜空星宿，表明自己正面向京都，這首賦是對皇帝的懇求。

在這次扁舟夜遊途中，友人對命運表示哀嘆，說曹操「固一世之雄也，而今安在哉？」②而他們就像「渺滄海之一粟。哀吾生之須臾」。③但蘇東坡不同意友人這種說法，說道：

客亦知夫水與月乎？逝者如斯，而未嘗往也；盈虛者如彼，而卒莫消長也，蓋將自其變者而觀之，則天地曾不能以一瞬；自其不變者而觀之，則物與我皆無盡也。[2]④

對蘇東坡那時代的人而言，〈赤壁賦〉的政治涵義很明確，朝廷追求不能持久的目標，就像不斷流逝的長江水、不斷減弱的月光；而他的價值永恆，就像江水永不枯竭、月亮不會真正消失。由於〈赤壁賦〉的批判色彩過於明顯，蘇東坡將一份抄本寄給一位友人時，還補上一句警告：「多難畏事……必深藏之不出也。」[3]⑤

今日，赤壁是中國熱門的旅遊景點之一，遊客們不會泛一葉扁舟，而是乘坐巨型郵輪來這裡。有人來這是為了大啖郵輪吃到飽的自助餐，有人只因為這裡是必來的知名景點。

---

① 白話翻譯：任由小舟在無邊無際的大江上漂蕩。我的思緒浩浩蕩蕩，彷彿憑空駕風而行，卻不知旅途的終點究竟在哪。

② 白話翻譯：當年權傾一世，今天又在哪裡？

③ 白話翻譯：茫茫大海中的一粒微小粟米，只能哀嘆人生苦短。

④ 白話翻譯：你真的了解這水與月嗎？不斷流逝的這江水，其實並沒有真正逝去。時圓時缺的這月，其實並沒有真正增減。所以說，如果你從事物易變的一面來看，天地間就算眨眼之間，也在不斷變化。但如果你從事物不變的一面來看，則萬物與我同樣無窮無盡。

⑤ 白話翻譯：賦裡藏了太多痛苦而危險的東西……看完就將它深深埋藏，不要再提。

但也有許多人來這是為了與蘇東坡神交。他們遙想著被流放的蘇東坡，想像著曹操當年的不可一世，想到幾世紀以來無數畫家畫著蘇東坡崖前泛舟的風采，也從蘇東坡的堅忍不屈中，見到自己的反威權抗爭。他們來到赤壁岬，看著仰慕蘇東坡的人於十五世紀在崖壁刻下的「赤壁」兩個大字，沉浸在這一切波濤洶湧的思緒中，有人默默無語，有人相互點頭示意，有人輕吟幾句〈赤壁賦〉。

在中國，歷史與道德密不可分。歷代歷朝史官的職責就在於裁判朝代與統治者，既要澄清事實，匡正視聽，也要評論時事。因此，蘇東坡以曹操為典故創作〈赤壁賦〉一事，絕非只是對一場古代戰役的回想。對〈赤壁賦〉唯一可能的解讀就是「藉古諷今」，對當朝皇帝的批判。宋神宗後來就像曹操一樣，也以失敗收場。

根據這種史觀，歷史既是法官也是陪審員，負責蒐集證據並決定統治者的命運。如果一個朝代統治正確，獲得良好評價，其統治將得以延續；但如果政府不關心百姓，疏忽政務，導致天災人禍不斷，歷史將給予低落的評價，並且撤銷其「天命」。這種史觀導致了兩種反應：循規蹈矩公正統治，希望國富民安，得到歷史的祝福；抑或是鎮壓異議分子，讓人不敢質疑你的統治權。

撰寫歷史這一行因此成為一門高風險行業。中國第一位偉大史家、《史記》作者司馬遷，就因替一位淪為代罪羔羊的朝廷官員仗義執言，結果惹惱皇帝而受宮刑並入獄。當司馬遷獲釋出獄後，許多人以為他寧願自殺，也不會帶著殘破之身苟延殘喘，因為在那個時代，遭受宮刑是一種不能忍受的羞恥。但司馬遷選擇活下來，因為他決心完成中國第一部歷史巨作《史記》，並願意為這神聖使命不惜一切。

想避開上述風險有個辦法，那就是像蘇東坡那樣戴上遊客的帽子，走訪各處名山大澤，並且刻下自己的想法。這麼做的好處不僅可以暗藏政治批判，還能探討自然的永恆、人生的愚蠢，以及世間的動盪。

許多世紀以來，這類「記憶地點」已經遍布於中國的實體與精神景觀。雖然歷經入侵、異族統治、分裂，中國仍是一片記憶綿延千年不絕的大地。之所以會有這種現象，部分原因是中國的歷史實體遺跡很有存在感。以西方角度來看，這就像古希臘、古羅馬與歐洲文明都透過相同的文字與文化參數，移植到相當於美國大小的地理區域。想一想，如果受過教育的美國人都能通曉古希臘文、拉丁文，以及大多數現代歐洲語言，而且這些時代許多關鍵歷史文物遺跡，例如雅典衛城（Acropolis）、古羅馬競技場（Colosseum）、沙特爾大教堂（Chartres）與奧斯威辛集中營（Auschwitz）都坐落於美國本土。不僅如此，千百年來的知名作家，從荷馬到珍．奧斯汀，從莎孚到海明威，都生活在同樣的土地上，都曾經造訪這些地點，將他們的想法銘刻在石頭上。

這種現象為中國當前的事件帶來難以承受的負擔。該國家幾乎每個地方都有幾分古代傳承。過去的事永遠不會真正過去。但這沉重的歷史對今人也是一種啟發。古人都敢仗義執言，我為何不敢？如果我因此面對折磨、苦難，如果我因此遭到審查、屈辱，那又怎樣？自古以來不都是如此？而且最後人們記得的是司馬遷和蘇東坡，而非那些殘害和誹謗他們的領導人，不是嗎？

***

過去與現在的差別在於規模。在中國源遠流長的歷史中，中華人民共和國不只是一個篇章而已。這個現代官僚政體透過以往無法想像的方式，將其觸角伸入全中國每個角落。這項轉變始於二十世紀，尤其在共產黨於一九四九年掌權以後加劇。中國共產黨在一九二一年成立，經歷將近三十年的整肅、暴亂與剷除異己的運動，終於掌權執政。在打了四年內戰、擊敗國民黨後，共產黨已成為一支紀律森嚴的隊伍，其領導核心能征慣戰，而且以暴力革命為職志。他們推出一波波政策，在中國社會掀起天翻地覆的改變，雖然有帶來一些改善，但幾乎所有政策都是由上而下、強迫高壓的命令。

讓情勢更混亂的關鍵是該黨的領導人，神祕莫測、反覆無常、冷血無情、行事乖張、有悖常理的毛澤東。在他將近三十年的統治下，中國因為歷經一連串政治運動，導致正常社會關係崩潰。國家主導的暴力成為生活日常。即使毛澤東在一九七六年過世後，由相對溫和派領導人接任，中國社會仍持續動盪不安，異議人士被虐待，少數族裔遭殘暴鎮壓。

中國當代領導人也一如既往，不斷製造神話般的故事，拉攏歷史為自己站台：共產黨因人民起義而上台；大饑荒是天災造成；新疆與西藏等少數族裔地區一直是中國的一部分；香港的民主抗爭運動是境外勢力干預；新冠疫情爆發時，中國當局應變得宜。這些神話的潛台詞很明顯：「只有共產黨能救中國，讓國家不會動盪不安、四分五裂。」任何與官方說法不同的歷史版本都是禁忌。每個國家都有自己的神話，但中國缺乏獨立機構，沒有獨立的媒體、大學或政黨，人民很難挑戰官方說法的權威性。

共產黨神話壟斷了中國的教科書、博物館、電影與觀光景點，而且是中國最高領導人成天掛在嘴邊的主題。習近平從二〇一二年上台開始，就將控制歷史作為一等一的內政大事。他關閉許多未經授權的刊物與博物館，監禁反對其說法的人。這些剷除、扭曲國家集體記憶的行動，成功讓大多數中國人民相信，共產黨雖然有缺陷，但做得還不錯，而那些反黨分子說好聽點是「不現實」，講難聽點就是「叛徒」。

＊＊＊

為了對抗這些排山倒海的官方神話，現代的司馬遷與蘇東坡投入一場史詩級奮鬥，要將中國現代史原原本本記錄下來。即使是在許多圈外人視為「完美獨裁」[4]期間，這些獨立作家、藝術家與製片人仍不斷推出作品，探討政府無能而造成的饑荒、政治運動、大屠殺、疫情爆發等主題。他們的目標是挑戰、撼動、駁斥官方對事實真相的說詞，為歷史翻案。儘管成敗難卜，他們仍未停下腳步，相信歷史終必還原真相。

許多人都是在二〇〇〇年代展開歷史翻案之旅，那是共產黨統治下難得一見的開放時期。不過若說到中國從共產黨建政以來最開放的日子，當屬自由奔放的一九八〇年代，當時的領導人甚至談到開放選舉，而這波開放運動隨著一九八九年天安門大屠殺而劃下句點。那時群眾一連幾週集結抗議當局貪腐，要求更開放的政治系統，最後政府派出武裝軍隊，在北京及其他城市殺害數以百計的平民百姓。天安門事件過後，北京當局啟動一套沿用至今的做法：實施嚴厲政治控制並搭配經濟發展。

不過二〇〇〇年代的意義可能更加重大，因為拜新科技之賜，有可能實現真正的全國性對話，所以參與人數遠多於一九八〇年代。經濟改革讓民眾有權決定自己生活的地點，能把錢放進自己的口袋，追求自己的利益。對一些人來說，這意味可以買豪車或出國旅遊。對其他人來說，這表示可以探討家族史或社會問題。網際網路開始普及，但政府還不知道如何控管。記者與運動人士躍登舞台，發表成千上百的部落格和文章，揭發官員們各式各樣的違法亂紀。

早從一九四〇年代開始，地下歷史學家們就一直探討共產黨史的黑暗角落，但數位科技問世以後，他們的作品可以透過社群媒體、網誌及傳統媒體轉發，觸及數以百萬計的社會大眾。他們開始用手持攝影機等新數位科技，訪問共產黨倒行逆施下的倖存者，作品成為紀錄片影展的主打好戲，這一切都引發人們質疑「沒有制衡的一黨專政系統」的合法性。

***

這段相對自由的日子於二〇〇〇年代晚期告終。若說一切都是因習近平在二〇一二年掌權所致，則是過於簡化了，其實早在習上台以前，潮流就已逆轉為不利於這些批判之聲。二〇〇八年，共產黨逮捕了後來獲得諾貝爾和平獎的劉曉波，因為他協助組織要求溫和政治改革的請願活動。隔年，政府判處劉曉波下獄服刑十一年。二〇一〇年，許多著名異議人士的社群媒體帳號遭政府關閉。二〇一一年，政府封殺一些極受歡迎的社群媒體評論人。

習近平上台後更是變本加厲。他的第一波行動就是禁止人民對毛澤東時代提出任何質疑，遑論之後的數十年了。二〇一三年一月，習近平表示共產黨統治可分為兩個時期：頭一個三十年（大致上與毛澤東從一九四九至一九七六年的統治期吻合），以及接下來經濟與社會改革的三十年（從一九七八至二〇一二年，鄧小平及其欽定接班人的統治時期）。習近平說，不能接受一個時期卻批判另一個時期。[5]換句話說，你不能一方面贊同資本主義式的經濟改革與相對開放，一方面又批判毛澤東時代的做法，反之亦然。你必須同時接受兩者，因為它們是一體兩面。

習近平使用蘇東坡感到熟悉的邏輯，表示對中華人民共和國的任何質疑，都意味著對國家合法性的質疑。他說共產黨的統治是「歷史的結論」。習近平為了解釋歷史的重要性，引用十九世紀詩人龔自珍在中國遭受西方列強屈辱時寫下的話：「滅人之國，必先去其史。」[6]習近平警告道，過去蘇聯的解體就應驗了這句話，但中華人民共和國不會如此。共產黨一定要確保其歷史解讀深入人心。

為達成這些目標，習近平關閉獨立期刊與電影節，發動密集的反「反資訊」行動。北京當局開始大舉擴充歷史博物館和觀光景點，推出大製作歷史片，並且修改教科書，甚至還在二〇二一年改寫共產黨黨史，這是中國共產黨建黨百年以來第三次這樣做。

有人認為，中共這些作為純屬多餘，只是不斷堆積非真正必要的意識型態控制。但這種說法很難成立。就算是獨裁專制領導人，政治資本依然有限。他們必須將注意力投入自己認為真正重要的問題。習近平每推動一項重要政策，都是在面對實際威脅時保護自己的權力：他反貪腐，是因為中國的貪腐確實已經失控，而且他能藉反腐肅貪之名剷除潛在競爭對手；他鎮壓香港，是因為香港是言論自由大本營，發行許多地下刊物和書籍；他想方設法侵擾民主的台灣，是因為台灣的存在戳破共產黨所謂「只有獨裁政體能有效統治中國人民」的神話。同理，他專注於控制歷史，是因為相信共產黨若不能控制歷史，將對其持續統治造成嚴重威脅。

儘管遭到政府全力封殺，獨立的聲音仍持續湧現。二〇一三年，我參加一場口述歷史研討會，認識幾十位來自中國各地的人士，他們都想知道如何製作關於家庭與社區的紀錄（我會在本書第二部結尾的「憶往事：拍攝中國村落影片」談到這場研討會）。儘管其中許多人身陷險地，但至今仍然活躍。雖然能讓他們播放影片的場所已消失殆盡，但這反而使他們的奮鬥更引人矚目。這讓人產生疑問，為何他們如此鍥而不捨？為何政府壓制不了他們。有些人（例如地下史期刊《記憶》的編輯）仍不斷出版。到二〇二三年初，《記憶》已有十五年歷史，並且剛發行了第三百三十期刊物。

在中國的二十年間，我也密切關注宗教團體，並且發現他們與中國地下歷史學家有許多相似之處。兩者都在努力解決一種揮之不去的不安、一種良知的悲痛，以此來改善他們的國家。想透過宗教途徑解決這種內心問題的人認為，信仰是救國先救己的一種方法，他們認為中國需要場道德革命，構築一個更公義的社會。對非官方史家來說，道德社會不能建立在謊言與沉默之上。

在與愈來愈多地下歷史學家交談後，我發現這些努力不是怪誕個體能做到的事，而是一項有組織的作為，這並不是指他們有政黨，或是根據規章行事、擁有會員的協會。中國共產黨的安全機構能輕易打垮任何有結構的組織。但這些理念沒有結構，被中國各地廣泛流傳的共同思想與信念團結起來，以致於稱之為一場運動也不誇張。他們有共同的故事、英雄與信念。許多人會實際見面或透過網路交談，投入相同的工作。他們就這樣日積月累，共同創造有關中國共產黨倒行逆施的集體記憶，我將在本書第七章討論這主題。

關鍵在於，這些人都對地點的魅力有種神祕的想法。他們當然知道赤壁與蘇東坡，但同時也開創新的記憶地點，而這些地點都是基於共產黨掌權後發生的事件。他們就像古人一樣，在這些記憶地點留下實體印記：墓碑、紀念碑，或是將名字刻在石頭上。

這些記憶很多已遭孜孜不倦的政府官員抹去。但就跟蘇東坡一樣，今天的評論家也能創作影片、書籍、散文、詩歌等能被鎮壓，但無法抹去的藝術品。這些作品廣泛流傳，而且許多已取得神話般的地位，即使遭到查禁，仍然流通於虛擬世界，活在千千萬萬中國人的心中。它們代表一個始終存在、開放而人道的中國，而人們一直為之奮力追求。

時不時，總有些素未謀面的人告訴我，他們認為這場現代地下歷史運動的源頭起於中國西部偏鄉，一直向西追溯到西藏高原邊上。這種地理位置導致毛澤東時代一些最慘絕人寰的暴行，但也促成人們對當時新獨裁系統的早期剖析。這些早已作古、埋葬在歷史塵煙下數十年的人物，在中國製片人與地下歷史學家的努力下重生，形成一種地下史譜系，讓我們可以溫故知新，並且預測中國的前途。

憶往事：河西走廊

河西走廊是將中國與中亞銜接在一起的一串綠洲。它的南方是西藏高原，北方是戈壁沙漠。它像枝橫亙於中國遙遠西部的彎曲枝條，在幾乎無盡的沙漠與山嶺中灑下些許綠意。有人稱之為「中國咽喉」，是條攸關中國存亡、狹窄而脆弱的通道。

這是一條古代商旅要道，屬於絲路的一部分，連起中國、印度、波斯、中東、歐洲之間的商品往來。由於位處要衝，許多世紀以來，這裡一直是兵家必爭之地。當中國強大時，能夠控制河西走廊，將勢力伸入蒙古、西藏與中亞；一旦中國衰弱，河西走廊淪陷，就容易遭到異族入侵。

河西走廊本身從不是這些爭奪的目標。它小小的溪流與綠洲只能養活一小群農民和商旅。此地的價值永遠是在戰略層面，其傳承往往反映了遠方強國的利益。偏遠卻據核心重要性的河西走廊，是中國最輝煌成就、最慘痛失敗的所在。由於氣候乾燥、塵埃漫天，這裡的記憶地點保存良好，免受自然與人為侵蝕。

河西走廊最著名的地點是敦煌及附近的莫高窟。敦煌是位在河西走廊最西端的綠洲貿易站，因此成為世界文化轉折點。近千年來，它一直是中國、西方與中亞文化薈萃所在。貴族與商旅聘用巧手工匠，精雕細琢製作媲美世界一流藝術的佛教壁畫，數以萬計的文獻與畫作深刻描寫了中世中國與中亞的生活。今日的敦煌是世界遺產地，其窯洞每年吸引數百萬的觀光客造訪。

沿河西走廊往東朝中國腹地前行，每隔約八十公里就會出現一處佛教洞穴。就跟敦煌一樣，這些洞穴總位在道路右手邊，朝向北方，鑿入西藏高原山麓，在一片蒼涼中留下文明的身影。紀念碑有點像墓碑，不過是刻在山岩上而非將石頭鑿出雕成，同樣表達著對亡靈的尊重。

河西走廊中段有一處專門供奉文殊菩薩的石窟，這些從西元四世紀開始由商旅打造的作品，保存狀況十分良好。在彩繪木造建築襯托下，打造這些雕像的先人彷彿大聲向下方山谷喊話：「一千多年前的我們是這樣尊崇死者；你們是怎麼做的呢？」

山谷提供了三個回應。第一個是「嘉裕關」，這是十四世紀明朝的著名城門，也是今日所謂「萬里長城」的起點；經過悉心翻修與維護後，看起來相當完美，它的城牆既高又厚，彷彿在宣示，你即將進入一個強大帝國：要戰戰兢兢，俯首稱臣！附近是「酒泉衛星發射中心」，這裡謝絕訪客，但作為中國最重要的太空中心而聞名，同時也是權威與力量的代表：就在這戈壁沙漠的邊緣上，現代中國要將人類送入太空。

在石砌長城與混凝土發射台之間，存在一處恐怖的廢墟。它建於一九五四年，但不到七年就被關閉，而且政府開始抹去這裡曾經留下的蛛絲馬跡。此地名為「夾邊溝」，是中國境內最惡名昭彰的勞改營，在一九五〇年代末期與一九六〇年代初期，數以千計的人在這裡勞動與飢餓至死。令人難以置信的是，這個飛沙走石、戒備森嚴的地點，竟成為中國人發掘歷史真相的試金石。

2 夾邊溝[1]

那天是清明節，屬於紀念逝者的節日。大學教授暨紀錄片製片人艾曉明從她家鄉武漢出發，途經二千四百公里來到夾邊溝，記錄夾邊溝勞改營劫後餘生、老人為亡者立碑的過程。這座勞改營已於多年前改建成一座林場，但幾十年來，那些倖存者總會定期來到這裡，悼念他們逝去的友人。但在二〇一〇年代中期，當局宣布此地為軍事訓練區，還在敏感的日子派駐警衛。

「請問可以過去嗎？我們如果繞到那邊可以嗎？也不行？那這樣，我是藝術家……我在前面讀一首詩，不妨礙你們吧？」

六十來歲的艾曉明個子不高，有一張圓臉，以及一雙執著、銳利的眼睛。她面帶笑容、言詞友善，但顯然有備而來。垂在她肩上的攝影機搖晃朝著地上一片黃沙，偶爾拍到地方保安的廉價帆布鞋與迷彩長褲，這些穿著不合身制服、由政府雇用的勞工並沒有答話。他們可能只是剛被派來這裡，就為了阻止她與那些倖存者進入。

「如果我妨礙你們，你們可以來人告訴我不可以這樣做，因為你們沒有表態，我不知道。我們是想祭奠那邊過去的……那些不應該死亡的人。」攝影機在春陽下搖曳，黃土飛快迴旋著，保安們的布鞋也在鏡頭下晃來晃去。

「那些非正常死亡的人，那些我們的前輩。」

她找到一個位置，將攝影機架在肩上，隨後把鏡頭拉向一面褪了色的招牌，上面寫著「酒泉夾邊溝林場」。

她越過這招牌，把鏡頭拉向停在路邊的兩輛黑色轎車，以及車旁幾位看起來很嚴肅的保安人員。由於沒有三腳架，攝影機拍出來的畫面難免不穩定，這種作品雖可能讓人覺得不專業，但對艾曉明與其他地下製片人而言，這卻是真實的象徵。她拍的不是大預算製作、光鮮亮麗的影片，而且事實上根本就沒有預算；旅費是艾曉明自掏腰包，幾位助理也都是志願者。這不是政府的工作，而是來自民間的草根作業。政府可以花費無數金錢雇用全球最頂尖的人才，為其宣傳人員配備最新型攝影器材與設備。但地下製片人不願政府介入。

或許幾百年後，有人將在一個硬碟或雲端數據庫裡發現艾曉明拍的影片，就像佛教壁畫在二十世紀重見天日一般。那個人會猜想艾曉明拍攝影片的目的：是用來沉思景觀的嗎？是用來記錄一小段早已被人遺忘的歷史？又或許這影片本身就是二十一世紀人們為紀念死者所建的一種墓園？若是如此，這些人真是艾曉明的先人嗎？他們是什麼人，為何而死？

***

想了解夾邊溝的世界，我們得先進入一個充滿暴力的時代，其中有著永無止境的政治運動、饑荒，億萬受過教育，或在國民政府主政期間擔任任何公職的人只能苟延殘喘，在夾縫中求生存。

艾曉明生長在武漢，是第二次世界大戰期間抗日名將唐生智的外孫女。[2]但唐生智效力於國民黨政府軍，沒有加入共產黨游擊隊，因此他的家族在中華人民共和國主政之初受盡磨難，因為與國民黨有關聯的人俱在懷疑之列。原本唐生智還享有特權，之後卻受到迫害，年逾八十的他被捕入獄，更遭毛派狂熱分子毆打至死。他的女兒（艾曉明的母親）發瘋，而艾曉明的父親也被毆打及羞辱，還洗了許多年廁所。

這些事情都發生在一九六六年，當時艾曉明十二歲。她竭盡全力求生存，聽從當局勸告而譴責自己的父母；後來加入了共產黨，並且接受大學教育，成為文化大革命之後第一位獲得文學博士學位的女性。她在一所訓練未來領導人的大學教書，為人處世相當低調。

但對一個有良知的人來說，共產黨的行為很難不讓人質疑。一九八〇年代是生活重歸正軌的時期，艾曉明的父母獲得平反，悄悄在武漢定居，她與丈夫、幼子則住在北京。但當局仍不斷發起打擊自由思想的運動，並於一九八九年天安門學生抗議事件中達到高潮。

在這段期間，艾曉明開始反思成長歷程，並著手閱讀東歐知識分子的著作，特別是米蘭・昆德拉的作品《小說的藝術》（*The Art of the Novel*），以此理解中國威權主義造成的社會問題，並且將這本書翻譯成中文。之後，每當她想到夾邊溝勞改營時，都會憶起昆德拉寫過的這幾句話：

> 被懲罰的人不知道為何被罰。這些懲罰簡直荒謬到不行。為求安寧，被告必須找個理由來證明自己應該受罰：先懲罰，再找犯了什麼罪。你不僅不可能找到判決的根源，就連判決本身也不存在！想上訴，想尋求寬恕，你得先被定罪！受罰者得請求當局定他們的罪！[3]

在一九八九年天安門事件期間，艾曉明並沒有插手，因為她經歷過文革，很清楚介入此事可能遭致的後果。一九九〇年代，她離開過度政治化的首都，到廣州教授文學。在那裡，特別是一九九五年的聯合國第四次世界婦女大會在中國舉行後，艾曉明的作品開始添上女權主義色彩。她在田納西州塞文尼（Sewanee）的南方大學（University of the South）留學一年，開始研究專制獨裁與父權主義之間的關聯：為什麼共產黨表面支持女權，實際卻反對女權主義？

艾曉明也開始尋求其他表達自我的途徑。學術書籍很重要，但中國有更迫切的問題。她回到中國後，注意到胡杰導演拍的紀錄片。在本書後面幾章，我們還會再看到這位中國地下史運動的重要人物。

對艾曉明與其他許多製片人來說，數位相機是個轉捩點。此前想要製作影片，唯一途徑是使用巨大的昂貴攝影機，攝影師必須有強大厚實的肩膀，還得使用笨重的三腳架。在中國，只有政府管理的工作室能製作影片，作品也只能在政府經營的電影院或國家電視台播放。

拜數位科技之賜，攝影機變得小巧且價格親民。就算是廉價的數位相機，也配備了影像穩定軟體，可以輕鬆拍出穩定畫面。這種新設備與觀光客隨身攜帶的相機沒什麼差異，而影片可以直接存到電腦裡編輯與播放，並且透過隨身碟、檔案共享軟體傳輸與分享，還可以用VPN軟體上傳到外國網站。二〇〇四年，艾曉明協助胡杰拍攝自己一班學生演出的《陰道獨白》（*The Vagina Monologues*），而且很快就學會使用這種攝影機的竅門。同年，她開始製作自己的影片。

她以攝影世界的大師巨匠為師。在美國活動期間，她經常在大學圖書館裡翻閱，每天看兩三部影片直到深夜。這時的她有目標的觀看電影。在二〇〇〇年代大約十年間，中國街市上充斥各種廉價DVD，其中許多是世界級製片大師的作品集。艾曉明看了克勞德·朗茲曼（Claude Lanzmann）關於「納粹大屠殺」的影片，還有高達（Godard）、楚佛（Truffaut）等法國「新浪潮」（New Wave）導演，以及日本導演小津安二郎的作品。「我沉迷於這些經典電影，並從他們那裡學了好多。」她如此告訴我。

胡杰多半不會出現在自己拍攝的影片中，但艾曉明不同，她經常在自己的作品裡出鏡。

有一次，艾曉明為了拍一部女教師黃靜遭殺害的影片，不僅邀請黃母前來校園發言，自己也加入遊說團體，敦促政府展開調查。

沒多久，她每半年到一年就拍一部影片，流程是在現場密集拍攝，然後回廣州或武漢家中剪輯，同時照顧年邁的父母。她拍攝的主題包括二〇〇八年造成六萬人罹難的汶川大地震、河南省的愛滋病疫情，以及地方發起的草根民主運動。在二〇一四年來到河西走廊時，艾曉明已拍攝將近二十四部影片。

她在多年前已經聽說夾邊溝的事蹟，她認為必須趁倖存者還在世，及早錄下這段歷史。不過她聚焦的不是過去。這部影片記錄許多鮮為人知的歷史事件。但它的重點在於它們對後世的傳承。最富戲劇張力之處，在於倖存者費盡苦心為死難者立碑。所以，雖說片中揭發一些從未記錄過的驚人事蹟，但她最關心的還是它與現在的關聯。

「我的影片是以現在而非過去作為開端，」她告訴我，「這些人為何要立紀念碑？為何他們認為受害者不能就這樣被遺忘？」

＊＊＊

一九五七年，中國共產黨已經掌權八年，對中國社會已經造成深遠影響。在四年內戰擊敗執政的國民黨後，分裂一個世代的中國重新統一。共產黨廢除香港、澳門之外的所有外國租界；領導中國在韓戰時與美國打成平局；重新將土地分配給農民；讓婦女有權選擇自己想嫁的對象；開展識字計畫；推動蘇聯式工業化政策，建造煉鋼廠、鐵路與橋梁。

這一切成就都基於一個共同點：毫無節制的政府權力。毛澤東統治下的共產黨，用暴力鬥爭的角度看待一切，這有部分是馬克思意識型態使然，另一部分則來自共產黨本身無盡的鬥爭、肅清與騷亂。毛澤東需要敵人，而最容易打擊的群體就是地主。儘管大多數「地主」不過是擁有幾畝地的小農，但共產黨醜化這些人，指控他們是嗜血的資本家。政府派遣工作隊到農村煽動仇恨。許多地主在「公審」中被指責、毆打、折磨、羞辱及殺害，有些人甚至被活埋在遭控「不法擁有」的自家土地中。

政府還將中國無所不在的宗教生活定調為「迷信」。就這樣，算命師、行腳僧及千百年來與中國宗教有關的角色遭到查禁。宗教人士跟妓女、吸毒者一起被送進勞改營，接受再教育而成為新的共產主義者。企業與私人財產全收歸國有：中國一切農地與休耕地、山嶺與河流、峽谷與牧場、沙漠與森林……每一寸廣袤土地都屬於國家。人們通常視共產黨統治初期為展開大暴行之前的黃金時代，而這段時間由政府主謀的攻擊事件，就已經奪走二百萬條人命。[4]

接著，毛澤東的敵人名單擴大到一些最死忠的共產黨員。雖然經濟蓬勃發展，但在毛澤東看來還不夠快。他認為中國需要一次大整頓，而阻礙中國大步前進的正是共產黨。毛澤東是整肅老手，不過這次他要針對的不是特定人物或派系，而是整個統治階層都需要脫胎換骨，從根本加以整頓。

因此，毛澤東在一九五六年發起了「百花齊放」政治運動，典故是來自「百花齊放，百家爭鳴」；換言之，就是要讓人民暢所欲言，盡情辯論。對此，一些謹慎的人不敢多說，只是一味讚揚共產黨，但成千上萬的人們表達自己的關切。總體而言，他們的批判很有建設性，有人說政府應該多與民眾協商；有人說官員過於官僚；還有人說中國不該由無產階級專政，而應該讓全民專政。

人們對這運動後續發展的解釋莫衷一是。有人認為鼓勵人暢言的「百花齊放」運動根本是場騙局，目的是引誘敵人現形。有人則認為共產黨原本是真心求教，但因排山倒海而來的批判慌了手腳。無論如何，毛澤東展開激烈的反擊，批判者被打成威脅左派革命的「右派分子」。大學、智庫與國營企業奉命拔除這些禍根。為展現對此事的重視，共產黨宣示有百分之五的人是右派分子。任何組織若找不出這些右派分子，就表示組織領導人本身就是右派分子。一場大型清算運動在全國各地展開，遭到整肅的主要是知識分子。

這場所謂的「反右傾運動」，讓中國陷入二十年的恐怖與動亂。至少有五十五萬人被打成「右派分子」，也有認為右派人數高達一百八十萬。對當年有六億四千萬人口的中國來說，這個比例並不算高，但那時中國受過教育的人本來就是極少數。大學、高中、研究機構與政府單位的菁英全被掏空。數十萬人進了勞改營。逃過一劫的人噤若寒蟬，從此唯黨命是從，不敢稍有違抗。中國就此步入一個舉報、告發、服從、應聲的時代。

＊＊＊

劉天佑住在一間簡單的水泥牆公寓裡，牆上掛了幾幅字，這是生活樸素讀書人的典型住處。為接受艾曉明的採訪，他穿上一件藍色西式襯衫。今年七十二歲的他梳齊染過的頭髮，努力維持自己的儀態。艾曉明教授要來拍攝關於他父親的故事，而他已為此做好準備。

「當時我弟兄三個，一個妹妹，我是老大，才十二歲……一天晚上，我父親跟我母親半夜裡說話，把我驚醒了。我至今還記得那個話。」

劉天佑瞇起眼睛，拚命忍住淚水，努力控制自己：他必須把這件事說清楚才行。他強睜雙眼並抬頭看著天花板，搖晃著調整自己的聲音。之後艾曉明剪輯影片時，插入一段從車內拍攝駛過河西走廊的風景，綿延的山丘、沙漠與灌木叢為劉天佑帶來一點隱私，讓他回憶起那一夜父親和母親的對話。

「他說：我現在逃不脫。可能人家要把我拉走了。拉走以後，妳就找他舅舅，幫我把孩子拉扯大。如果我能回來，我們就能見面。」

「當時我還太小，不知道他在說什麼。」

艾曉明將鏡頭切換到生於一九五〇年的張西華，她有一頭短髮，皮膚因河西走廊驕陽常年曝曬而黝黑，在接受訪問時穿著一件粉紅與灰色相間的連衣裙，戴著一串珍珠項鍊。就和其他人一樣，她也住在一棟窗戶嘎嘎作響、裝有大銀色暖氣片的老屋裡。雖然艾曉明並未明說，但我們了解當局對受害者家屬沒有任何補償。張西華述說她父親前往夾邊溝的故事。

「走的那天我還有印象。我那時候八、九歲，我就在大門口玩石頭子。」

她忍住滿眶熱淚，強笑了一聲，彷彿是說，唉，我老毛病又犯了。她搖了搖頭，重新控制住情緒，這次她不能哭。不能在攝影機前哭。歷史終於來記錄我們，這次輪到我們了。未來有人會看到這段影片，了解她父親當年的遭遇。她坐在沙發上，身軀隨著這場家難起伏而不斷擺動。

「爸爸出來，一個人跟著。我記得很清楚。爸爸揹著他的行李。看見我和院子小孩在玩石子，他就把我一把抱起，我不知道怎麼回事。他把我抱了抱，沒說什麼就走了。」

夾邊溝雖令人膽寒，但外觀平淡無奇，只有幾棟關押人犯的木造營房、一間廚房，以及一座營區總部。它坐落於戈壁沙漠中，並沒有設置圍籬，因為如果沒有車輛，根本不可能離開這個沙漠。有人嘗試過結果死了，只留下被野狼啃得殘破不全的屍首。有人走了一兩天後便折返求饒。夾邊溝還在沙漠深處蓋了幾處衛星營區，讓犯人做一些沒有意義的苦工，例如在乾涸的河流間挖掘運河。有些犯人住在洞穴裡，有些則在沙上挖坑，用樹枝覆身。只有非常年輕、健康的人才能存活。

這裡的犯人大多是地方官員，僅僅幾週以前，他們還是中國某地的一方之主，有些人甚至遠從上海發配而來。由於關在這裡的官員實在太多，一名縣長來到這裡後打趣道：「三級幹部會議在這裡召開就不用通知了。」因為這些幹部都關押在此。黨正在自我毀滅，並且帶著中國社會一起沉淪。

＊＊＊

由於之前直言不諱的官員紛遭剷除，當毛澤東在一九五八年發動「大躍進」時，這行動帶來災難性的惡果。一九五七年底，毛澤東在前往莫斯科參加「十月革命」四十週年慶典時，就起心動念想發起這項運動。當時蘇聯領導人赫魯雪夫（Nikita Khrushchev）對史達林的抨擊讓毛澤東十分惱火。在毛看來，史達林是共產黨歷史中的偉人，不應該被揭瘡疤，尤其這麼做也可能危及毛澤東本身的地位：畢竟如果連偉大的史達林都會遭到整肅，那毛澤東可能也會面臨相同的命運。此外，蘇聯才剛發射了人類史上第一顆人造衛星「斯普尼克」（Sputnik），這也讓毛澤東認為其成就相形失色。

回到北京後，毛澤東急著為中國爭取世界共產陣營的領導地位。一九五八年一月一日，共產黨的喉舌《人民日報》發表了一篇文章，呼籲「鼓足幹勁」、「力爭上游」，換言之，就是放棄耐心，改採迅速成長的極端經濟開發政策。

毛澤東在一連幾次會議中推動自己的計畫，改變了共產黨的政治文化。他多次說重話，指控所有反對「急進」的領導人都是反革命，是毛澤東與國家的反對者。就像他主政期間的其他運動，一旦決定了就沒人能阻止他。

讓黨內反對派噤聲後，毛澤東推動人民公社，全面掌控幾年前透過暴力土地改革運動分給農民的土地，就連耕犁和鋤頭等農具也全都收歸國有。農民都要到公共食堂吃飯，必須共享所有農具、牲口與產量，食物多寡都由政府分配。第一個創建的人民公社位於河南省，名稱就叫做「斯普尼克」。

地方領導奉命遵行異想天開的農作物增產政策，例如將稻子種得更密集，目的就是創造「斯普尼克」式收成，讓農作物產量創下史上前所未見的新高。

這種做法自然只會導致統計數字造假，但政府卻按照這些數字向農民徵稅。農民必須向政府繳納遠超出收成的糧食。為滿足徵稅目標，作物與種子全數充公，糧倉也被洗劫一空。農民不但沒了糧食，也沒了來年春耕所需的種子。

使問題雪上加霜的是，當局還推出同樣荒誕的計畫，用燃燒木柴的「小高爐」土法煉鋼，以增加鋼鐵生產。但這些小型窯爐造不出真正的鋼，地方幹部於是下令農民將農具鎔了，以滿足毛澤東訂下的全國鋼產目標。

結果是：農民沒了穀物，沒了種子，也沒了農具。

大饑荒接踵而至。一九五九年，在廬山舉行的一次重大會議中，毛澤東因這些事件遭到批判，於是整肅了他的對手。與會官員在恐懼氣氛籠罩下回到各省，開始貫徹毛澤東的政策。在這場史家認為人類有史以來最慘重的大饑荒中，共有四千五百萬人餓死。[5]全中國各地農村凋零，而夾邊溝這類勞改營的情況尤其惡劣。其倖存者對艾曉明如此說：

「到明水後，口糧減到十五斤原糧……除了伙房那些人，除了管教幹部吃了後，吃到我們嘴裡就是三兩多。三兩多麵粉煮下的糊糊，早起一碗，晚上一碗，你說能活嗎？」

「他們想出一個辦法，就是吃草。將麥草鍘得碎碎的，擱在鍋裡一炒，炒了以後擱在磨上一磨，磨成麵，摻在一起攪糊糊。我們有時候說，這個不行，那管教幹部的道理就出來了：說為什麼不行？那牛馬不都是吃草……還能強勞動，拉車耕田，都是吃草的。這吃草也是創造發明。」

「我們每個人都嚴重便祕。後來我們只得互相幫忙，翹起屁股，用細桿子替彼此掏糞球。這就是我們對付便祕之道。我們為此流很多血，一灘灘的血。當年慘況就是這樣。」

「許多人死於便祕。」

「一個接一個，不斷有人死去。就好像每個人都忙著趕往地獄一樣。」

能領到什麼家人寄來的食物，往往成為決定生死的關鍵。司繼才是當年在夾邊溝營區辦公室工作、負責分發郵件的人犯，他也因這份工作而得以倖存。他憶起一九五九年二月農曆新年的往事：

「他們一面吃一面哭，而且每個人都面朝東方跪著。我說這怎麼回事，為什麼大聲哭，小聲哭，而且都面朝東方哭？隨後我發現他們大多來自蘭州。」蘭州是位於夾邊溝東方的省城。「他們都面朝家鄉跪著。你就只能聽他們不斷嚎哭。」

「他們的碗裡有些東西。我問他們那是什麼。我聞了聞，味道真還不錯。我說：『你們在吃什麼啊？』他們沒有答話，所以我看了一眼。碗裡有幾塊黑黑、紅紅的東西。那黑的是腎。他們說：『你要吃些嗎？』我問那是什麼。他們要我嘗一口。我嘗了一口，還吃了一些。還滿好吃的。他們告訴我，現在你也吃了，這事就不能再傳給任何人了。荒漠裡擺著許多屍體。沒有辦法埋葬，因為是冬天，地面凍得很硬。幾近二百具屍體就躺在溝裡。野狗與野狼成群而至，嘶咬它們。屍體堆疊在一起。人犯隨後趕來，想從屍身臀部切一些肉，但所

有屍身的肉都已經被野獸啃光，他們只得切下內臟。我看到的那些紅紅的東西，就是肺。」

「在夾邊溝當幹部的沒有一個人死，每個都存活下來。他們的家屬有人死嗎？他們的家屬從城裡過來探親，城裡死了許多人，但他們的家屬沒死，因為他們吃得比較好。但他們吃的是誰的食物？是我們的食物！」

「看看今天的孩子。如果不同意，他們會向你頂嘴。當年人們可以這樣頂嘴嗎？根本不可能。黨給你什麼，你就有什麼。你怎能分辨誰是好人，誰是壞人？黨說他們是壞人，你就把他們當成壞人對待。你現在能提出質疑，是因為你占了道德制高點。我也可以問那些問題：『你難道沒有人性嗎？你為什麼不反對那些事？』但當年人們不這麼想。你還能要求什麼？要讓他們一一認罪嗎？」

＊＊＊

共產黨從來沒有為反右傾運動、大饑荒，或夾邊溝事件做任何平反。在獲釋離開勞改營後，倖存者得背負「右派分子」標籤再苦撐十五年，直到一九七八年黨下令為事件翻案為止。也就是說，這些人必須做著卑微苦工度過大半職涯。而且期間還鬧了一九六六至一九七六年的文化大革命，讓他們飽受迫害。至於補償，大多數倖存者只領到約五百元人民幣，也就是不到一百美元的補償金。[6]

一部分原因在於，負責為夾邊溝事件善後的是毛澤東後來的接班人鄧小平。大多數回憶錄都遭到審查，相關討論也大致被禁。這種三緘其口的情況和文革的平反大不相同。文革後來可以公開討論，黨還做了一些平反，這或許是因為鄧小平和他家人也是文革受害者，抑或是因為文革規模比夾邊溝更大、更難隱瞞。更重要的是，對共產黨來說，承認毛澤東犯下文革這一項大錯，比承認其統治期間不斷犯下災難性大錯還要容易。

在反右傾運動將屆滿五十週年時，這種沉默開始被打破。二〇〇〇年，出身於河西走廊的作家楊顯惠為躲避審查，以短篇小說形式發表一系列對夾邊溝勞改犯的訪談。[7]楊顯惠生於一九四六年，在反右傾運動展開時只有十二歲，但他後來在鄉間工作，遇到許多倖存者。他得知自己的中學校長也是在一九五八年神祕消失，最後死在夾邊溝勞改營。楊顯惠前後完成一百多篇訪談，以小說名義出版了兩本書。正如他在自己一本書中的解釋：

> 作者將調查到的故事轉述出來，意在翻開這一頁塵封了四十年的歷史，希望這樣的悲劇不再重演。關注前人的歷史，就是關注我們自己。[8]

楊顯惠的書與過去討論毛澤東時代的著述大不相同。在文革過後的一九八〇年代，許多文革期間受害的忠貞黨員出版了一些平淡無奇、索然無味的小說，為當年的苦難粉飾。許多人甚至在小說裡營造了政治與社會重生的氛圍。早在一九八六年，後來獲得諾貝爾和平獎的劉曉波就批判這些著作，說這類「傷痕文學」算的是一筆假的歷史舊帳。

相形之下，楊顯惠跳脫黨的和解套路，「走非官方途徑」訪問受害人。他的作品發人深省，引發極大迴響，直到今日猶為人津津樂道。二〇〇四年，導演王兵買下楊顯惠的小說版權，花十年訪問夾邊溝倖存者，於二〇一〇年推出電影《夾邊溝》，講述一位上海女士前往夾邊溝尋夫的故事。她發現丈夫已經喪命，而且屍體還被其他犯人用以果腹。王兵還根據倖存者的訪談，在二〇一八年推出長達八小時的系列紀錄片《死靈魂》。此外，許多倖存者也開始發表自己的文章，用電腦書寫故事，透過電子郵件傳播，或是寄到海外發表出版。

這類非官方作品鮮少涉及菁英階級的權謀，主要聚焦於個人的墮落與苦難，並不會將受害者英雄化。為了生存，他們會拉幫結派、算計其他犯人，而這正是楊顯惠等人想表達的重點所在：受害人過去就支持這個政權，一直到他們遭到整肅為止。這暗示著，如果有機會，這些受害人也會整肅其他人。

但許多過去的夾邊溝勞改犯，確實也發現一黨專政無法避免的問題。即使他們曾是這個政權的忠誠信徒，但在親身經歷其殘酷暴行後，許多人開始反思。有些人試圖忘記過去，但也有許多人成了言之有物的批判者，以自身經驗對抗當局想抹消記憶的種種做法。

＊＊＊

艾曉明決心聚焦於當下的風格，在倖存者張遂卿的故事中最為明顯。在影片的第五部，張遂卿剛抵達蘭州，決心為夾邊溝勞改營罹難者立紀念碑。他開始打電話給老友與舊識，逐一詢問他們願不願意加入自己的行列，發起一次小型抗議。但話筒總傳來相同的答覆：「不方便講話。」有時是親戚攔截電話，說老人家病重無法參加。艾曉明將張遂卿這些對話過程都拍了下來。鏡頭對準緊貼在張遂卿耳邊的話筒。

「你們當時有多少人？」張遂卿問。

「七個人。」

「活著回來幾個？」

「有兩個。」

張遂卿穿著一件駝毛外套、一件襯衫與開襟羊毛衫，頭髮分梳齊整，看起來有些像談判交易的年長企業家。

「那現在我去您不歡迎，我就不去了。那我就走了，再見。」

他又打了幾通電話。艾曉明把鏡頭轉向黃河，當時是春天，西藏高原雪融使黃河水漲。楊柳搖擺著，為水面映上一層綠意，往事似乎不可追。隨即我們見到一位名叫蒲一葉的男子。蒲一葉說：

「我在商業局的時候，來了一個少年大個子在找夾邊溝，問我怎麼走。我說：『你啥地方來的？』他徐州來的。我說：『你幹啥？』他說看他父親去。我說：『你父親是誰？』他父親是楊萬華。那我認識，防疫站的，是個大夫，死在高台了（夾邊溝的一處分支）。我一看，這個少年長得像他爸，很秀氣。」

「你不要去了，根本找不到的。」

「不行，我媽媽非叫我去。我媽一旦想起我爸，就會從天黑哭到天明。」

蒲一葉要那年輕人回家，因為現場沒有任何東西能安慰悲淒的寡婦。這類故事俯拾皆是。在反右傾運動展開初期，許多做妻子的試圖自殺。其他人則拚命尋找丈夫屍骨，以便遵循傳統將遺體帶回家鄉安葬。

在之後幾十年裡，許多妻子來到河西走廊尋找伴侶蹤影。對成百上千的婦女而言，這是終身的悲痛。

其中一人是魚麗英。她挖了幾個墳，終於根據牙齒、特別長的中腳趾，以及一件埋在沙漠中保存完好的毛衣，認出自己的丈夫。魚麗英在一名親戚的協助下，用布將丈夫遺骨包起並裝入袋裡，偷偷帶上一列火車。她緊張得兩天不吃不喝，直到火車回到天水為止。由於天水緊鄰河西走廊東方，是一個大站。她擔心行李被檢查，於是多坐一站，從鄉村小站下火車再往回走，翻過幾座山，最後搭上一輛順風卡車回到家。「回來就安葬、埋葬。」

一九六〇年代初期，勞改營官員想讓這些死亡看起來更像自然事件。他們將死者姓名用紅漆漆在石碑上，擺在沙漠裡，做得像普通公墓一樣。勞改犯死了，這是他們的墓，有啥稀奇？隨後風吹蝕了漆，吹垮了石，再吹走掩埋屍骨的沙，龐大的亂葬坑再次出現。酒泉市從一九七〇年起在此蓋農場，主要飼養能吃灌木的羊。一名志願者表示，他曾走進當地沙漠，發現處處是白骨。

後來，艾曉明查到，蘭州醫學院派出幾輛大卡車，還雇了幾百名地方民兵挖墳，把屍骨裝箱，這些骨骸被鐵絲綁在一起，其中一些已成了乾屍，仍保有毛髮與皮膚。一些村民過來洗劫，偷了幾顆金牙。在其他地方，牧羊的孩子還用死人骨頭玩耍。

艾曉明來到墳場，拍攝冒出沙地的頭骨、股骨及肩胛骨。大多數屍骨似乎已經解體，不過這些較大的骨骼還在。她小心翼翼徘徊在骨堆上緩緩拍攝，在河西走廊陽光映照下，那些森森白骨竟白得發亮。

張遂卿計畫建一座墓園，供罹難者家屬憑弔。他在二〇一三年差一點就成功了；地方政府准許他圍著一塊方尖碑建一座圓形小石牆。計畫完工後，這塊黑色石碑在沙漠中豎立了一陣子。

死難者遺骨紀念碑

他在石碑背面刻上幾行字：

蘭州五七難友
夾邊溝倖存者暨親友恭立

隨後地方政府發現自己犯了錯。習近平不久前才宣布一項重要聲明，強調不能否定毛澤東時代。[9]此聲明的重要性相當明顯，隨後幾年被確定為習近平打擊非官方史的第一槍。突然之間，這段記憶變得敏感。張遂卿及其友人或許真的只是想悼念亡友，但他們要為遭黨迫害致死的數千無辜者立碑，這象徵意義太強了。這塊黑色石碑沒幾天就被搗毀。張遂卿搶下一小塊上面刻有「立」字的石碑殘骸。他所做的一切全都合法，但他的作品卻被毀了。

艾曉明的論點很清楚：她與家人在文革期間遭到的「打、砸、搶」並非絕無僅有，而且依然存在；這是共產黨對付異議人士的一貫伎倆，特別是當他們膽敢觸動共產黨黨史時尤然。[10]

老先生李景沆總結了許多倖存者的感受。他們無意與黨對抗，他們要的是平反，但黨永遠不能接受這項要求。在天水中學與師範學院的十一位夾邊溝受難者教師中，他是唯一的倖存者。李景沆經常出現在艾曉明拍攝的影片中，像臥佛般側身躺在床上，閉目沉思。但如今他坐在椅子上發表意見。

「現在紀念碑已經砸毀，意思是說根本就沒夾邊溝這檔事。換句話說，要忘了過去。人類不需要維護歷史。但如果真是這樣，你就得問，那麼什麼是人類？身而為人的意義是什麼？」

＊＊＊

在《夾邊溝祭事》大部分拍攝過程中，立碑紀念罹難者的張遂卿都充當艾曉明的助手。二〇一七年，這部紀錄片在香港首映時，張遂卿罹患癌症末期。[11]醫師建議的化療要花費六萬人民幣。張遂卿夫婦沒那麼多錢，只能買些較便宜但沒療效的藥。當他躺在蘭州垂死之際，艾曉明則在武漢老家觀看自己紀錄片在香港上映的影片。由於她幾年來一直被政府限制旅行，因此沒能前往香港，所幸友人設了一個連結，讓她可以觀賞首映典禮，為外界能看見她的作品感到欣慰。她透過電話與簡訊向張遂卿轉達觀眾的反應，後來還寫了一幅書法作品送他，內容是蘇東坡因開罪皇帝而遭貶之後，在赤壁寫下的〈定風波〉：

莫聽穿林打葉聲，
何妨吟嘯且徐行？[12]

這首〈定風波〉是每個中國小學生都琅琅上口的詞，但艾曉明並未寫出最後兩句，因為這麼做顯然太直白。沒說出口的訊息，反而更顯明內心的寧靜：

回首向來蕭瑟處，歸去，
也無風雨也無晴。

近千年來，河西走廊盡頭的敦煌一直是世界文化的轉折點，中國、西方、印度與中亞文化在這裡薈萃融合，演變成一種極具創意的藝術形態。敦煌反映了這種多姿多彩：城北是蒙古山丘，南接西藏高原，西側緊鄰「低語的沙丘」。從地圖上看，這些沙丘像是西去一千多公里新疆塔克拉瑪干沙漠的延伸，彷彿風想將這大沙漠吹入河西走廊，但奇蹟似的受阻於敦煌。敦煌地勢隆起，像達到峰頂浪尖的海濤，此地立有一塊碑，宣示這裡是華夏文明的終點，再往西走就進了外邦境界。不過歷史上新疆有好幾次像今天一樣，完全處於中國控制下。

莫高窟位於城南十多公里以南、不到一公里長的小山谷，這些洞窟是在西元五至十四世紀間，由虔誠的商販、貴族與旅人在山崖壁上雕琢而成，是多元民族與文化在佛教精神感召下共同努力而集大成的藝術寶庫。這處石窟今日還有將近五百個洞穴，裝滿各式各樣藝術品：包括四千五百平方公尺的壁畫與二千四百座彩繪雕像。單是其中一處洞穴就一度藏有一千卷繪畫，以及五萬份用中文、藏文、梵文及各種中亞文字寫成的稿件。大約六百年前，政治動盪封閉了絲路，這些洞穴也大致淪為廢墟，有些因風吹日曬而崩塌，有些被砂礫掩埋。

上世紀初，敦煌石窟重見天日，藏在裡面的許多藝術品被拋售給外國冒險家與學者。這件事引起旅居巴黎的中國藝術系學生常書鴻的注意，他在一份法文報紙上讀到相關消息，不解為什麼中國人自己不研究這些洞穴。他在一九四四年返回中國，成功說服當時統治中國的國民黨政府，成立了敦煌藝術研究所。一九四九年，國民黨在內戰中遭共產黨擊敗而撤出中國大陸，常書鴻留了下來，將敦煌作為自己的終身職志。

一九六二年，一位名叫高爾泰的藝術系學生來敦煌找工作。後來他在回憶錄中寫道，來到敦煌為的是逃離一個「公社化全民皆兵的中國」。他寫道：「就像席勒（Schiller）為逃避當代德國暗無天日的政治現實，而縱情於希臘與羅馬黃金時代藝術一樣，我也希望能在魏、隋、唐的遺蹟中尋得我的家園。」

高爾泰是夾邊溝勞改營倖存者。在服刑期間，他曾被拖去畫毛澤東像。只有在出這類任務時才能填飽肚子，而這也是他得以大難不死的主要原因。從夾邊溝獲釋後，無處投奔的他來到酒泉。他知道敦煌的情況，於是寫信給常書鴻求職，而且不等回覆立即動身，就這樣一路搭著運煤卡車，露宿荒野，乞水解渴，終於來到敦煌。

高爾泰來到的敦煌，既沒有許多世紀前極盡輝煌的身影，今天作為全球觀光勝地的榮光也是多年以後的事。當時的敦煌是一處塵封小鎮，鎮上有一些泥造的土坯陋屋，街道上到處是牛馬糞便。他往南穿過遍布墓碑的礫石地，來到西藏高原山麓。來到近前，地勢陡降形成山谷，山谷兩邊老樹盤根，一彎小溪倘佯其間。敦煌石窟就位於綠意盎然的崖壁上方。

高爾泰找到常書鴻。常書鴻與他的四十人學者團隊都擠住在幾間簡陋的農舍裡，這是由考古專家、藝術史學者、官員及共產黨幹部組成的群體，因內部不斷爭執和衝突而功能失調。他們的任務是研究共產黨意欲摧毀的歷史，但為了在毛澤東那些亂無章法的命令下存活，將大部分時間都花在相互鬥爭上。

常書鴻欣然會見了高爾泰，立即同意雇用他，並令其前去觀察石窟，在腦中盤點一份清單。高爾泰很快發現自己應盡可能遠離這個研究所，而且是離得愈遠愈好。這裡的情況雖然沒有勞改營那麼糟，但充斥著明爭暗鬥、屈辱、精神折磨，是中國動盪紛擾的縮影。

在這裡，高爾泰遇到一些因過去十年鬥爭而精神錯亂的人。有位女士總是一手抱著幾本書，另一手放在身後，拽著一根枯樹枝，在研究所進進出出，一邊喃喃自語著：「這樹已經死了，死了，死了，死了。」另一位研究員每次上班一定會遲到五分鐘，而且還一再叮囑，要大家都知道他只遲到五分鐘，不停嘀咕著：「只是遲到五分鐘，只是遲到五分鐘，又有什麼大不了？只是遲到五分鐘，五分鐘而已。」

高爾泰漸漸承擔起更多責任。根據一項紀錄，莫高窟在西元三六六年開始建造，這表示一九六六年是莫高窟建立一千六百週年。團隊領導們經過反覆討論，決定重新裝修一個沒有壁畫塑像的大洞窟，在佛像的位置上塑一尊毛澤東像，其後的正面西壁畫中共黨史，題為「萬水千山只等閒」；南壁畫抗日戰爭史與解放戰爭史，題為「人民戰爭勝利萬歲」；北壁畫新中國的偉大成就，題為「六億神州盡舜堯」；窟頂畫共產主義天堂的美好前景，題為「芙蓉國裡盡朝暉」。

高爾泰在一九六五年全力以赴，幾乎用了整年去設計這些未來的壁畫。但接下來權力轉移了。毛澤東於一九六六年發動文革，打擊他所謂不斷僵化的政治系統，而常書鴻這種體制內（尤其曾為國民黨政府工作過）的領導首當其衝。常書鴻夫婦隨即因缺乏革命熱忱而遭到批鬥。更嚴重的是，他被控用人只重才能與專業，不重共產主義熱忱。很快地，研究所裡的高級領導與專家全淪為其他成員的攻擊對象。高爾泰對此有段描述：

所裡那些溫文爾雅不苟言笑的好好先生，一夜之間變成了凶猛的野獸，劇烈的蹦跳叫喊，忽又放聲歌唱，忽又涕泗交流，忽又自打耳光，忽又半夜裡起來三呼萬歲，敲鑼打鼓宣傳偉大思想……整個莫高窟地面上，只有洞中那些菩薩和佛像，依舊保持著往日的自尊與安詳。

許多人遭到人身攻擊，常書鴻則被毒打到不能走路。有人被送去做洗廁所、挖溝、挑水之類苦工，只有在舉行「批鬥大會」、接受革命不力的批判時，他們才能擱下這些例行工作。高爾泰本人也因師從常書鴻而遭到攻擊。從一九六六年起至一九七二年離開敦煌為止，他大多數時間都負責將沙塵掃出洞穴。由於沒有人會來監督，他就這樣看著石窟上的壁畫過日子。

年復一年，他研究這些壁畫並發掘中世紀中國的生活資訊。他見到描繪「耕種、蠶桑、紡織、建造、狩獵……從婚喪喜慶、乞食、屠宰到武術等方方面面」的各種壁畫。

山谷裡研究所那些人鬥得死去活來之際，高爾泰倘佯崖壁間，盡情賞畫，從中學得生命無常之道。共產黨保證確定性：「根據共產黨理論，歷史有一定軌跡，共產主義終必獲勝。」但莫高窟讓高爾泰明白世事無常，人生並無定論，更因此領悟到共產暴政終將成為過去：

> 在千壁畫林中徘徊而又徘徊，我有一種夢幻之感。想到歷史無序，多種機緣的偶然遇合，在這麼長的時間裡為創造這些作品提供的保證多麼難得：想到歲月無情，它歷經千百年風沙戰亂，保存至今更不容易；想到世事無常，我家破人亡，死地生還，猶能來此與之相對尤其幸運，心中不由得充滿深深感激之情。

今天的敦煌是熱門觀光景點，想進入石窟參觀得先排妥時段。學者們當年生活的那些簡陋住所已改建成博物館。高爾泰那位曾備受折磨的上司常書鴻，因為從外國人手中奪回敦煌研究主導權而被捧為愛國者。此前敦煌卷軸大多流落外國人手中，相關研究也一直由外國人把控。

一九七八年，毛澤東死後兩年，高爾泰獲無罪開釋，到了一九八六年更因對中國歷史的「特殊貢獻」，獲得中國國家科學技術委員會褒揚。但一九八九年他因支持天安門抗議而再次下獄。在一九九〇年獲釋後，高爾泰逃離中國，目前流亡於美國內華達州，在那裡寫下回憶錄《尋找家園》，這本著作以刪節版先後在中國與台灣發行。

從二〇〇〇年代起，高爾泰回憶錄開始在網路發行，其中有些還補上幾段原本被審查刪除的文字。[14]他對一九六〇與一九七〇年代有關敦煌的描繪，和官方媒體的說法大相逕庭。共產黨官媒將敦煌描述為中華文化的光輝體現，並且受到黨的尊重與保護。就像共產黨統治幾十年來，數以百計已發表的回憶錄一樣，高爾泰也以親身體驗道出共產黨持續不斷的統治犯行，使今人得以一窺過去荒腔走板的苦難。

比起其他有關夾邊溝的記敘，高爾泰聚焦於個人思考與感受。他在很大程度上不談肉體屈辱，認為這樣做的用意不是為了遺忘，而是為了征服自己的體驗。根據他的說法：

> 寫作《尋找家園》像是在牆上挖洞。這次是混沌無序之牆，一種歷史中的自然。從洞中維度，我回望前塵。血腥汙泥深處，浸潤著薔薇色的天空。碑碣沉沉，花影朦朧。蘭火在荒沙裡流動——不知道是無序中的夢境？還是看不見的命運之手？畢竟，我之所以四十多年來沒有窒息而死，之所以燒焦了一半的樹上能留下這若干細果，都無非因為能如此這般做夢，真已似幻，夢或非夢？果真吳旭，哪有命運？我依舊只能聽從心靈的呼聲。[15]

3 犧牲[1]

江雪還記得老家拆了之前的模樣。一九七〇年代她還在成長時，緊鄰河西走廊東緣、有山有田的天水，還是個務農的小城。江雪與家人就住在城郊她祖父一九三〇年代打造的一棟店屋裡。這棟房子建有現代化的磚牆，但窗戶是傳統的木櫺窗，屋頂則鋪了燒瓦。這種新舊結合的建築，頗能代表中國社會在二十世紀上半段的逐漸轉型。

在江雪的童年，共產黨已經掌權了幾十年，但當時的一切仍然十分落後。她的母親在結婚時幾乎不識字，但父親會耐心耐煩地教她認字。江雪還記得小時候，爸媽每晚都會聚在一起，讀中國經典名著《紅樓夢》，爸爸會講解書中豐富的詞彙與象徵意義。

江雪有自己的書要讀。父親會要她在老家後面的田裡散步，背誦《笠翁對韻》，那是本教小孩中文的對聯書。雖說就某種層面而言，《笠翁對韻》只是一種死記硬背的練習，但這本書能將文字、片語，以及中國文化基本概念植入年輕人的腦中。江雪總是走到天色向晚，附近農戶升起裊裊炊煙，提醒她家裡晚餐也已備妥，才蹦跳著回家，邊哼著《笠翁對韻》以動詞「對」為核心的開場白：

天對地，雨對風。
大陸對長空。
山花對海樹，赤日對蒼穹。

以今天的標準而言，江雪幼時的天水很窮。天水有幾條車輪壓出的路，一些簡陋小屋，還有露天溝渠。大多數居民只有幾件衣服，難得吃一餐肉，運氣好的家庭能擁有一輛單車或一枝鋼筆。天水雖窮，仍是一座在渭水河畔、風景如畫的小城。

天水市內幾處地名反映著濃濃的草根意識。市中心區名為「秦州」，是以古國「秦」來命名。二千三百年前，秦人在這附近立國，之後統一中國，建立中國第一個帝國「秦」。在英文裡，「秦」可以寫成「Qin」或「Chin」，外國人稱中國為「China」，即源出於此。天水市內另有一區以當地的麥積山石窟命名，麥積山石窟是中國著名的佛教藝術中心，規模與美麗不下於敦煌。

一九五〇年代，中國當局徵用日本戰俘在這裡蓋了一條姍姍來遲的鐵路。新主政的共產黨當局也在這裡鋪了道路，建了學校，蓋了工廠。但歸根究柢，天水仍是藍天碧水之間的農業小城。天水就是這樣一座「天」與「水」的小城。

後來這段歲月成了江雪心目中來自死星的最後光束。三十幾歲的她重返天水，發現故鄉已經不復存在。一條高架高速鐵路這時飛掠天水，像科幻片中的未來場景，但也毀了鐵路下方的一切：龐大的混凝土橋墩打入荒廢的家園，橋下垃圾與瓦礫一片狼藉，孩子在髒水灘中嬉戲，老樹被砍了，現在的自來水髒得必須煮沸才能飲用。

不斷襲上她心頭的只有「屈辱」二字——家鄉曾經代表的一切都必須卑躬屈膝，必須丟棄。就連祖父那棟房子也難以覓尋。老屋還在那裡，只是夾在一堆醜陋的混凝土結構中，稀奇、古怪地讓人想到一條未曾走過的路。

天水的墮落是如此顯明。但江雪明白，早在半世紀以前，它的死亡已經開始。那是個動盪不安、生離死別的時代。對江雪一家而言，它意味一項不可能的決定。在一九六〇年，她的祖父知道這個家必須犧牲一個人，為了讓其他家人存活，其中一個人必須成為犧牲品。

＊＊＊

天水坐落在中國特有的黃土高原邊上，緊接夾邊溝勞改營東緣。黃土高原是由沉積的風沙所組成，在強風長年吹襲下，結成一塊面積與阿富汗面積相仿的大高原。高原上土質易碎，形成極端崎嶇的地形。千百年來，河水不斷侵蝕土壤，切割成深谷，一些山丘乾脆斷裂，形成足球場般大小、奇形怪狀的迷你高原。這片黃土高坡千年來人煙罕至，地表也大體光禿，只有一些梯狀糧田與灌木叢。針對這種特殊地質，這裡的人在山坡挖洞，深入山腹，造出有幾間房的窯屋，屋頂倚靠梁木支撐。人們有時會在窯屋最靠外面的地方蓋一間木造的日光室，但大體上建造窯屋可以節省木料。

對虔誠佛教徒而言，天水附近地區成了打造佛窟的絕佳場域，麥積山石窟就這樣應運而生。麥積山石窟位處一座狀似麥子堆的山裡，有近二百個洞穴，裡面藏了七千尊佛像與一千平方公尺的畫。幾世紀以來，許多地方業餘學者撰寫有關洞穴的故事、洞穴的起源，以及洞穴內藝術作品各種風格的著作。江雪的父親張友渲就是其中一人。張友渲會用公餘之暇研究這些作品的哲學與信仰。千年來，佛教石窟一直是華夏文明的基石，直到他青少年時代，這一切才突遭抹殺。

張友渲始終活在父親當年選擇的陰影下。他被迫從小學輟學，直到一九六六年文革前夕才復學，但隨即文革爆發，學校關閉了許多年。這意味他除了小學，沒有任何正式學歷。在那個時代，生存是唯一王道。在共產黨統治初期，張家不敢張揚他們對中國文化的愛。江雪的舅公是當地著名書法家，曾經教江雪習字，讓江雪了解他臨摹的那些文學巨作的背後意境。但一九四九年過後，這一切都藏了起來，不再討論。古怪的是，在文革期間，這些知識為江雪的父親帶來一條生路。在一九六九年，當地文化中心給了張友渲一份工作。地方文化中心是政府機構，平常會開些書法、繪畫、武術班，與其他豐富民眾生活的課程。

文革期間，文化中心成了毛主義的宣傳中心。張友渲因為從舅舅那裡學得的繪畫技巧而被召進文化中心工作。他負責畫大約十平方公尺大小的巨幅毛澤東像，懸掛在天水各處街口與政府建築前。事實證明張友渲的繪畫本事高超，沒多久他就奇貨可居，成了眾人爭相羅致的對象。事實上，天水每一個「工作單位」，包括每家工廠、部會、辦公室、研究所、車間、窯爐或採石場都需要懸掛毛澤東像，而且大家都要張友渲畫的像。

兩年後，由於不久前打的一場邊界戰爭，中國與前盟友蘇聯鬧翻，天水的官員也開始鼓吹反蘇鬥爭。他們提出「打倒新沙皇！」口號，批判莫斯科的新統治者，並且決定用麥積山石窟作文章。於是他們派遣張友渲前往石窟，製作巨型公告牌，要打擊蘇聯。

當時這些石窟不對民眾開放，因為不能讓宗教圖像汙染民眾的心靈。但每隔一陣子，總有一位省或中央級的黨領導前來石窟參觀。這些佛家藝品代表共產黨意欲推翻的一切，但它們仍是天水的招牌。這些領導幹部來到石窟，在觀賞之餘，總會對將佛家藝品藏身於張友渲巨型公告牌之下的巧妙安排讚譽有加。麥積山石窟需要一種代表標語，但不能用蘇東坡的著名詩句，也不能用讚美佛家藝品的頌歌，而要用共產黨標榜的嘶吼著的中國農民。

在畫完這些標語後，張友渲應邀留在石窟擔任管理人。他用時間博覽群書，思考自己家族命運。最後，文革結束了，張友渲當了教師。他有幾次機會可以加入共產黨，也就是說可以升遷，過較好的日子，但他沒有這麼做。他欲言又止地解釋說：「因為父親當年的決定……為我留下深刻印象。我第一手見證了這些事。」

張友渲沒有成為異議分子或激進分子。但家人的犧牲是他無法掙脫的痛。他低聲下氣，但他的信念永不屈服。他研究、撰寫有關石窟的東西，培養有獨立主見的子女。

＊＊＊

張友渲在一九七三年結識他的妻子，翌年生下一個女兒。根據中國文化傳統，女兒隨他姓張，取名「文敏」。這個名字在那個年代可是完全不具革命精神。當時出生的孩子一般會取名「衛東」（就是保衛毛澤東），或取名「進」（奮鬥進取）或「紅」。「文敏」的第一個字「文」，意思是文采或文化，第二個字「敏」，意義是敏捷、聰明。「張文敏」這樣的名字在今天看來平淡無奇，但在文革期間，那是張友渲駁斥黨意識型態的方式。

但幾十年後，他的女兒成為作家，她選擇了一種更激進的突破。她決定放棄「文敏」，使用筆名「江雪」，意即「江上之雪」。這筆名來自八世紀詩人柳宗元一首詩的最後兩個字：

千山鳥飛絕，萬徑人蹤滅。
孤舟蓑笠翁，獨釣寒江雪。[2]

這首詩的最後三個字是「寒江雪」，意即「寒」冷的「江」面上積了「雪」。「寒」這個字與代表中國人的「漢」讀音接近，影射政府無能，讓人民漂流在積雪的江上。對江雪而言，這首詩說的是一種孤軍奮戰，獨坐小舟，面對無法控制的龐大考驗，決意抗爭到底。她在選用這個筆名時，想到她祖父，想到他面對的命運，想到他在一九六〇年那個冬日獨自做下的決定。

江雪的祖父張如林為人正直，身長體壯，由於義名遠播，小城各處每有爭執不下的宿怨，雙方都願意請他出面主持公道。他的決定不以狹隘的法律為基礎，更講究共感同情。共產黨主政以前，國民黨政府鐵腕治下的黃埔軍校在天水設有分校。在一九四〇年代的一天，一名軍校生來到他的店裡求助。這名軍校生是個逃兵，說自己不適合軍旅生活，希望回家。當年逃兵若被抓就是死路一條。張如林讓他在自己家裡躲了幾天，為他換了衣物，還給了他旅費送他上路。中國已經戰亂多年，不應該有人因為不想殺人而被殺戮。

張如林一直很窮。大約在共產黨建政時，他買了天水第一部壓麵機，從大城西安運進來。他開始做麵條、薄餅與包子，最後在隔壁開了一間小餐館。張友渲後來還清楚記得壓麵機半夜三更仍在運作的吵雜聲。

之後，日子變得複雜了。正因為像張如林這類的人一直是社區中堅，共產黨總愛挑他們發動攻擊。但張如林很窮，所以共產黨也不能拿他怎麼樣。但在一九五八年，第一座人民公社建立。由於張如林的名聲，共產黨要他出來領導他那條街上的公社。他遵命行事，到公社上班。但他隨即發現公社要奪回農民的土地，奪回共產黨不過幾年前才交給許多農民的土地。公社還有許多違反傳統文化的構想，例如要大家在公共食堂進食，要廢棄一切私有財。

「所以他不肯照辦，」張友渲談到他父親，「他上了兩天班，就辭工回家了。」

像所有主張現代化的人一樣，共產黨也熱中鋼鐵生產，因為在毛澤東的幻想世界裡，鋼鐵就等同現代化。鋼鐵產量夠大，就意味中國可以躋身世界強國之林。當政府的技術官員表示，打造鋼鐵工業非一蹴可幾時，毛澤東堅持只要想辦法、出奇招，中國就能在一夜間成為鋼鐵強國。農民可以打造小高爐，在自家後院土法煉鋼。但問題是，農民儘管聰明，卻也只能造一些磚窯，熱度不夠，煉不成鋼。毛澤東仍然執意要幹下去。

江雪的父親不再去學校。學生都被派出去挖泥，然後用推車拉回來，修補再原始不過的土高爐。這類高爐約三公尺高，經常碎裂。張友渲白天就在野外挖泥，運回高爐，有人會將這些泥不斷鋪在高爐煙囪上修補裂縫。但這種做法不但徒勞無功，還造成經濟災難，因為農民不再下田耕作。由於他們蓋的那些小高爐煉不出鋼，共產黨命令他們交出家裡的所有金屬，讓官員可以上報交差，說鋼已經煉好了。

張友渲回憶說：「官員在街頭挨家挨戶，搜刮人民家裡的鍋子、菜刀、鏟子、門扣子，就連嫁妝箱的鎖子、銅鎖，都全拿去煉鋼了。」這些鐵與銅就被丟進小高爐，熔成一點用處也沒有的錠，充作煉好的鋼。更不妙的是，農民用來耕作的農具也被奪去煉鋼了。

一九五九年下半年，天水爆發了饑荒。當局訂下生產配額，要農民生產比過去一切收成紀錄高出數倍的農作。農民當然辦不到，但當局仍然根據這些異想天開的指標打稅。地方官員為滿足配額，於是沒收私有藏糧，甚至籽糧。

在天水，每到春季由於冬天存糧耗盡、春耕尚無收成，農民經常得餓肚子。但這一次情況不同，農民根本等不到糧，農民也沒有農具。最重要的是，他們的籽糧也被沒收了。沒過多久，農民開始挖野菜填肚子。很快野菜挖完了，他們開始尋找可以吃的根，例如樹皮，或一種俗稱「觀音土」的表土。可嘆觀音是佛家大慈大悲的菩薩，吃這觀音土卻會致命。餓死的人愈來愈多，一開始是老人，接下來是病人，然後是嬰兒，最後連青壯漢子也在劫難逃。

＊＊＊

天水城裡一片死寂，人民不再外出，許多人躺在床上節省體力。但像江雪的祖父這類體格健壯的男子，仍必須工作。張如林當時只有四十九歲，像公社裡其他男子一樣，被趕到城郊蓋一個引水工程。

唯一可以取得食物的地方就是公社食堂。在一開始，食堂的食物還很充足，大家心想人民公社的生活其實沒那麼糟，因為不管你工作努不努力，反正有你吃的一份。但現在食堂裡幾乎什麼都沒有，每個人家裡都沒了吃的，沒了穀子，更別提做飯用的器皿了。

在每天做完引水工程後，江雪的祖父會走到食堂領取一家人的配給糧。配給糧是一個直徑約十五公分的玉米饃饃，這就是他一家六口一天的糧，根本填不飽肚子。張如林仔細思考應該怎麼分著吃。孩子們需要的份比父母少，特別是張如林本人還得勞動，需要的最多。但他應該根據需求分配這個饃饃嗎？他一向標榜公正，但現在怎麼才是公？如何才是正呢？

張如林過去經歷許多狀況，都能公正做出決定，但這件事沒有公正解決之道。人吃人事件在天水已經傳聞四起，但這個想法令張如林膽戰心驚。對他來說，家人的命運全靠每天領到的這一塊玉米饃饃。最後他得出結論：家人中至少有一個人必須餓死才行。根據理性，一家六口人得決定誰得餓死，好便把這塊饃饃分給其他活下來的人，這麼做生存機會最大。但誰得餓死呢？他又怎麼對那個人開口呢？而且如果他決定讓某位家人餓死，其他家人又怎會接受他的決定、眼睜睜看著他們最親愛的人餓死呢？張如林必須有個讓每個人都覺得公平的解決辦法，大家才會順從。

江雪接著講了這個故事，這個自她還是小女孩起，她父親每年都會在新年對她講述的故事：

> 祖父是位公正的人。他每天都會拿一把刀將這塊玉米饃饃切成六等份。家人每人一份，每人分到的都一樣。他會用秤將每一份分得不多不少。我那位小姨當年只有一歲，她分到的與祖父分到的一樣多。祖父是家裡唯一勞動力，理當需要更多，但每個人都一樣。家人最後都活下來，祖父餓死了。他為我們犧牲了自己的命。

江雪與父親坐在祖父那棟房子二樓的書房裡。這棟房子是緬懷她祖父以及那個逝去世界的聖殿。書房裡有個扭曲、粗糙的巨大樹幹，當做大咖啡桌使用。旁邊是一張書桌，桌上擺滿書籍、毛筆、卷軸，以及中國文人慣用的各式各樣文房工具。牆上掛著舅公寫的書法與風景畫。我們難以覺察的一層薄薄黃土靜靜地黏覆在畫面上，既平添一分時間凝固之感，也讓人深感歷經千百年戰爭、動亂與饑荒，一種豐富而深邃的人世滄桑，一種植根於永恆的思想。

江雪與父親討論起祖父的死。一九六〇年四月張如林死於便祕，胃裡滿是樹皮與觀音土。去世前四天他虛弱到不能排便，家人帶他到一所醫院，但醫務人員同樣餓得發慌，而且沒有藥。他劇痛而死。由於附近所有的樹都被砍下來燒爐煉鋼，張如林的妻子把他們的床拆了，用床板為他做了一口薄棺。

由於祖父的去世，張友渲在大饑荒結束後沒有返校念書。他是家裡的長男，不能眼睜睜看著母親為撫養他的三個弟妹操勞致死。於是他到四處打工，賺的錢雖比成年男子少，但至少能養活弟妹。

江雪每年都會在新年那天聽一次家族的故事。中國家庭一般會在大年夜團圓，享用一頓大餐。但在張家人用餐前，張友渲一定會先讓死去的父親先用餐。張友渲會與妻子帶同江雪等三個孩子穿上冬衣，走半小時的路程，來到祖屋後方一座小山上的一小塊平地。當年共產黨反對人民掘墓安葬死者，說墳墓沒有價值，所以張如林去世後沒有立碑。但江雪的父親早已把張如林的埋骨之處默記於心，就算夜裡摸黑也能找得到。張友渲在地上立了一張白卡，上面恭恭正正寫了張如林的名諱，再擺上一杯茶，一碟食物。然後他燒一些紙錢。家人會跪在冰冷雪地上，磕三個頭：雙膝彎曲跪地，雙手扶地，頭觸地，起身，然後重複一次，再重複一次。磕完

頭後，張友渲會開始講述家族故事，每次都以「當年我們餓著肚子……」開頭。

江雪想起那些死者，想到亂葬崗，想到沒有棺木，想到「軟葬」，也就是用一塊布裹著遺體，草草埋進一個淺坑。沒有人有精力再做些什麼。她轉頭望向父親。

「城後方那些地都埋了屍，屍橫遍野，是這樣嗎？」

「妳寫報導時得小心。不要談太多政治。」

「你擔心多久了？」

「妳媽比我更早開始擔心妳。」

「你過去並不擔心我。」

「沒錯。只是過去幾年，我開始擔心了。我知道共產黨那套辦法。如果他們要懲罰妳，如果他們找上妳，妳跑不了的。」

「你見過我寫的東西嗎？」

「反正不要扯太多共產黨的事就好。」

「你要我別提共產黨，因為你擔心我。」

「妳寫的時候不要下太多評論就好。」

「爸，你還記得一九五九年發生的事嗎？」

「他們不過是小學生。他們都太餓了，餓到走投無路。有一天，中午放了學。一個叫唐學秋，只有約十二歲的小學生實在餓壞了。他爬到一座土崖上，用手指在土上寫了『打倒毛澤東』與『打倒共產黨』幾個字。只要對正了光，就可以見到崖上那幾個字。」

「他後來怎麼了？」

「他們把整區的人都召來比對筆跡。我也在半夜被叫起來寫一篇文章。他們比對了半天，找不出是誰寫的。最後把嫌疑人縮小到三個人。」

「唐學秋在裡面嗎？」

「沒在裡面。但就在他們即將逮捕三人中的一個時，唐學秋站了出來，說這些字是他寫的。」

「後來呢？」

「他坐了八到十年的牢。」

「他只有十二歲，卻坐了八到十年牢？當然這是依法坐牢。」

「沒錯，所以妳知道，如果他們要治妳罪，他們就會這麼做。」

「事情怎麼會搞成這樣？」

「因為他說我們應該改寫歷史。」

「誰說？」

「毛澤東。毛澤東說我們應該改寫歷史。但歷史已經發生了。如果是小說，你可以改寫。但如果是歷史，你怎能改寫？但凡有良知的人都會反對改寫歷史。」

＊＊＊

一九八九年，當抗議展開時，江雪興高采烈。她與她的高中同學匯錢到北京，匯給了「天安門的學生」。六月四日，屠殺開始，江雪等人戴上白花悼念受難者。

江雪後來進了西安的西北政法大學，但法律讓她厭煩。大多數政法大學畢業生之後當了檢察官、法官或警官，但她眼見這個體制對她班上那些男同學的影響。

「我們班的男生大四時會去公安機關實習，有些去監獄實習。他們回來後就講他們怎麼打人的。平時好好的男生，現在談起打人就津津有味，特別有成就感。當時我就決定我是不能入黨的。我不知道我將來要做什麼，但我知道我不能做什麼，就是不能加入體制。」

江雪長得很漂亮，留有一頭長髮，戴副眼鏡，頗具書卷氣，笑起來嘛著嘴，有一種讓人立即冷靜的平和神氣。她文筆很好。在一九九〇年代念大學時，她嘗試寫作，發現自己是個快筆。她找到一份工作，覺得心中有種使命感。

於是她決定投入新聞業當記者。中國從二〇〇〇年代起，出現一段前後十年、新聞事業澎湃洶湧的美好時光。在那以前，中國報紙都是蘇聯模式的翻版，只是宣傳工具，也毫不掩飾自己做的是不客觀、不全面的報導。省、市與地方政府都有自己的報紙，各部會也有自己的媒體，例如說全國總工會有《工人日報》，共產黨法務辦公室有《法務日報》，黨有《人民日報》。九十年代初期，中國進一步經濟自由化，也開始以市場手段經營這些報紙。但這不表示要將這些報紙私有化（它們仍由政府組織經營），但它們必須獲利。突然間，這些報紙必須以讀者為訴求了。

江雪的第一份工作是擔任《華商報》記者。《華商報》原本是西部城市西安的一家小報。在一九九七年引進新管理層之後，《華商報》開始全力主攻社會與生活新聞，聚焦意外事件、災難與犯罪，也揭發醜聞，刊登調查報導。

「你可以跑來跑去，到不同的現場。你可以闖入別人的生活，讓別人講他的故事給你聽。尤其那個時候我年輕。一九九八年我剛二十四歲，那工作確實很有意思。」

他們的報導花裡胡哨，很能吸睛，但有關新聞道德與標準的觀念才剛起步。許多報導的相關研究做得相當草率，往往還有譁眾取寵之嫌。不過漸漸地，一些全國知名人物如北京外國語大學教授展江等，也開始發表有關國際新聞最佳做法的演說與文章。展江將美國最高新聞獎項「普立茲獎」的得獎作品翻成中文，還訪問頂尖美國記者，討論他們的作品。江雪與她的友人也開始以更嚴肅的態度而對他們的工作。但直到二〇〇三年前，這一切作為都只是漫無頭緒、雜亂無章。中國各地的記者、作家和思想家，往往會將二〇〇三年視為公共辯論的轉捩點。

那一年發生了孫志剛事件。孫志剛是外地學生，在羈押期間被警方打死。警方只因孫志剛沒有攜帶身分證明文件而遭警方逮捕、毆打，最後傷重致死。他的死引發記者與公知譁然。在他們大舉鼓譟下，當局懲處了迫害孫志剛的警官，並重新檢討外來民工的處置問題。

此外，由黨總書記胡錦濤與國務院總理溫家寶領導的新政府才剛上台。呼吸道惡疾SARS的爆發也讓人民感覺有種新氛圍正在成形——政府一開始一連數月不斷否認SARS是個問題，直到SARS造成不可收拾的健康危機為止。突然間人們領悟到，甚至在中國這樣半封閉的系統裡，媒體也可以帶來改變。

這種種事件的風雲際會，鼓舞了中國各地的律師、藝術家、作家、激進分子、學者。像江雪一樣的記者也因此開始投入更具抱負的計畫。她開始寫被逐出家園的人，寫貪腐與環保的問題。她的編輯有時也會不讓她寫，或下筆潤飾，將她的報導調性放軟，但她發表在報端的文章仍足以引起相當反響。對許多記者而言，新聞工作成為一種使命。

＊＊＊

慢慢地，或許也在所難免地，黨開始反撲了。黨奪回了編輯室，安插更多俯首聽命的編輯。到了二〇一〇年代初期，黨縮緊調查報導的範圍，基本上終結了前後十年、為理念而奮鬥的新聞報導盛世。此時江雪在《第一財經日報》工作，直到二〇一三年另個更不祥的轉捩點出現，才離開這家報紙。那一年，一度獨立自主的報紙《南方周末》在新年發表「新年獻詞」。根據歷年傳統，這篇新年獻詞是種要求改變的號角，但它從不直接挑戰共產黨的權威，而一般會是一種解決迫切社會問題的呼籲。那一年，《南方周末》要求當局尊重既有憲法權利，而且就許多方式而言，這樣的呼籲也與政府推動公平、公正法律系統的政策吻合。

但在這篇獻詞發表前，報社資深編輯稀釋淡化了內容。這事引發工作人員反彈。記者與編輯在社群媒體上發出不平之鳴，群眾聚在《南方周末》位在廣州市區的總部外討個說法。江雪也從遠方聲援這項抗爭。她這時主理《第一財經日報》的社論版面。這是一個可以供她盡情發揮，讓她公開批判社會問題、政府瀆職的重要職位。她開始在《第一財經日報》撰文，直接評論《南方周末》這次的小型暴動事件，特別是在當局下令鎮壓，幾位重要記者遭到開除以後，江雪更加火力全開。幾週以後，江雪自己也淪為批判對象。她的報社主筆下了命令：未來的報導只能聚焦一般民眾，只能報導民眾的生活如何愈過愈好。之後她被調到檔案室工作。江雪感覺這是《第一財經日報》的緩兵之計，自己即將遭到解雇，於是辭職。

她就這樣成為自由撰稿記者，作品主要在香港的雜誌發表。之後這些作品遭到香港當局攻擊，她開始做現在做的工作，透過「端傳媒」等線上平台發表文章。她還在社群媒體發表附帶小額贊助的作品。這些作品有些能逃過審查而得到資助，幫她維持生活開支。她寫有關家鄉的變化。但隨著時間消逝，她愈來愈關注中國獨裁政治系統的歷史根源。

在二〇一六年，她開始陸續聽說一本在天水發表、名為「星火」的雜誌的有關情事。這本雜誌只在一九六〇年出版了幾期，工作人員就遭當局逮捕，送往勞改營。一位名叫胡杰的獨立製片人，在二〇一三年拍了一部有關這件事的影片，兩位事件生還者還發表了他們的回憶錄。但沒有人寫過真正深入探討這本雜誌的報導。讓江雪特別感興趣的是，為什麼這件事直到今天仍能引起反響，為什麼中國有這麼多公知似乎知道《星火》？

她向父親問起了這件事。張友渲從小在天水長大，也聽過《星火》的往事。那曾是一件大案，當年當局還因此在體育場辦過幾場群眾大會，譴責雜誌的工作者。張友渲同意幫江雪的忙，而他們這趟調查之旅的第一站，就是馬跑泉村街頭的一處拖拉機棚子。

憶往事：竹簡

中國第一歷史檔案館的主辦公室，位處緊鄰紫禁城北一處一九五〇年代建築組成的小型聚落裡。[3]當時新成立的中華人民共和國想發展自己的建築風格，幾位著名設計師於是提出一種中西合璧的形式：主結構為磚造，不是木造，這樣才能蓋出屋頂為瓦造，且有彎曲的屋檐，但又大得多也高得多的建築。當時許多人抨擊這種風格，說它抄襲，沒有新意。但在北京城裡，能將過去融入今天的建築物不多，這是其中之一。

檔案館有一座大禮堂，以紅絲絨鋪壁，還有俯瞰北海公園粼粼湖光的凸窗。二月間一個陽光和煦的下午，禮堂有一場演講，主講人是清華大學教授劉國忠。[4]他談的主題在二〇一〇年代震撼了中國知識界：劉教授發現了約二千五百年前，中國在「軸心時代」（Axial Age）失傳的文物。

中國最偉大的思想家，如孔子、老子、孫子與韓非子等人，都出現在這個時代。後世統治者利用許多這些思想家（特別是孔子與韓非子）的理論，為他們的統治建立法理根據，爭取被統治者的服從。但江雪的父親從多年研讀古文物的經驗中得知，這些文物同時也包藏一些顛覆現有體制的理念。正是憑藉這些理念，他能沉浸在古文物研究中，過著一種內心流亡、抗拒外在世界的生活。

與毛澤東思想不同的是，這些顛覆性理念提供一種與統治者想法不同的哲學架構。例如說當帝王的人或許有自己的一套想法，但孔子的儒家理念也為官員提供了道德標準，其中特別是官員有進諫之責一條，就常被官員運用。有時中國官員會以抗議形式進諫而因言獲罪，蘇東坡或司馬遷就是例證，還有時他們選擇辭官，退隱山林。

劉教授討論了更多證據，說明這些古代理念對獨裁統治具有與生俱來的顛覆性。這場演說歷時九十分鐘，為了讓非專業聽眾了解，劉教授首先做了簡單說明。他說，古埃及人在紙莎草紙上書寫。巴比倫沒有紙莎草紙，所以巴比倫人用泥板書寫。在中國，早期的書寫形式出現在龜甲上，古人用火杵加熱龜甲，直到龜甲龜裂。他們會根據裂紋進行占卜，就像根據掌紋算命一樣。就在這些出現裂紋的龜殼上，古人寫下問與答，因此得名「甲骨文」。這是已知最早的中國文字，不過甲骨文涉及的主題非常狹隘，例如說在某天是否應該播種，王是否應該發動戰爭？結婚？出行？透過這些文字，可以看出商王一生中忙著解決的一些事，但除此而外並無太多內容。

劉國忠教授要討論的，是之後出現在竹簡上的文字。這些竹簡只有筷子般大。劉教授就在講桌上示範研究人員關於這類文字書寫方法的推斷：古人會把一片竹簡擺在左前臂上，右手握筆在簡上書寫。他說，中國人千年來總是由上而下、由右而左書寫，原因大概就在這裡。

更重要的是記錄在這些竹簡上的主題。它們不是宮廷生活細節，而是中華文化的原始文件。二十年來，出土了三批來自這個時代的竹簡。[5]其中一九九八年在郭店出土的一批文物有八百件竹簡，另一批於二〇〇〇年出土、由上海博物館收藏的文物有一千二百件竹簡。劉國忠教授介紹的這一批有二千五百件。[6]這批寶藏是可能出沒在湖北的盜墓賊挖出來的。盜墓賊將它們輾轉送到香港，準備拍賣。這時有一位捐助人介入，買下整批竹簡，隨於二〇〇八年將它們捐給他的母校清華大學。清大為收藏這批寶物建了一個中心，劉國忠就在這中心工作。

這些竹簡以啟人深省的方式，挑戰中國政治文化的必然性。竹簡上的文字記錄了西元前五世紀到西元三世紀的中國戰國時代。當時世界各地文明，從中國黃河流域到歐洲希臘半島，再到印度次大陸，都在透過新方式進行政治與哲學秩序整合，也由於這段時期對世界歷史重要非凡，德國史學家雅斯培（Karl Jaspers）稱它為「軸心時代」。中國現有一切重要思想流派，特別是一直作為中國政治意識型態主流的道家與儒家思想，都源自這個時代。這些思想直到今天，始終是歷代君王指導原則——至少理論上如此。

這些竹簡揭露一個令人稱奇的真相，就是儒家經典中影射的一些理念，事實上是完全成熟的學派，而這些學派壓倒了儒家基本理念。舉例來說，有一篇竹簡上的文字比目前已知的儒家經典更積極強調賢能政治的重要性。直到目前為止，根據現有的儒家著述，只有在罕見的例外情況下，才能讓統治者遜位或取而代之。王權世襲是常態，統治者為天選之人，得根據天賦權利與功績表現來進行統治。

共產黨基本上就是根據這種常態理念，因為國民黨貪腐無能，所以共產黨理當奪權篡位。共產黨的持續統治也因中國經濟發展而合理化。中國經濟發展證明老天也支持共產黨

（套用共產黨的話，就是「歷史評斷」）。共產黨利用中國傳統，宣揚它的統治的傳承性。不僅就廣義而言，這意指其他政黨不能掌權，在狹義上，共產黨也以「紅色」家族（例如習近平家族）為核心，建立了一個半世襲的階級，以鞏固其統治基礎。但這些新近出土的古竹簡顯示，即使在古代中國也有相當一群作者反對這種做法，認為統治只能以功績為基礎，不是因為你是共產黨人就可以統治。

以今天的角度稍加審視這批出土竹簡，就能發現其他一些與當代社會出奇類似之處。早在中國的戰國時代，識字人口增加與都市化導致所謂「士」這類學者階級興起，這些「士」的職責就是為王公獻策，有人認為這些「士」比那些靠世襲繼承王位的人更有資格統治，而這就是賢能政治論的起源。今天，同樣的趨勢再起，而且規模比古時大得多。今天，不僅學者階級要求發言權，全民都在要求發言權。

我們甚至可以說，這些出土的竹簡顯示，戰國時代的中國社會比今天更加自由放任。在當年的社會，學者可以暢所欲言，各抒己見，如孔門子弟可以插嘴統治者退位問題，甚至還動念要取而代之。今天的中國也有這些構想，不過就像這些竹簡出土之前的情況一樣，它們也被埋藏在地底下，而且它們的出土就是禁忌。

劉國忠教授這篇演說用詞十分謹慎，但吸引力顯然不凡。這些精心編纂的竹簡經估計有十五卷，計畫每年出版一卷，預計約二〇三〇年才能完全出版。每一卷出版後都引起媒體熱議，博客與業餘愛好者（像許多這個冬日下午聚在這裡聽講的人，或江雪的父親）都試著自行詮釋這些新發現。劉教授宣布出版日期，在場眾人仔細聽著。

「我們會在我退休以後出版，」劉國忠教授笑說，「不過之後你們就會爭辯一整個世紀了。研究是無止境的。」

劉國忠做完結論，鞠躬下台。他的演說已經超過預定的九十分鐘。主辦方不允許提問，開始關燈清場。

但觀眾湧到講台，向劉國忠不斷提問。一位來自「易經研究協會」的男子問劉國忠，應如何看待有關占卜的新著述。一位北京大學研究生則問到退位造成的政治衝擊。劉國忠的名片很快被需索一空，大家開始輪流傳遞他的最後一張名片，好拍照留念。

燈光已熄，禮堂裡只餘留冬陽淡淡微光。警衛站在禮堂後門等著鎖門。但仍有二十幾位觀眾圍著劉國忠，不放他走，因為他握有他們應如何自我了解，名為「過去」的一把鑰匙。

4 星火[1]

天水市東南郊有一條商店街，它有個不搭調的浪漫名字，名為「馬跑泉」，也叫「馬刨泉」。這個名字源出西元七世紀，當時一位唐帝國開國名將在尋找水源途中路經此處，準備稍事休停。突然間他的坐下馬狂奔向前，用蹄在一個黃土堆上猛掘。不出幾分鐘後，泉水湧現。「跑」這個字與動物用腳刨地的「刨」字型相近，但「跑」另有一層意義，因為它也意指天水作為騎兵基地的起源。

天水所以成為軍事要地，主要因為它是一座邊城。坐落在小麥與高粱梯田根部的天水，是穀物生長區的盡頭，再往西走就是無垠的荒漠。天水附近的草原是飼養、訓練戰馬的理想地點，不過談到與朝廷的通訊，東向流往古中國最重要都城西安的渭河，仍是相對簡單的方式。馬跑泉因此成為捍衛華夏文明、對抗異族入侵的堡壘。對唐帝國而言，馬跑泉的馬與建在附近的長城同樣重要。

二十世紀中葉，一場同樣激烈的鬥爭在馬跑泉上演，那是一場共產黨建政初期的極權統治鬥爭。當那場鬥爭於一九五〇年代發動時，天水卻仍停留在歷史中，黃土高坡上溪水潺潺，點綴在溪邊田野的神龕有的供奉神仙，有的供奉本地名門望族的祖先——好一幅田野、農民、廟宇與傳統並茂，千百年不變的中國風情畫。

但事實是，地方社會正慘遭撕裂。毛澤東的暴力革命褻瀆、荒廢了廟宇。原本農民還能擁有小片土地，但現在所有土地盡皆收歸國有。明眼人一望可知，出現在天水的新建築無非昭示當局為所欲為的大權罷了。其中一棟是地方黨部辦公室，負責將北京的命令分發到村裡。另一棟是拖拉機車棚，這是黨要將農村生活現代化的第一項保證。馬跑村只有一輛拖拉機，農民得共享。在過去，宗教生活是天水人生活的核心，但如今科學成了新的神祇，而科學與它的守護者共產黨成了天水人的中心。

張春元是這輛拖拉機的管理人。張春元是韓戰退伍老兵，負傷後接受修護、駕駛軍車的訓練。在天水這類窮鄉僻壤，懂得維修車輛的人寥寥無幾，地

方領導慶幸能有他這號人物相助，要他負責監管這輛拖拉機。張春元不僅負責養護維修，還得替地方農民駕駛這輛拖拉機，因為沒有人會開它。

但張春元的技巧掩不住他是社會棄民的事實。他曾是立功授動的軍人，曾是大學生，這些資歷似乎無懈可擊。但他所以來到馬跑泉，是因為他曾在反右傾運動中被打成右派分子。一九五八年五月，他與另外四十位蘭州大學師生一起被下放到這裡。他們都因響應黨的號召，針對他們認為可以解決的問題提出建設性批判而獲罪。好幾百萬人在反右傾運動中被捕、坐監，遭到折磨與流放。就在一九五九年春暖花開時節，張春元等人被下放到天水勞動。師生分為兩組，一組送往更偏西的武山縣，張春元與其他二十幾人分到了馬跑泉，幹著種田或照顧羊群的活。一九五九年大饑荒爆發時，張春元等人親歷當時種種慘狀。他們仗著年輕力壯，還能禁得起挨餓，但目睹老弱與幼兒緩緩死去。

同時也因為中國人敬愛讀書人，師生們得以倖免大饑荒最毒的侵害。甚至在饑荒壓境的情況下，地方幹部也知道這群年輕人的知識遠超在地民眾，有人於是建議辦個「開放大學」，利用這些下放青年教地方農民認字。就這樣，這群年輕人得以免除苦役，能在拖拉機車棚邊的黨辦公室準備教材。他們有了難得機會，可以讀到全國性報紙，可以追蹤那一件件夢魘似的災難事件，看著它們帶來大饑荒，看著它們一路走向毀滅。

一九五九年八月，他們讀到有關河南農作收成破紀錄等等奇蹟般的報導，知道這根本是憑空揑造。其中一位學生譚蟬雪後來在回憶錄中寫道：「糧食產量吹上了天，可百姓的肚子卻餓成扁的，農民生活在一個荒涼飢餓的世界。樹皮扒光了，野菜也挖淨了。」[2]

很快地，學生們開始見證人吃人的慘劇。在上山找完野菜根的下山途中，譚蟬雪與她的同學看到一群人圍著一名男子，這名男子正在賣肉包，這簡直是奇蹟！「第二天，我聽說有人在包子裡發現一片指甲。我的心顫抖。我的天！」[3]有一名老人失蹤了，人們後來在地庫中找到他大卸八塊、掛在肉鉤上的遺骸。譚蟬雪發現，有三種人可以存活：一種是官員，可以用權力取得食物；一種是能偷能搶的聰明人；還有一種是往西逃進新疆綠洲的人，那裡地處中國與突厥民族邊陲，還有穀物與水果。

學生們常在張春元的拖拉機站會合。這個地點位處主街，交通便

利，張春元也是位和藹可親、體貼周到的主人。他濃眉方臉，身強體壯，而且愛讀書。他的知識因作戰經驗而更加淵博，讓那些書呆子學生大嘆弗如。但張春元從不對他們說教，從不看輕他們，他只是以循循善誘的方式與他們討論國家前途。他會一再強調的重點是，雖說不過是下放學生，但他們有責任救國。

「他非常反對那些只想到自己的人，」譚蟬雪回憶道，「他從不把自己的自由看得很重。」4

有些學生希望幻滅，打算逃出中國，其中包括丁恆武。丁恆武塊頭很大，是蘭州大學數學系畢業生。他總是吃不飽，但為了準備逃亡，每天會花好幾小時在當地蓄水池裡練泳。一天，他出發了，根據計畫他要徒步一千六百公里前往邊界，然後泳渡湄公河進入緬甸。他就此下落不明。

其中最駭人聽聞的是同學孫自筠的故事。孫自筠是中文系本科生，也是共產黨員。眼看饑荒奪去一條條人命，他寫了一封信給黨的首要意識型態雜誌《紅旗》，向編輯們揭發饑荒慘狀。他以能寫這信自豪，相信黨一定不知道草根階層的真相。黨一定會感謝他在信中提出的懇切建議，送來救援。他與其他學生充滿期待，等著黨的回覆。

幾個月後，在一九五九年秋，民兵來到天水，逮捕了正在田裡幹活的孫自筠。他們當眾毆打他，要他招供反革命活動。他們在他的脖子上吊幾個桶子，桶裡裝滿屎尿，直到桶子的金屬把手嵌進他的脖子，讓他昏厥為止。之後他被上了手銬，由於銬得太緊，斷了血液循環，他的兩手開始腐爛。最後他跑了，逃入另外一省。這件事讓學生目瞪口呆：像孫自筠這樣的忠誠黨員都落得如此下場，說明共產黨根本無視事實真理。

張春元思考著許多這類議題。譚蟬雪與他談到她住的那一家人那位老農婦的事。一天夜裡，老農婦餓得哭醒，問農民究竟犯了什麼錯。他們過去支持共產黨革命，但現在共產黨要餓死他們。為什麼？

譚蟬雪問張春元，他們應該怎麼做。張說他們不能不採取行動。就算是經過層層關卡、傳到這處偏鄉小鎮的報導也已說明，這場饑荒不僅止於天水或附近地區而已。這是一場全國性大災難。他們一定得做些什麼才行。誠如另一位學生向承鑑所說：「不在沉默中爆發，就在沉默中死亡。」[5]

＊＊＊

張春元擁有作為忠貞共產黨員的一切要件。他出身河南鄉下，他跟他的家人自出生以來就沒有活過一天好日子。當地農村總是處於飢餓邊緣，共產黨追逐社會正義與經濟發展的訴求因此讓許多人心動。對張春元而言，黨同時也是他的家。他在七歲喪母，根據他的說法，繼母對他很凶殘。

十三歲那年，張春元離家出走，沒有再回家。他當汽車修理工學徒，之後於一九四八年加入解放軍，當時他十六歲。當中國於一九五〇年加入韓戰時，他志願參戰，並在他的車隊遭美軍戰鬥機掃射時受傷。脖子永久受傷的張春元於一九五四年退役。之後他利用當局給予退伍軍人的優惠政策，進入蘭州大學歷史系讀書。

他對共產黨統治中國的熱情也於這時逐漸幻滅。他原以為大學會是一個絕佳的圖書館，結果發現大多數書籍都被上了鎖。蘭州大學甚至連一套完整的四書五經，中國讀書人千百年來使用的基本知識材料都沒有，更遑論先進的報導書刊了。教學情況更糟，一位講師得教一百個學生。

當「百花齊放運動」展開時，張春元提出缺乏書本與教育品質不佳的批判。他因此被控企圖推翻蘭州大學，與其他人一起被發配到天水勞改。

但他興高采烈地在馬跑泉拖拉機站當了管理人，開始修護、駕駛這珍貴的農耕設備。他甚至利用晚上寫了一齣電影劇本名為《中朝兒女》，描述將這兩個社會主義國家（中國與朝鮮）綁在一起的感情。他用筆名將這個劇本寄交主辦片廠參賽，還贏得七百元人民幣獎金。這筆錢在五〇年代算得上是筆小財。片廠原擬將《中朝兒女》拍成電影，直到深入調查，發現作者是名被打成右派的罪犯，一切隨即作罷。

但張春元不為所動。他從小就因一旦打定主意做一件事就非做不可，而贏得「螺栓」的綽號。這種性格讓他成為領導這群學生的不二人選，因為他強硬，不會空口說白話，能夠成事。不過他凡事不妥協的態度也帶著他走入險境。

有一次在天水，張春元聽說一名學生因為非法搭火車逃離饑荒，在南方幾百公里外遭鐵路警察拘留。張春元偽造了一張身分證，冒充公安官員南下。他大搖大擺，騙過鐵路警察與地方警察，救出那名學生，順利凱歸，認定沒有任何事能難倒自己。

＊＊＊

在更靠東方、人口較稠密的地區，學生們或許不可能有一處像張春元的拖拉機站那樣的聚會所。但天水是窮鄉僻壤，而且學生由於在開放大學工作，有了聚會與在附近地區旅行的藉口。他們發現，這種面對面的聚會至關重要。孫自筠的案子說明單打獨鬥成不了事。譚蟬雪說，一顆卵石擊不碎一塊岩石，但或許將許多卵石緊緊綁在一起就可以擊碎硬石。

這個群體的每個成員都結成好友，但譚蟬雪與張春元特別親密，兩人之後宣布結婚。譚蟬雪當年二十四歲，身材纖細，有兩道柳眉，來自廣東省香港邊界附近。張春元頑強而粗率，而譚蟬雪卻很溫和，一對寧靜的眸子透著理性。在獨裁政權統治下、饑荒肆虐的土地上，愛情火花原本難以點燃，不過兩人很快都甘冒生命之險證明他們的感情。

到一九五九年五月，這群人開始討論如何將共產黨趕出中國，或至少要將造成這場大饑荒的現有領導班子趕下台。張春元說，他們有兩個選項：由上而下的政變，或由下而上的革命。第二個選項似乎不可能，於是他們希望毛澤東一夥人中能有人採取行動。事實上，當時在北京，真的有人這樣計畫。就在那年夏天，中共戰功最彪炳的軍頭彭德懷向毛澤東發難，但毛澤東在廬山山頂召開關鍵性會議，整肅了彭德懷，毛澤東變本加厲推動他的經濟政策，大饑荒情勢因此更加一發不可收拾。

彭德懷垮台的消息公開後，這群學生知道他們必須行動：如果就連頂尖將領都能因言獲罪，慘遭整肅，發動草根行動就是唯一的希望。他們認為，最有可能的成功之道就是發表文章，公開大饑荒的真實狀況，與更多人共享理念，促使官員睜眼看清鄉間慘狀。慢慢地，他們開始想到出版一本刊物。

＊＊＊

直到一首詩出現之前，他們的行動計畫構想始終很模糊。寫這首詩的人是北京大學學生林昭。林昭原本在北京讀書，之後因為替她遭到迫害的友人辯護而被打成「右派分子」。她的詩激勵了張春元等人，讓他們發現文字可以讓人們起而行。

像張春元一樣，與眾多青年學生相比，林昭的經驗也更豐富。在共產黨一九四九年建政後不久，林昭曾為共產黨擔任宣傳工作。那段時間，她遵行他們的暴力政策，參與土地改革，讓幾十萬、幾百萬地主送命。但隨著時間不斷

推移，她發現共產黨建立的不是烏托邦，而是一個緊密控制的獨裁政權。在共產黨赤化以前的中國，還是個年輕女孩的林昭曾念過基督教衛理公會女校，現在她重拾信仰，嘗試用藝術表現她不受黨控制的獨立性。當友人被捕時，她寫了一首詩：

真理的力量
絕不在於
維護真理者

林昭之後寫了一篇全長二百四十句名為〈海鷗之歌〉的詩，在友人間傳閱。其中一位友人是天水這群學生的姐妹。她把這首詩的抄本寄給這群下放學生。林昭的大膽形象與毫不掩飾的政治訊息讓這群學生動容。這首詩講述一艘載運犯人船的故事。而這群犯人的罪名是追求自由。

自由！我的心叫道：自由！
充滿它的是對於自由的想望……
像瀕於窒息的人呼求空氣，
像即將渴死的人奔赴水漿。[6]

張春元決定他必須與這首詩的作者見面。林昭在北京被捕後，由於慢性肺結核惡化，開始吐血而獲釋。林昭搬回了她華東的蘇州老家，立即遭到當局嚴密監控。但張春元又一次冒著奇險，用偽造的假文件搭乘幾天火車，與林昭會了面。林昭籲請張春元不要翻印她的詩，因為她知道這樣做會讓那群學生以及任何讀這些詩的人涉險。

但之後，張春元讀了林昭的第二首長詩、三百六十八句的〈普羅米修斯受難的一日〉。這首詩以基督般的意念，反映林昭內心深處的基督教信仰。它描述宙斯與普羅米修斯的一場邂逅。普羅米修斯當時因私下將火授予人類，而遭宙斯用鍊鎖在一塊岩石上。宙斯解釋說，普羅米修斯必須受罰，因為絕不能讓人類擁有像火這樣重要的工具。

> 不過是這樣，普羅米修斯，
> 我們不願人間留半點火星，
> 火只該供天神焚香燔食，
> 哪能夠給賤民取暖照明！

張春元說服林昭，讓他們發表這首詩，並決定刊在他們的新雜誌創刊號上。來自北京的學生也交給他一些材料，其中談到南斯拉夫共產黨正嘗試容許資本主義式的獎勵措施，推動一種混合式社會主義（共產黨直到二十年後才實施）。張春元決定將這些材料，連同他本人與群組其他成員寫的幾篇文章，一起發表在創刊號上。這份刊物需要個名字。他們很快根據成語「星火燎原」，為刊物取名「星火」。由於毛澤東也曾在他的一篇文章上使用過，這個成語在中國家喻戶曉。

群組中兩位學生，物理系的苗慶久與化學系學生向承鑑負責《星火》的印刷。兩人曾在武山西郊一間硫酸廠工作，廠裡有一部他們偶爾可以使用的老油印機。兩人在硫酸廠的工作還包括培養細菌，製作肥料，而這項工作需要一處密閉空間。這使兩人得以藉口培養細菌，帶著那部老油印機關在密室裡工作。

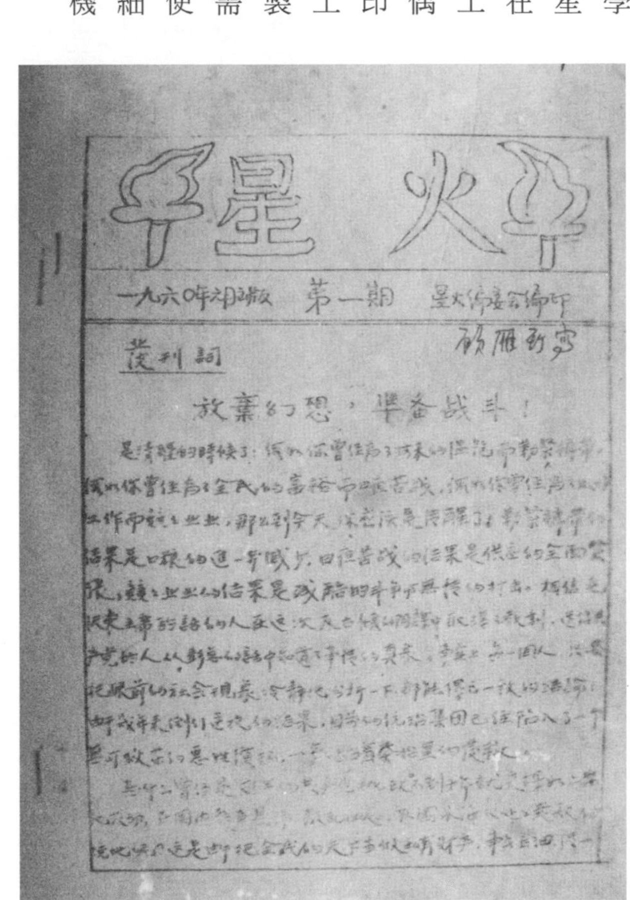

星火

第一期

發刊詞

放棄幻想，準备战斗！

兩人在一九六〇年一月用了八個晚上徒手刻寫鋼板，因為他們沒有排字或其他設備可資運用。不過這項過程進度太慢。苗慶久與向承鑑不能總把工作間的門關著，但開了門又會洩漏祕密。張春元一如既往，想出解決辦法。他的拖拉機棚裡有一顆舊馬達。他把馬達交給苗向兩人，苗向兩人再將馬達廉價賣給他們工作的廠，然後用賣得的錢買了一部二手油印機。他們把油印機藏在顧雁家裡。顧雁是物理系研究生，住在張春元家附近。除了刻寫文章以外，還畫了《星火》的標誌：一支燃著火焰的火炬。最終他們印了三十本雜誌，《星火》誕生了。

《星火》總共只有八頁，全部是手寫的，既沒有照片也沒有插圖，製作看來十分簡陋。但裡面的文章全部正中中國過去與當下專制政治的要害。顧雁寫的發刊詞刊在《星火》首頁，標題是「放棄幻想，準備戰鬥！」其中提出之後幾十年間人們不斷提出的許多問題：

> 為什麼曾經是進步的共產黨執政不到十年，就變得如此腐化反動？在國內怨聲鼎沸叛亂四起，在國外陷入處處楚歌的境地呢？這是由於把全民的天下當做私有財產，事無巨細，清一色由黨員來管理的結果。

文中指出，所以如此的一個關鍵問題在於「偶像崇拜」，這是指圍繞在毛澤東四周的個人崇拜。但也指出其他更廣的問題，例如政府權力毫無節制：「這也是政治寡頭們狂妄自大、指鹿為馬、一味倒行逆施的結果。如果這樣的獨裁統治硬要稱做社會主義，應該是一種由政治寡頭壟斷的國家社會主義，與納粹的國家社會主義屬於同一類型，與真正的社會主義毫無共同之點。」

張春元也寫了篇文章討論大饑荒，標題為「糧食問題」。他指責中國共產黨剝削農民：「當今的統治者和歷史上任何統治者一樣，利用農民革命爬上了天安門，登上了寶座。」之後，「一隻手接過農民所賜予的王冠，另一隻手卻狠狠一拳，把農民打倒在地，踐踏在腳下。」在另一篇文章中，張春元指出，沒有土地所有權是農民面對的關鍵問題。

＊＊＊

這些議題直到如今仍然中肯得出奇。即使到了今天，中國農民仍然不能擁有自己的土地，使農地很難整合。農民也不能抵押土地，用貸款改善農地或經營副業。最重要的是，他們得任由官員擺布，官員有權沒收他們的土地，迫使他們遷入城市，或種植某些上級認定更具經濟重要性的作物。

幾個月後，這群學生再次集會，決定讓《星火》定期出刊。要將雜誌寄往學生們有人脈關係的北京、上海、武漢、廣州、西安等五個大城的高級官員。他們開始寫更多文章，包括張春元剖析農民如何失去財產的〈論人民公社〉，以及向承鑑抨擊高官的〈告全國人民書〉。

> 當數百萬、數千萬的農民餓死在床上、在火車上、在鐵路旁、在溝底，當數億（四億）人民瀕於餓死的時候，當其他二億人也半飢、半飽的時候那些「全心全意」為人民服務，做「人民的勤務員」的畜牲，卻可以買到任何點心、餅乾、糖果……他們可以吃得飽飽揚長而去（誰敢問他們要糧票），而且他們一到，飯就端上來了。

向承鑑在這篇文章中揭發中國高官道德徹底敗壞。早在毛澤東的私人醫生發表著作，揭發毛與年輕女子玩性遊戲、震驚世人幾十年以前，向承鑑已經指出領導中國的那些老男人的偽善。他們表面上堅定不移、忠心耿耿，實則玩弄年輕女性，拋開他們在革命期間與他們共患難的結髮妻。更惡劣的是，反右傾運動揭發的訊息表明，許多幹部強行霸占被迫害家庭的妻女。

林昭的〈海鷗之歌〉也在創刊號中與張春元的〈論人民公社〉一起發表。在思考《星火》的刻板與發行等後勤問題的同時，學生們先印了三百份〈論人民公社〉，因為這篇文章分析大饑荒成因，特別重要。他們的構想是先將這篇文章寄出去，然後再寄整份刊物。

隨著《星火》第二期發刊日期接近，學生們開始討論下一步怎麼走的問題。他們決定，需要以有組織、有條理的方式，將訴求擴展到下放學生小圈圈以外的地方。他們立即發現應該找什麼人入夥：一位名叫杜映華的有遠見的幹部。

＊＊＊

武山位於天水以西約一百公里的黃土高原邊緣。這個地區依賴農業，而農業生產完全仰仗雨水。也難怪膜拜水神龍王的廟宇在武山隨處可見。

杜映華年輕時代就在武山的貧窮與中國的戰亂中度過。他生於一九二七年，四歲時日本兼併中國東北，十歲時兩國開戰。青少年時代的他加入共產黨地下組織，對抗日本占領。共產黨在中日戰爭期間的大本營延安，也位在塵土飛揚、淤泥堆積的黃土高原，於是有消息傳來，說共產黨保證會協助農民。杜映華當時也堅信黨一定會用科學打造更好的中國。革命過後，他奉命擔任武山縣委書記。一九五九年，當下放學生來到武山時，他歡迎他們，認為他們能為武山帶來知識與現代理念。

譚蟬雪是中文系學生，但懂得一些化學。她建議在武山建一座生產硫酸的工廠，硫酸是肥料重要成分。杜映華當即接受這項建議，對譚蟬雪與其他學生頗為禮遇。學生們也對他信任有加。每當接獲北京等大城的友人與同學寄來的閱讀材料時，他們都會與杜映華分享。化學系研究生向承鑑冒險將南斯拉夫改革案資料交給杜映華，之後還向他透露有關《星火》的事。杜映華目瞪口呆，但很感興趣。

換作在平時，像杜映華這樣的官員多半也會發現，就算只是想著像《星火》一樣公開向黨挑戰，也是充滿奇險的勾當。但武山當時已經陷入絕境。武山原有五十九萬人口，但在一九五九年，據估計有十三萬到十四萬人餓死，還有十二萬人逃離尋找食物。[7]也就是說，武山的人口在僅僅一年之間腰斬，情況嚴峻非常。

一天，向承鑑走到縣裡，與杜映華寫一份報告。抵達時天色已晚，而且屋外很冷。杜映華於是要向承鑑留下來，在自己住的那間只有一室的小屋過夜。杜映華是一位謙虛、真誠的主人，為向承鑑做了晚餐，還燒了熱水給向承鑑泡腳。

晚餐過後，兩人上床就寢。那是個星月無光、一片漆黑、又冷又靜的夜。向承鑑原以為杜映華已經熟睡，但杜映華開口說了起來。他說，過去他為了幫助農民而參戰，推翻蔣介石與國民黨。但結果呢？只有飢餓與死亡。國民黨雖然壞，至少還讓魯迅這類異議作家發聲。相對來說，共產黨更有效率、更凶殘，剷除一切異己之聲。向承鑑還記得那天夜裡，杜映華對他說：

> 現在一切不同。聲音都沒有了。變成一個鬼話、假話世界！明明天天在大量餓死人，還要逼人天天喊形勢大好，多麼奇特古怪的現象啊！古今中外，絕無僅有。我不知道世道為何變成這樣，變得如此快？[8]

儘管卯足全力，年輕人感覺一切只是徒勞。社會在崩壞。人吃人慘案層出不窮。人民沒有衣穿。誰能推翻共產黨，在中國重建理智呢？內戰戰敗後撤出中國大陸、退守台灣的國民黨已經無能為力。有人得逃出中國尋求外援，或至少取得更多有關南斯拉夫等其他社會主義國家情勢的資料，或許這麼做能幫助中國找出一條邁步向前的道路。

譚蟬雪決定設法向香港求助。她生在距這個英國殖民地不遠的大城廣州，認為她有辦法穿過邊界。這群學生距邊界有一千九百公里之遙，但當時的中國亂成一團，大學生千里返鄉覓食不是什麼奇事。於是她搭火車南下，住在一位姑媽家中。

她與她姑媽決定一起逃到香港，還雇了一名人蛇幫她們偷渡邊界。她倆裝成農婦模樣，走進邊界附近一個村落。但那名人蛇經驗不足，帶著兩個女人直接送進當地民兵手裡，民兵把她倆扣押在小村深圳（與香港僅有一線之隔，如今已是人口近二千萬的巨型城市）。

兩人繼續裝扮農婦，希望當局最終會訓斥她們一頓，警告她們不得在邊界附近遊蕩之後放了她們。於是，當她們獲許出來撿柴火、做勞動時，兩人故意赤著腳幹活，不過她們的腳太嫩，很快就被崎嶇的野地割傷。

但似乎仍然沒有人覺察到她的真實身分，直到她犯下一個致命錯誤為止。一天，一名警衛告訴譚蟬雪，如果她想寄信，他可以替她把信帶到外面投遞。她原本應該裝成文盲，但她決定用這個機會警告《星火》那群學生，告知她遭到監禁。幾週以後，她知道自己鑄下大錯。她被帶往問話，問她知不知道一位名叫「高澄清」的男子。這是張春元的筆名。他們怎麼知道他的？

寄信這件事本身並非圈套，那名警衛確實幫她投了信，但張春元在接到信，知道情人遭到監禁之後決定施救。就像一年前救出那位友人一樣，他重施故技，使用「高澄清」的筆名偽造身分證，動身南下。但比起被他在一年前騙過的鐵路警察看守所，監禁譚蟬雪的勞改營的組織結構嚴密得多。他們立即視破他的伎倆，將他逮捕。他們不知道張春元的真實身分，遂用「高澄清」的名字監禁了他。

張春元假裝生病，遇到一位同是獄友的女醫生。他覺得可以信任她，於是告訴她，自己與譚蟬雪是夫妻，並請她傳信。張春元在獄中寫了幾張給譚蟬雪的紙條，包括許多向譚蟬雪示愛的情書，暱稱她為「雪」，希望出獄後與她一起過日子。

> 雪！我們能一起坐牢必是天定良緣。我們的感情會超越一切時空。願我們形影相隨，生死與共！以後的日子還長，保重！

但這醫生不願為一個陌生人賭上自己前途。無論怎麼說，告發張春元能為她帶來好處，而且，誰知道，或許張春元托她捎信是假，不過是在測試她而已。就這樣，張春元寫的這些情書都落入當局手裡。

當局派來一名政治犯，住進關張春元的牢房。這人與張春元結交，張春元又一次落入圈套。張春元承認了一切，不僅承認他們想逃，還承認《星火》的存在。沒多久，張春元與譚蟬雪上了一列回蘭州受審的火車。《星火》僅僅存活一年就被捻滅了。

***

到那年九月，全案偵破。在這場成為全國第四大「反革命」大案中，四十三人因與《星火》牽連而被捕，其中包括十二位大學生、兩位教授、兩位研究生與二十五位農民。

報復來得很快。黨在蘭州開了一場「萬人審判大會」為那些仍在天水的人判刑。張春元被判無期徒刑。負責刻鋼板的苗慶久與向承鑑分別被判二十年與十八年。包括杜映華在內的其他人也被判刑，多的十五年，少的五年。

譚蟬雪因為身為「右派反革命集團」成員坐了十四年牢。出獄後她被迫在酒泉一所工廠做工。酒泉位於夾邊溝勞改營與衛星發射基地附近。她直到一九八〇年獲得平反之後才得以離開那所工廠。譚蟬雪後來加入敦煌研究所，於一九九八年回到上海。在一九九〇年代一次天水之旅中，人們猶然記得她的案子。一天，一位婦人緊握她的雙手說：「妳受太多苦了！」譚蟬雪的熱淚奪眶而出，一句話也答不上來。

比起其他許多人，她算是幸運的。公檢部門很快逮住那些逃離蘭州的人。在上海，為雜誌取名「星火」、設計火炬標誌的物理系學生顧雁被判刑十七年。詩作讓張春元決心出版《星火》的北大才女林昭被判二十年。

許多人不肯向命運低頭，特別是張春元。一九六一年七月，他裝病進了一家醫院。一天，在午休期間，趁著眾人因不敵暑熱、昏昏欲睡之際，他換上便裝走出醫院。他搭便車前往臨近小鎮，然後走十九公里來到一處友人工作的伐木場。

張春元在友人的工寮裡住了一段時間，養足體力，隨即動身前往上海，打探朋友下落。他發現顧雁已經被捕。然後他到了附近的蘇州，發現林昭也被捕。他寫了一張明信片給林昭，用林昭母親的名字署名，認為林昭應該能認出他的筆跡：「我們這一生，材料之豐富、多趣，能寫一本古今中外前所未見的小說。願妳能抱著既來之則安之，自己一點也不著急的態度，很好地讀完這本有用的、難得的書。我希望妳能讀到這本書。」

張春元隨後來到附近的杭州，為友人紛紛入獄而自己如此逍遙自責不已。當時中國因大饑荒與政治亂象而動盪，張春元也因此得以長期逍遙。但隨後該來的終於還是來了。饑荒情勢逐漸穩了下來，政府的管控也加強了。在一次街頭流浪人清查中，張春元的身分曝光，被送回蘭州監獄。

***

幾年後，黨的第二波巨變「文化大革命」爆發，許多關在獄中的人因此送命。在文革初期的一陣短暫混亂結束後，黨宣布「強化公安」新法規，在全國各地展開嚴厲整肅。許多年輕人又一次被下放到偏遠地區做苦工。各地開始大舉處決獄中囚犯。

一九七〇年，天水地方當局決定，根據這些強化公安的新法規，張春元與他的同路人、黨書記杜映華應該處決。張春元與杜映華在坐監期間曾經短暫接觸，當局因此說兩人是「反革命現行犯」，必須處死。

在張春元與杜映華處決前幾個月，張春元與譚蟬雪被關在同一處監獄。在張赴死前，譚蟬雪要張春元知道她一直愛著他。她托一名為他送餐的人傳話，「他永遠活在我心中」。

張春元被送往蘭州拘留中心受死。這所監獄被稱為「窯」，像堡壘一般，有十公尺高、頂部鋪滿鐵刺網的牆。當他走進受刑前最後停留的十二號牢房時，他穿著黑色棉質囚犯衫褲，一頂黑色棉質便帽，與沒有鞋帶的黑色棉鞋。他的腳踝上綁著重約十五公斤的腳鐐，腳踝上纏著棉布，以防破皮流血。他的雙手緊緊銬在背後。他只能用手握著他唯一的物品：一個缺了口的搪瓷碗，與一個杯子，杯裡塞了一條捲在一起的白毛巾。他可以脫褲子大解或小便，但得靠獄友們幫他把褲子拉起來才行。

十二號牢房有大約十二名囚犯，都忙著過來看這位死囚。張春元為自己打擾他們向他們致歉，還禮貌地守候著，等人挪出地方讓他坐下。囚犯們嚇得目瞪口呆，很快為他挪出空位。

在這間牢房擔任組長的囚犯，是以

流氓罪名在一次掃蕩年輕人的行動中被捕的王中一。現在他奉命防止張春元自殺。接下來三天，囚犯們與張春元拉近了關係，張春元也將王中一視為友人，托王中一將他對譚蟬雪的愛意轉告譚蟬雪。

其中一名年輕囚犯問張春元害不害怕。他的案子很嚴重，不是嗎？張春元答道：「是呀，是現行反革命。」

張春元向他們講述自己的故事。隨後，在三月二十二日那天，他被帶往七里和體育館參加公審大會。在離開牢房前，張春元要王中一答應他，要想辦法找到譚蟬雪，告訴她兩句話：「一是我對國家、對人民捫心無愧，就是對不起她，不能陪她走完人生道路；另一句就是希望她一定要好好活下去，前景光明無限！」

在公審大會上，站在張春元身旁的是武山縣委書記杜映華。兩人被判死刑，隨後送往蘭州東方的柳溝執行槍決。

張春元去世後，當局在區內各監獄張貼告示，宣布這次行刑。監禁譚蟬雪的女獄也張貼了告示。譚蟬雪看到這張告示。一個月後，她白了頭。

＊＊＊

詩人林昭同樣強硬。她由於肺結核於一九六二年獲得保釋。在這段期間，領導班子中的溫和派短暫壓下毛澤東的氣焰。林昭認為改革即將到來，於是暫時壓下自己的批判聲浪。但她獲釋後，很快發現共產黨依然故我，沒有改變。於是她打包衣物，通知附近警方，說她準備回去坐牢。

黨很快如她所願。她在那一年再次下獄，並且以「反革命」罪名受審。她在庭上辯稱這個罪名毫無意義，「真正的問題」在於中國統治者犯了什麼罪。她的言詞毫無掩飾，直率得讓法官問道：「妳有病嗎？」

事實上，林昭當時的精神狀況確實不穩，有鑑於她遭到的單獨監禁與虐待，精神出狀況不足為奇。當時對人犯最常見的折磨形式是銬手銬。兩臂反背背後，上緊手銬，迫使犯人在沒有旁人幫助下不能吃穿，或使用馬桶。像林昭這樣遭到單獨監禁的犯人，經常只能舔食掉在地上的食物，任由大小便沾汙了褲子。有時手銬銬得太緊，肩膀受傷，手腕上皮肉腐爛，留下永久瘡疤。獄警不時還會毆打林昭，扯她頭髮。

在她人生在世的這最後六年，林昭沒有離開監獄。但每當手銬除去時，她就用親人送來的紙墨寫作。在沒有書寫工具或在議題緊迫時，她用自己的血來寫。她用地面磨尖牙刷的底端，戳破自己的手指，將流出的血盛在湯匙裡，然後用竹籤或蘆葦寫字。有時寫在紙上，有時寫在自己衣服上。

林昭的文字直白、憤怒、毫不隱諱。最著名的是她寫給共產黨喉舌報《人民日報》的一篇一百三十七頁的長文。她還用她的血在牢房牆壁上畫了一個龕，紀念她在一九六〇年被捕、隨後自殺的父親。後來她用她的血在這龕上加畫了一束香與一些花。每逢週日從早上九點三十分到中午，她還會舉行她所謂的「大禮拜」，吟唱她當年在衛理公會女校學到的讚美詩與祈禱文。[9]

像其他固執的異議人士一樣，林昭也從不在乎她為家人帶來的苦難。她的母親每個月只能領到一點薄俸，但林昭總是不斷要母親為她提供毯子、食物與補給。她的死硬反對立場也讓她的兄弟姐妹淪為政治棄民。她的弟弟就斥責她是「世上最自私的人」。[10]

林昭堅信她的詩文能傳世，這是她所以能鐵下心來與當局硬槓的原因之一。一九六七年，她在寄給母親的信中，充滿自信地談到她不久前寫的一篇三萬字血書：「將來出版的全集或者編篡的遺稿又多了一本了。」[11]

她給母親的信，沒有一封寄到母親手裡，更別提她寄交《人民日報》的那篇長文了。但獄警們不但沒有毀掉這些不利於這個國家敵人的珍貴證據，還有系統地將她寫的東西弄成一個不斷擴大的檔案。

林昭於一九六八年文革期間遇害。在遭到處決前幾天，她被迫戴上「猴王帽」——所謂「猴王」一名，典出中國神話人物猴王孫悟空，孫悟空桀驁不馴，必須戴上一條頭帶，唸緊箍咒將頭帶縮緊才能制服。林昭的猴王帽是個橡膠頭罩，上面挖了一條供她兩眼識物的縫，與一個供她鼻子呼吸的洞。只有在吃東西時才能將頭罩除下。

林昭於五一勞動節前幾天的四月二十九日處決。消息傳來，她母親立即發狂。她倒在電車前想自殺，結果撞破了頭，骨盆破裂。她的兒子也精神錯亂，打自己的母親。她於一九七五年去世。這群學生的努力似乎命定將被歷史掩埋。

＊＊＊

小說《凡人，其死也孤獨》（*Every Man Dies Alone*）講述了奧圖（Otto）與伊莉絲．韓培爾（**Elsie Hampel**）的真實故事。[12]韓培爾夫婦是柏林的工人階級，在伊莉絲的弟弟於納粹入侵法國過程中死難後，夫婦兩人採取行動對抗第三帝國。兩人的計畫並不轟轟烈烈，

只是寫了二百張反納粹宣傳的明信片，擺在住處附近的信箱與樓梯角。兩人的行動也以徒勞收場，因為撿到這些明信片的人嚇得立即將它們交給當局。夫婦兩人很快於一九四三年四月八日被捕，當天一起處決。

如果不是納粹祕密警察「蓋世太保」仔細記錄了這個案子，還將明信片納入檔案，這件事將就此灰飛煙滅。當蘇聯軍於一九四五年占領柏林時，這個檔案歷經巷戰與急就章的檔案燒毀行動，存活了下來。蘇聯文化官員將它交給德國著名作家漢斯．法拉達（Hans Fallada）。

法拉達在拿到這份檔案時已經沉淪不堪。在納粹監獄裡關了許多年的他，這時已經患有妄想症。當蘇聯人聯絡他時，他住在一所精神病院，使用鴉片類藥物成癮。但在看了這些檔案後，他知道這是一個需要他全力發揮的故事。法拉達一連數個月埋首書案，盡可能根據史實寫了一本書，於一九四七年去世前不久完稿，還告訴一位友人：「我寫了一本偉大的小說。」

法拉達的友人想必不相信他這話。他原也稱不上德國最偉大小說家。這時的他更不像還能寫出什麼好作品。但法拉達相信韓培爾事件的魅力，投入全副心神，寫了一本為什麼有人反抗的偉大小說。根據法拉達的解釋，人們會因為個人悲痛與相愛而反抗獨裁暴政。但這類人的內心深處還有一樣不同於他人的東西。他們擁有每一種文化裡都有人擁有的特質：訴說真相的執著。他們不會為生存而扭曲真相。要他們說謊根本辦不到。他們一定會有所行動。

他們的故事能夠流傳後世，也是運氣使然。納粹統治下的德國有許多人反抗，但大多數人都在恐怖鎮壓下消聲匿跡。但拜命運之神所賜，韓培爾一案的檔案能歷劫重生，落入決心寫一本好書的作家手中。

像韓培爾案一樣，「星火」案學生反抗事件也可能頂多像是一次異想天開的行動，埋葬於歷史的塵煙中。《星火》一直沒能在全中國發行。它沒有引發抗議，沒能造成任何對政府的威脅。中國共產黨七十餘年統治過程中，也曾出現無數反抗黨濫權的小小漣漪，星火案不過是其中之一罷了。但現在聽過它的故事的人已經數以萬計。怎麼會這樣？

＊＊＊

與蓋世太保的韓培爾檔案不同的是，中國共產黨從未公開過去幾十年的檔案，而且看來也永遠不會公開。不過幾十年來，特別是在危機期間，政府部會總會釋出一些文件，讓人一窺被抹去的歷史真相。一九七〇年代末期與一九八〇年代就是這樣一段時期，在這段期間，共產黨採取若干暫時性步驟，平反那些在毛澤東統治時代被誤判的人。一些受難者與受難者家屬獲准翻閱他們的檔案，《星火》創辦人之一、後來在勞改營度過十四年青春的譚蟬雪就是其一。

在檢視她的檔案時，譚蟬雪發現警方把什麼都保存下來了。檔案包括兩期完整的《星火》，包括僅在油印機複寫板上刻了一部分的第三期。它們還包括星火案犯人在酷刑下被迫寫下的自白書。就連當譚蟬雪與張春元兩人一起被關在香港附近拘留所期間，張春元手書寫給譚蟬雪的幾張情書原件，警方也保存下來。

譚蟬雪印下了這些檔案，用它們寫成回憶錄。星火案其他幾位倖存者也起而效法。二〇〇〇年代，地下製片人胡杰訪問了大多數倖存者，在二〇一三年發行他最著名的影片《星火》的線上版。有關這群學生的事開始傳開。

有感於這群學生的義氣凜然，許多人從始料未及之處挺身而出，讓他們的記憶得以長存人間。被定罪為流氓、在張春元在世最後三天與張春元共處一間牢房的王中一，在獲釋後沒有忘記他對張春元的保證：想辦法找到譚蟬雪，轉告張的臨終遺言。二〇一二年，王中一在一篇網路文章中讀到有關星火的事。他聯絡敦煌研究中心，經研究中心牽線

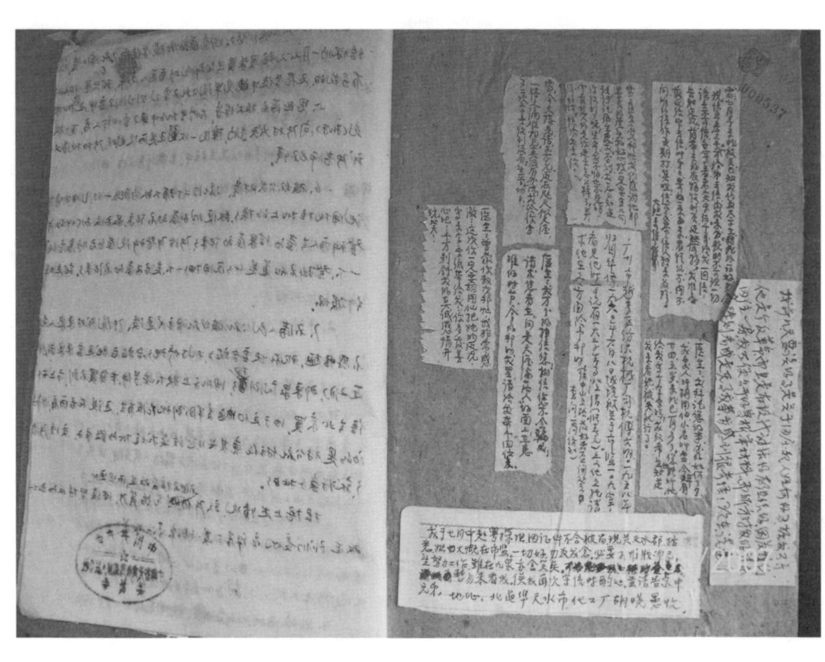

找到了譚蟬雪。王中一把有關張春元最後幾天的事轉告譚蟬雪，譚蟬雪後來將這些事發表在香港。

林昭的故事最富戲劇性。一九七九年，北京大學正式解除針對她的「右派分子」的指控。新華社之後為她舉行追悼式，因為她曾是記者。重審林昭檔案的法官於一九八二年決定，把她的大多數作品交還家屬。法官交給她家屬的資料沒有官方法庭文件，但有一些編了號，用綠線釘裝的手稿，有四本記滿林昭日記的筆記本，以及林昭血寫家書的複本。林昭在獄中為了傳後，為寄出的血書留下這些複本。

法官基於美學角度做成判決。他說，林昭寫的詩讓他驚豔，他認為她的家人應該擁有這些詩作。二〇〇〇年代初期，林昭的友人將她的作品編輯成冊。他們將林昭寫的血書拍照，做成ＰＤＦ檔貼在網上，隨即引發轟傳。首先發現這些作品的異議人士中，有一位是丁子霖，是天安門大屠殺事件一位死難學生的母親。像林昭一樣，丁子霖也是蘇州衛理公會女校校友。她發現林昭的信將那個殺害她兒子的系統描繪得淋漓盡致，很能發人深省。她之後寫道，林昭的信是「一種對我的靈魂的救贖」。[13]

一九八〇年代，仰慕者與家屬找出林昭的遺骨，埋葬在她的家鄉蘇州郊外的靈岩山。她的墓成為中國人權運動人士首選朝聖要地。每年四月二十九日她的祭日這天，靈岩山地區就會被封鎖，在其他日子，這裡也有閉路電視監控著。

紀錄片製片人胡杰又一次扮演關鍵角色。他在二〇〇四年發表的影片《尋找林昭的靈

第　　頁

关于"论人民公社"这篇东西的情况：

这篇东西是今年三月初由张春元从外地带来的。本来打算在三月份出一期"星火"杂志来迎接"五一"的。后来苗庆久外出回来以后，说"星火"第二期暂时不出了，弄了一篇更好的东西（就是指这篇材料），准备发给全国公社书记一级以上的干部看，以引起他们之间的怀疑和混乱。后来张春元来时就拿了一份给我看了。还有杨贤勇也曾看过，其他人是否看过我不清楚。这份东西是以个共产党内在农村中工作的干部的口气写的，内容主要是关于人民公社问题。这份东西是装在一个报纸作的信封内，封面贴了一张白纸，中有一个油印的框，下署名是科技出版社（是油印的），右上角印有"印刷品"的戳子。这份东西不知道一共印了多少，但据我了解，后来没有发出去，原因不详。大概是因为全国各地公社书记一级以上的干部的名字、地址都不知道，无法发出。这份东西后来也和"星火"一起由田昌文交给向承鉴给别人保管。这段是我所知道的这篇东西的一些情况。

印刷品

科技出版社

何之明

1960.10.6.

（签名）

魂》透過訪談方式講述林昭的故事。胡杰這部影片雖在中國網站上消失，但已經透過人與人的接觸，用記憶卡彼此轉傳的方式傳開。它同時也貼在YouTube等國外網站上，許多中國人得以使用VPN翻牆軟體觀賞。透過胡杰，中國諾貝爾和平獎得主劉曉波才知道林昭，對林昭讚賞不已。著名人權律師許志永也稱她是「一位烈士聖女，一位先知，一位有著狂喜靈魂的詩人，是自由中國的普羅米修斯。」[14]

對著名作家與北京政權批判家崔衛平等人而言，上世紀中葉的這些青年學子找出了一黨專政與生俱來的關鍵問題。當中國共產黨掌權僅僅十年，他們就找出這些問題，證明共產黨確實腐敗不堪。對崔衛平等二十一世紀的中國知識分子而言，星火案說明了一件事：爭自由、爭人道的鬥爭在中國並不新鮮，早在共產黨建政之初，中國人民已經在為自由、為人道進行抗爭了。

對崔衛平來說，星火案影響至深至遠。閱讀學生們半世紀前寫下的這些作品，讓她感悟自己並不孤單。在她之前已經有這麼多人發現共產黨的問題。這些問題並非一個群體或一個時代的人特有。它們是系統性問題。在讀到林昭的作品時，崔衛平說：「因為您，我們有了自己的譜系」[15]，其原因就在這裡。

這些作品來自另一個世界。它們是幾幅黑白木刻版畫，內容包括已死或垂死的男女，也包括小兒，它們揭示著悲哀、亡故與和平。其中一幅版畫畫的是人們飛越一片荒蕪不毛，下方地面上一個孩子啃著樹根。他們是離開這個世界的靈魂。

這些藝術品試圖掌握的，是極少人能夠想像、而且直到今

天也極少人能見證到的一種現實。創作這些版畫的藝術家，只因為曾與目擊證人千百個小時交流才能了解這個世界，他覺得這些故事與場景已經蝕刻在他的靈魂上，將它們畫出來是唯一能將它們公諸於世的途徑。

這些木刻版畫是胡杰的作品。以地下紀錄片製片人知名的胡杰，是自學成材的製片人。他曾反覆研究法國導演克勞德・朗茲曼的經典作品《浩劫》（*Shoah*），從靈魂深處體驗朗茲曼在攝製納粹大屠殺過程中採取的緩慢、耐心耐性，讓惡人隨意胡說，直到他們自暴其短為止的手法。

他製作的三部最著名的影片都使用這種手法，其中第一部是《尋找林昭的靈魂》。他曾聽過林昭其人，為她的愛情故事著迷。但一天下午，胡杰在他位於中國東南部城市南京的片場告訴我，拍攝這部影片是一次令人震驚的經驗。胡杰生於一九五八年，親歷過近二十年毛澤東治下歲月，但這次經驗仍令他目瞪口呆。

> 我們這代人，其實小學也沒有學習過，中學給你學的也很少。沒有人正式出版關於反右的書，出版社也不出版。所以我們對反右和大饑荒完全都不了解。當我開始接觸這個題材，開始採訪林昭的一些同學、那些右派的時候，他們每次所說都讓我震撼不已。我意識到這段歷史的每件事情都被掩蓋，官方歷史教科書完全是胡說八道。

經過四年攝製，胡杰於二〇〇四年完成《尋找林昭的靈魂》，但他只向少數幾位友人展示這部影片，包括同樣是地下製片與女權運動學者的艾曉明、地下雜誌發行人丁東、影評人崔衛平、基督徒作家余杰，以及日後獲得諾貝爾和平獎的劉曉波。兩年後，胡杰完成《我雖死去》，講述北京一所中學的一位女校長在文革初期遭自己的學生群毆打死的故事。二〇一三年，胡杰完成《星火》，作為《尋找林昭的靈魂》的續集，講述這本地下刊物的命運。

胡杰還拍了其他許多影片，包括與艾曉明合作攝製的幾部片，但以上三部影片由於展現的關愛、清明與影響力而特別突出。它們的攝製絕不精美，而且外在世界對它們幾乎一無所知，不過拜

獨立影片發行商 dGenerate Films 之賜，它們在國際影壇重新發行，終於引起全球關注。

胡杰在二〇一〇年代繼續拍片，談中國東北一個女勞改營。我與他的最近一次交談，是我即將寫完這本書以前不久的事，當時他在拍一部有關環保的新影片。

但在二〇一〇與二〇二〇年代這段黑暗的日子，他開始畫畫，做木刻。他這麼做的部分原因是為拍片籌款。他知道共產黨怎麼攻擊那些接受外國捐助的人。儘管幾乎絕無問題可以取得著名外國項目獎助，但他避免一切來自國外的捐助，只靠他那部歷經風霜的攝影機與他妻子的協助。他的妻子在一家銀行工作多年，薪水還能維持他們一家生活安定。她現在是他的經理，幫助他處理畫作出售事宜。

除了木刻版畫以外，胡杰也畫油畫。其中有些油畫以大饑荒為主題。而最讓人震撼的，是共產黨為了不讓林昭開口，迫使她戴上「猴王帽」的那幅畫（見本書第四章插圖）。與胡杰在南京的一連幾次長談中，我們談到他的作品，以及政府對他的訪談工作的種種刁難。政府慣用的伎倆是搶先一步找上胡杰預定訪談的對象，警告他們不得接受訪問。就這樣，胡杰曾經多次開了幾小時車，找到原本興致勃勃接受訪問的人，卻吃了閉門羹。

他畫油畫與木刻版畫的另外一個理由，是為了填補那個時代的一片影像真空。猶太人大屠殺與二十世紀其他許多慘劇都留下影像。文化大革命也有豐富的影像紀錄，因為它發生在城市，而且往往涉及比較可能擁有相機的知識分子。但在一九五〇年代，中國的貧苦農民沒有人有相機。胡杰的藝術創作可以填補這段期間的空缺，給我們一種文字往往無法辦到的視覺震撼。

胡杰原在解放軍中服役，於一九八九與一九九一年間獲選入解放軍藝術學院進修。當時正逢天安門大屠殺事件過後的黯淡時期。他離開軍中，搬進北京城北圓明園遺址，與其他藝術家生活在一起。就像發生在今天的情形一樣，新理念在地下激盪，在寂靜中發酵。我們將在本書後文中論及的製片人吳文光，才剛發行他的里程碑式巨作《流浪北京：最後夢想者》，以毫不掩飾、超寫實的手法暴露一群社會棄民的面貌。胡杰的一位友人這時剛從日本歸來，有一部Super 8攝影機。胡杰將它買下來，開始自學攝影，採用吳文光大開大闔的製片風格，以別於政府攝製影片的那種華而不實的感覺。

胡杰雖說拍了許多片，門下還有像艾曉明一樣重要的製片人，但與林昭的邂逅是讓他改變生命的關鍵。當太多人為了生存委曲求全時，憑藉基督教信仰，年輕的林昭不肯屈服。

胡杰的影片一直沒能在中國放映，但他要拍，要在目擊者去世以前將事件記錄下來。他把他拍的所有影片全部送上YouTube，而且一律放棄版權。自林昭那部影片後，他估計已有十幾位重要證人離世。在胡杰心目中，他的影片也是一個給未來幾代中國人的訊息：並非每個中國人都甘心屈服，自中國共產黨二十世紀中葉建政以來，反抗始終存在。誠如他對我所說：

> 此外，其實在那個最艱苦、最暴力、最恐怖的年代，中國還是有人在思考的，甚至

有些人是不怕殺頭的。但是他們被祕密處死了，我們後人都不知道他們當年多麼英勇地慷慨就義。所以這裡有一個道德問題。因為他們為我們而死，如果我們不去了解，就是一個悲劇。

5 以歷史為武器

習近平家族有自己的精神家譜，其基礎是所謂「紅血統」，也就是說，他們的先人可以回溯到人民共和國的創始元老。若干這類紅色權貴家族成員由於經驗使然，發現這個系統與生俱來的問題而成為批判者。但其他人，例如習家族，則因接近權力核心而有不同結論。他們不但沒有批判共產黨，而且還想方設法推崇、保護這個黨。他們的故事說明多年來，共產黨如何用歷史延續它的權力，說明今天的北京當局如何視歷史為控制社會的工具。

像發行《星火》的那些年輕人一樣，習近平家族也源出於中國西北。他的家人原是陝西省富有的地主，但二十世紀初期中國的命運讓習近平的父親習仲勛走上激進道路。他年方十五歲就因加入學生抗議團體而被捕，坐了幾個月牢。他在牢裡祕密加入共產黨，之後進入一支軍閥的部隊當了軍官。

四年後的一九三二年，習仲勛輾轉來到陝北。陝北由於極度貧窮以及地形崎嶇不平，成為共產黨壯大勢力最重要的大本營。但也就在陝北，習仲勛捲入中國共產黨第一場也是最重要的一場戰役，幾十年後，在一場整肅黨高層領導班子的權力鬥爭中，這場戰役發酵，成為黨控制歷史手段的樣板。習仲勛因為這場戰役而無緣晉升黨最高領導層，或許他的兒子也因此發現，歷史論述是種既強大又危險的工具，既能讓人登上高峰，也能毀掉一個人。

當習仲勛一九三二年展開在陝北基地的工作時，這基地是共產黨在中國的幾個大本營之一。但當時國民黨領導的中央政府正全面進剿共產黨在全國各地的巢穴，包括共產黨中央領導層與大多數兵力所在的一處位於中國西南方的基地。面對政府軍猛烈攻勢，共產黨幹部與官兵穿越中國最崎嶇的地形，展開前後長達一年的撤退。經過這場長途跋涉八千多公里、號稱「長征」的大撤軍，共產黨原本擁有的約十萬大軍只剩下八千人。如果不是因為能適時躲入陝北山區，他們很可能全軍覆沒。而他們找到的這處避難所正是習仲勛等人的基地。

負責這個基地的，是魅力十足的地方領導人劉志丹。劉志丹出身黃埔軍校，但他在返鄉後加入共產黨革命。美國記者埃德加・斯諾（Edgar Snow），在他那本美化早期中國共產運動的著作《紅星照耀中國》（*Red Star Over China*）中，稱劉志丹是「一位現代羅賓漢，懷抱山地民眾對富人的仇恨；在窮人中，他是承諾的化身，在地主與債主間，他是天譴之鞭。」[1]

劉志丹是位很受歡迎的成功領導人，但他與習仲勛，以及另一領導人高崗即將倒台。中國共產黨自成立以來，一直存在各種派系，相互明爭暗鬥不休。其中一派人憎恨劉志丹，說劉志丹在招兵買馬時廣納各階級，而不是只吸收貧民，太不正統。此外，劉志丹寧願在山區，不願進入人口集中的大城展開鬥爭。這派人馬擁有黨領導層的支持。在一次大規模清剿行動中，劉志丹、習仲勛、高崗三人淪為階下囚，好幾百名他們的部屬被捕，迅速處決。三人坐在獄中，聽見不遠處傳來挖掘聲。獄警告訴他們，正在挖一個用來埋他們的大坑。[2]

毛澤東來到陝北，救了三人。毛澤東在「長征」的大潰敗過程中取得黨的控制權，將這場潰敗歸咎於黨中央領導班，也就是反對劉志丹、習仲勛、高崗三人的同一群人。毛澤東所以救這三人，很可能是因為他發現在人生地不熟的陝北，與地方勢力結盟能鞏固他的權力基礎。黨內反毛派堅持共產黨正統觀點，認為革命應由無產階級工人取勝，而毛澤東則認同劉志丹等三人的觀點，主張鄉間才是壯大黨的沃土。毛澤東隨即以新黨魁之尊，撇開整肅劉志丹等三人的官員，下了一道據說是要求「制止殺人！停止抓人！」的命令。[3]

不過，就像毛澤東採取的每項行動一樣，此舉事先也經過他精心盤算。劉志丹等三人仍然背著被整肅的黑名，也就是說，三人能否復出得仰仗毛的鼻息。毛救了他們，但仍然可以毀了他們。他們會因此極力討好毛澤東，成為毛澤東更有價值的盟友。

劉志丹隨後一連擔任幾個次要軍職，奉命帶領小部隊出危險任務。一九三六年，為維護毛澤東東進另一省的主張，或許也為了在戰場上尋得救贖，劉志丹在一次自殺式攻擊中喪生。既已戰死，劉志丹獲封為烈士。毛澤東隨即提升高崗為中共中央西北局書記，以習仲勛為其副手。

但不是每個人都喜歡這項決定。一些地方官員頗有微詞，說習高二人並沒有重大功績，不應享有如此高位。於是毛澤東運用歷史之力，穩住兩人的地位。毛澤東在一九四二年召開西北地區高級幹部會議，為共產黨在西北這處大本營的歷史撰寫官方史。[4]根據這份官方史，習仲勛與高崗（以及烈士劉志丹）遵循了正確政策，他們那些反對派都徹底錯了。

毛澤東有更大的問題必須解決，而習仲勛與高崗都是他可用的卒子。與之前領導中國共產黨的幾人不同的是，毛澤東沒有受過正規馬克思主義教育。他不曾去過莫斯科，在世界共產革命發源地研讀。他也不認同大城市工廠工人將領導革命的正統共產黨預言。他可以用習仲勛與高崗等人作為這種新的、地方性草根共產主義的象徵，同時將那些反對派說成是走錯了路，誤信了那些源出於外國、不接中國地氣的理念。

早在長征期間取得黨的控制權時，毛澤東就已經表明這個論點，不過許多人仍對他心存疑慮。他們認為，毛澤東關於動員農民的構想並非原創（例如說劉志丹已經在他的山地戰中運用這個構想，並取得大勝），且長久而言，這個構想也不會成功。此外，總部設在莫斯科、負責在他國推動共產革命的組織「共產國際」（Comintern），也沒把毛澤東視為資深領導人。簡言之，毛澤東雖是中國共產黨頭子，卻欠缺傳統的權力認可。

許多共產國際屬意的候選人當時也在延安，也都想將毛澤東趕出權力核心。為堵住這些潛在反對派的嘴，毛澤東需要一篇中國共產黨從一九二一年建黨、直到今天的明確黨史。這篇黨史得顯示早先由莫斯科領導的路線是錯誤的，由他領導的路線才是正確的。但改寫這種歷史風險很大，毛澤東於是決定先從改寫延安的歷史著手。如果改寫這處西北基地的行動成功，他就會著手改寫整篇黨史。

毛澤東把發生在延安的爭議當成攸關生死的問題，認定習仲勛與高崗走了「正確路線」，而黨內的「上海幫」則走了可能導致共產黨毀滅的「錯誤路線」。走上錯誤路線的不是用心良善、犯下無心之過的人，他們其實都是邪惡分子。根據毛澤東在延安的說法，這些人都是「卑鄙」、「可惡」、「意圖在黨內奪權篡位的野心家」。[5]共產黨隨後通過一份決議，為毛澤東這篇肆意詆毀的說法背書，還賦予這些觀點法律上的強制力，讓它們成為唯一可以接受的現實觀點。

那是一個只有對與錯、善與惡，只有黑白兩色的黑暗世界，也是一場沒有同志愛與兄弟情的革命。這種裝腔作勢的個人攻擊模式，成為毛澤東處理全國性黨史決議的準則，也成為直到今天為止的黨整肅模式。它的批判尖銳刺耳，令人不快，但暫時它還站在習仲勛一邊。

***

現在毛澤東開始投入改寫整個黨史的大工程，將矛頭對準他真正擔心的對手：三十八歲的資深黨幹，王明。王明可以說是毛澤東一切仇恨的集大成者。王明在一九二〇年代前往莫斯科，在共產革命核心受訓四年。他精通俄文，熟讀馬列理論，取了個俄文名字，在共產國際俄國代表訪問中國時擔任翻譯。他在莫斯科成立一個中國共產黨組織，名為「二十八人布爾什維克」。在回到中國短暫停留之後，他重返莫斯科又待了六年，為共產國際工作。一九三七年，共產國際派王明前往毛澤東的延安，協助建立中國共產黨路線。

儘管擁有這許多資歷，王明對毛澤東並不構成真正威脅。他之前在中國工作了六年，成績慘不忍睹——他曾經被捕，只因國民黨從未聽說過他這號人物才僥倖獲釋。王明從未展現真正的組織或領導能力，但他博學，又有海外工作經驗，深獲延安知識分子愛戴。這使他成為毛澤東眼中的頭號對手。在王明來到延安後不久，毛澤東寫了幾篇批判王明的文章，王明則對毛澤東大肆吹捧，希望能避免與毛澤東結怨，不過沒有成功。[6]

一九四二年，毛澤東發動攻擊，即所謂「延安整風運動」。這是毛澤東一次打擊對手的總攻擊，目標雖指向王明，但受到株連的人數以千計。[7]整風運動的真正目標不在踢開王明，而在於確立毛澤東讓全黨唯命是從的威信。

就表面而言，這場整風運動為的是確使黨員都能建立堅實的馬列理論基礎。這麼說言之成理，因為當時在延安的人有許多是新來乍到，既不了解共產主義，對黨在過去二十年的鬥爭也一無所知。共產黨隨即成立專門培訓藝術家、科學家、黨幹部，以及少數民族與婦女的學校。所有學校都傳授一個關鍵訊息：實現共產主義的唯一途徑就是研讀毛的著作。

直到今天，中國還將這場整風運動描繪成偉大的成就，是中國走上復興之路的轉捩點。根據官方說法，進入延安的三山五嶽各路人馬，全因這場整風而能結合在一起，打贏二戰，在內戰中擊敗國民黨，帶領中國偉大復興。

＊＊＊

毛澤東在一九四二年主持著名的「延安文藝座談會」，開始整肅作家與藝術家。當時中國戰亂，不少作家與藝術家來到延安追求一種想像的烏托邦，但毛澤東卻透過這場座談會，迫使他們跟隨黨路線起舞。毛在座談會中為藝文工作定下的規則，直到今天的中國仍然奉為圭臬：歸根究柢，所有藝術都是政治，必須為黨、為國家服務。

之後，毛澤東將矛頭轉向他的主要目標：高級領導層。當時許多黨領導人已經在言論與文章上對毛歌功頌德，就連王明也不例外。但毛要他們一絲不漏、巨細靡遺地吸收自己有關共產黨史的一切觀點。毛澤東不僅要他們磕頭臣服，還要他們時時刻刻念茲在茲，不忘他的觀點。

為達到這個目標，毛澤東底下的黨工展開對黨員的分解、再造工作。他們為了這項進程創了一堆新詞彙：包括「研究組」要孤立異議分子，對抗異議分子；「鬥爭會」要批鬥抗拒者；「自我批判」基本上就是要人認錯，無論是真的還是想像出來的錯；還有作為最後目標的「思想改造」。[8]

在強大壓力下，如果只喊幾個口號就逃過這場運動，是根本辦不到的。被鎖定的官員日常作息都遭到監控。他們的日記被沒收，夜以繼日暴露在無情壓力下，檢討、認罪。自我批判的文書得一寫再寫，直到當事人展現足夠誠意為止，而要展現足夠誠意，往往先得承認一些最隱私的個人犯行，讓自己精神崩潰。

稱這項思想改造過程為「洗腦」或許有些過度，因為許多經歷這場劫難的人後來對此憤憤不平，批判不已。但這項過程的目標是再造一個全心全意追隨毛澤東的新人。而且如果改造失敗，黨還可以在日後利用這些自我批判期間留下的材料，來對付要對付的人，像是二十五年後，許多延安整風運動受害者就在文革期間遭到這樣的命運。

在一九四三年年底的一次會議中，毛澤東發動對王明的大舉批判，延安整風運動全面展開。毛派指控王明叛黨，說王明跟國民黨有密謀。這些指控雖說荒唐無稽、毫無根據，但卻是有效的人格詆毀利器。王明的妻子孟慶樹當時也站在台上，出席鬥爭大會。她淚流滿面地望著毛澤東，問毛怎能讓人這樣誣蔑王明。毛澤東當時面無表情地高坐著，之後還禁止王明夫婦出席日後會議。[9]毛澤東這麼做的目的不在改造王明，只是要用王明來彰顯他的權力。如果就連共產國際的得意門生都敢整治，他能打跨黨內任何對手。

特別是在蘇聯高官找上毛澤東，要求毛澤東開恩之後，王明夫婦由於王明與莫斯科的親密關係而得到從輕發落。王明被迫認罪，發表公開道歉聲明，然後大體上退出公共視野。一九五六年，他與妻子孟慶樹前往莫斯科就醫，未再返回中國。

其他人就沒那麼幸運了。一名遭到批判官員的妻子，在夜以繼日不斷地盤問審訊後死於「精神錯亂」。[10]大多數中國最有權勢的領導人都淪為階下囚，包括後來擔任總理的周恩來。周恩來於一九四三年才來到延安，在讀了之前幾次會議的會議紀錄後，他很快發現自己陷身險地。他一連寫了幾篇卑躬屈膝、自我批判的文章，像搖尾乞憐的狗一樣，跟在毛身後亦步亦趨。憑藉這幾招急智，周恩來得以成為毛澤東最有才、最忠誠的跟班，平安終老。

＊＊＊

毛澤東在一九四五年通過一項黨歷史決議，為這項整肅運動做了總結。[11]中國共產黨建黨百年來，只通過三項歷史決議。幾十年後，鄧小平在毛澤東死後為伸張權力而提出第二項決議。二〇二一年，習近平為了合理化他的長期掌權而提出第三項歷史決議。這三項決議每一項都根據一種不現實的歷史觀，為新領導人的掌權找理由。

毛澤東的歷史決議由於是第一項，成為之後兩項的範本，也因此值得我們進一步審視。這份文件沒有半遮半掩地歌頌毛澤東，而是毫不隱藏地直接把他與馬克思主義偉大思想家相提並論。文件中強調，雖說馬列主義是中國共產革命的指導原則，但將這些歐洲思想家與中國廣大農村人口現實相結合的，是「毛澤東思想」。文件在第一段就強調「黨已經有自己的領導人毛澤東」，「英明發展了列寧與史達林的理念」，不需要來自莫斯科的指示。

這項歷史決議長得令人難以忍受，其英文譯本有五十頁，其中有五頁是寫得密密麻麻的尾注，其中包括每年會議紀錄逐項討論的資料。毛澤東說，他「不厭其煩」地七次修訂了這項歷史決議。[12]

這項歷史決議終於在一九四五年八月通過，成為毛的護身符。在他在世最後三十年間，毛澤東大部分時間身為中國最高領導人。他在這三十年間犯下無數可怕的錯誤，導致戰爭、饑饉與動亂。在這段期間，他因荒腔走板的決策屢遭攻擊。但他總能運用這項決議證明共產黨毫無疑問站在他這一邊。套用一位傳記作者的話，這項歷史決議成了他的「神奇護身咒」。[13]

＊＊＊

當人民共和國四年後成立時，習仲勛是政壇新星。他晉升副總理，帶著他第二任妻子與家小遷往北京。他有三個孩子，包括一九五三年出生的習近平。但就在這一年，共產中國爆發建國以來第一場大整肅，習仲勛在整肅中落馬。

習仲勛在陝北時代的戰友高崗，一直是毛澤東最親密的心腹。[14]高崗在陝北地區極富盛名，曾為支援共軍而動員軍隊與產能。當毛澤東一九四九年站上天安門城樓宣布建立新中國時，高崗也站在主席台上。之後在韓戰期間，高崗負責後勤，管理與蘇聯和北韓的通訊。後來高崗奉命主持中共東北局，成為中共五大區域書記之一。（習仲勛是西北局書記。）

一九五三年初，這些區域書記奉召進京，在新成立的中央政府任職。高崗出掌權力龐大的國家計畫委員會，習仲勛領導黨宣傳部。毛澤東當時打算拉攏高崗，發動一次新宮廷事變，打擊聲望甚高的黨領導人劉少奇。

劉少奇不是毛的直接對手，但就像十年前的王明一樣，劉少奇甚獲民眾愛戴。他加入共產革命數十年，甚至還寫過一本書叫做《論共產黨員的修養》。但他與毛在經濟事務上意見相左。毛要迅速邁向社會主義，劉少奇則主張採取較緩慢、漸進式做法，學習蘇聯模式以五年計畫建立重工業與基礎建設。

毛澤東後來終於在一九六六年文革期間鬥倒劉少奇，讓劉少奇死於獄中。但這時的毛澤東只想將劉少奇略拉下一點就好。他唆使高崗抨擊劉少奇的一名副手，藉以對劉造成打擊。但高崗誤判形勢，以為毛要將劉徹底扳倒，於是對劉的副手展開全面攻擊。給人的印象是，如果劉的副手這麼不忠，劉也一定不忠。

但高崗的猛攻造成反撲。劉少奇是中共最忠誠的官員之一，沒有人相信高崗的這些指控。毛澤東發現情況不妙，迅速決定捨棄高崗。

高崗被迫在他的友人與副手習仲勛監督下，寫了一篇自我批判的長文——這是毛澤東設計的一步高招，目的要讓習仲勛明白他自己也得仰賴毛的鼻息。習仲勛急著向毛表忠，於是在處理高崗案時毫不留情，要高崗承認「陰謀篡黨奪權」。高崗明白一旦認罪就等於自判死刑。他認了罪，但想電死自己。他沒有成功，但後來他找來一瓶安眠藥。一九五四年八月十六日夜，在與妻子談了一次話後，高崗吞下一整瓶藥而死。

***

習仲勛靠著這項賣友的決定苟延殘喘，多活了幾年。他在一九五六年晉升中央委員會，又隔三年後當上副總理。習仲勛最後的遭遇稱得上一部歷史奇譚。

一九五〇年代末的一天，習仲勛在陝北時代老長官劉志丹的弟媳婦李建彤對習說，她想寫一本關於劉志丹的書，要請習仲勛協助。習仲勛以這段歷史太複雜，不肯幫忙。但李建彤並不氣餒，找來許多當年在陝北的人向習仲勛施壓。劉志丹是共產黨烈士，已經作古。他生前從未背叛毛澤東，毛澤東還在黨的歷史決議尊他為烈士。寫一本讚頌他的書能有什麼爭議？習仲勛拗不過，只得勉強同意。

這本三卷本小說《劉志丹》的節錄文於一九六二年一經發表，立遭查禁。儘管小說談的是共產黨烈士（既沒有攻擊毛澤東，對黨的歷史決議也沒有任何質疑），但小說中談到陝北共產黨老巢舊事。而當局認為，小說這是在繞著彎讚頌高崗，讚頌習仲勛等所有與高崗親近的人。

習仲勛於是遭到猛烈攻擊。他被迫供稱寫這本小說為的是要吹捧自己。一場大整肅隨即展開，遭到牽連的人數竟高達二萬，其中許多是陝北延安時代老革命幹部，習仲勛也被趕下副總理寶座。一九六五年，習仲勛寫了一篇自我批判文章，然後被下放到華中一家拖拉機工廠擔任副理。一年後，文革爆發，習仲勛下獄，他的家人也被拆散。他的一個女兒自殺，習近平下放到陝西省當農民。直到一九七八年，習仲勛才獲平反。他的一生就這樣為歷史折騰不已。

＊＊＊

毛澤東於一九七六年過世，鄧小平在一場宮廷政變後於一九七八年上台，他需要一項新的共產黨黨史決議。第一項黨史決議歌頌毛澤東，把毛澤東捧成中國共產黨集大成的代表。但三十年過後，中國仍然一貧如洗。毛澤東的烏托邦式實驗讓中國犧牲了五千萬人，單是大饑荒就奪走四千五百萬條人命，在對付地主、右派的鬥爭，以及文革的十年動盪期間也有數百萬人死難。在共產黨統治的前三十年，中國為數極少的知識分子受盡折磨。

即使對僥倖未遭波及的人而言，毛統治時代的失敗也十分顯明。毛澤東欽點的接班人進了監獄，他的大多數經濟政策，從人民公社到自給自足，逐一放棄。共產黨開始把土地交還農民，開始歡迎外資，打造出口導向經濟。

北京當局必須對這項政策大轉彎有所解釋，但不能把毛統治時代說成一種失敗。無論如何，毛仍是人民共和國的開國元勳。他的陵寢與他的超巨幅人頭照仍是天安門廣場主要地標。想解決這一切難題的唯一辦法就是提出一套新歷史，既能對已經發生的事提出一套說詞，又不至於把黨說得太醜陋不堪。於是鄧小平寫了一套新歷史決議，一方面鞏固他自己的權位，同時也為中國今後幾十年的走向定調。

想知道這些歷史決議何以重要，得先了解中國政治的關鍵。至少就理論而言，民主政治透過由民選代表通過的憲法與法律，對社會進行規範。但中國不一樣。根據前中國政府顧問吳國光的說法，中共以「文件政治」治國。[15]

也就是說，一個領導班子，或是像毛澤東、鄧小平或習近平這樣的最高領導人，會發布其他人必須接受的文件，然後用它們主張他們的權威。這類文件可能是黨控制下國會通過的法律。但往往，特別是在涉及關鍵性意識型態問題時，領導人會以通報、決議或白皮書的形式宣布這類文件。這類文件的起草與修訂曠日廢時，而且涉及妥協，但因此產生的共識會得到黨的支持。一旦正式發表，這類文件會成為領導人的治國指標。

這是鄧小平在一九八一年打的算盤。他得透過一項歷史決議，像憲法或原則聲明一樣說明黨的現況與今後走向，使他的意志成為黨的意志。[16]這一切有些類似毛澤東在一九四五年的作為，但對鄧小平而言，問題更加複雜。毛澤東原本就是最高領導人，而且早已整肅了可能的敵手。但鄧小平一方面設法重起爐灶，同時還得容忍黨內許多仍然支持毛澤東，甚至還抵死反對自己的人。

鄧小平成立一個起草委員會，給了它三個明確指示：繼續以共和國主要締造者身分尊毛，對中國三十年來的問題與成就進行實事求是的分析，讓過去的爭議成為過去，使黨可以往前走。

據說，鄧小平在看了最初的決議草案後大怒，說草案過於渲染毛晚年那些魯莽的決定。這些決定包括煽動紅衛兵、清算同僚，還有讓江青決策等等。在當時政府中，幾乎每個人都曾見證毛的濫權，受毛迫害的人比比皆是，要決議草案起草人避開毛的這些惡行劣跡很難。

事實上，這類觀點在一九八〇年代夏天蔚為風潮，北京傳言四起，說一場大規模的去毛化運動即將登場。

鄧小平要挽救毛澤東的歷史定位。鄧小平的兒子因曾被紅衛兵推下宿舍大樓而終身癱瘓（也有一說是他自己跳下大樓）。鄧小平自己也在文革期間遭到清算與羞辱。但他要求起草委員會，為了黨而為毛保留顏面。畢竟，蘇聯所以發動去史達林化，是為了維護它的締造者列寧。而毛澤東是列寧與史達林合而為一。中國共產黨為維護信譽不墜，就得讓毛澤東的一些核心元素繼續存在。否則，如果創黨之父把國家帶進一場又一場災難，這個黨憑什麼還能繼續領導？

為平息這些傳言，鄧小平找來義大利記者奧莉亞娜·法拉奇（Oriana Fallaci）做了一次訪問。[17]法拉奇單刀直入地問了鄧小平許多問題，例如為什麼把一切罪名都推到以江青為首、在文革期間推動激進政策的「四人幫」身上？難道毛澤東本人沒有責任嗎？鄧小平也反覆以一套鋒利的說詞應對，強調毛澤東功大於過：「他的功績是第一位的，他的錯誤是第二位的。」[18]鄧小平這句說詞成為日後黨史決議的標準模式。

＊＊＊

一九八〇年九月，鄧小平批准了一項新草案。這項草案隨後送交全國各地四千名官員進行討論，之後又經五千六百名官員進行二度審查，還提了一千多項建議。

討論氣氛很熱烈，鄧小平主張的和解語言又一次遭到官員抗拒。決議草案在談到大饑荒時，只是不痛不癢地說它「造成我們國家與人民重大損失」，讓許多黨幹部憤怒不已。這些幹部有不少來自各省，幾乎肯定都在二十年前親眼見證了大饑荒。他們說，決議文應該直截了當指出大饑荒奪走幾千萬條人命。還有許多官員批判毛的著述冗長費解，不合邏輯，讓人沒法讀。

最後，鄧小平不得已，只得在決議中加入更多批判毛與毛欽定接班人華國鋒的文字，但鄧堅決不肯全面批判毛。據說，鄧小平當時告訴兩名親信：「詆毀毛澤東同志……就等於詆毀我們的黨與國。」

這項決議為鄧小平鞏固本身權力的主要目標奠下基礎。一九八一年六月，共產黨在北京召開第十一屆六中全會，批准這項歷史決議。會中還大幅更動了黨的最高層人士。鄧小平提拔的胡耀邦取代毛的欽定接班人華國鋒，成為黨總書記。鄧小平成為中央軍委主席，獨攬大權。

習近平的父親也因這項新局面而獲利。一九六二年下放的習仲勛於一九七八年得到平反。鄧小平派他前往華南，開創不久後席捲中國的經濟改革。在這項歷史決議通過後，鄧小平把習仲勛調回中央。闊別近二十年後，習仲勛重返北京權力中樞。

離開北京時間過長，意味習仲勛年事已高，不能在中國攀登權力顛峰。他在北京任了幾個職後於一九八八年退休，那年他七十五歲。當時中國開始出現一些以較坦誠眼光、正視共產黨撲朔迷離歷史的聲音，退休後的習仲勛很快成為這些聲音的守護者。舉例說，他大力支持歷史性月刊《炎黃春秋》。多年來，《炎黃春秋》發表許多文章，質疑人民解放軍那些神話般的軍事英雄事蹟，還刊出遭整肅的毛澤東親密助理的回憶錄，揭露當年農村政策的種種錯誤。習仲勛支持這種直言揭發歷史真相的做法，還為它題詞寫道「炎黃春秋辦得不錯」。許多年來，《炎黃春秋》就將習仲勛這句題詞印在封面上，作為避開審查的護盾。

中國的一些最偉大的地下歷史著作，也在這段期間應運而生。其中一本對延安時期毛澤東統治提出嚴厲指控的著作，直到今天仍在中國境內廣為流傳。寫這本書的人是已去世的歷史學家高華。

憶往事：紅太陽是怎樣升起的[19]

高華生於一九五四年，以當年流行的詞彙來說，他是「生在新中國，長在紅旗下」的一代。這句話意味每個人、每件事都重新開始，就連中國，現在也成了「新中國」。舊社會有階級：地主與農民，資本家與工人。現在在共產主義紅旗下，人人平等。

在現實生活中，高華與其他數以千萬計的人一樣，屬於一種新階級：一種有政治問題的賤民階級。高華的父親曾是替共產黨工作的敵後地下電台作業員。[20]照理說，高華應該因此像習近平一樣是「紅二代」，或是擁有「紅色血統」的人。但事實上，共產黨對於曾經投入地下工作的理想主義人士有種近乎病態的懷疑。這類人士幾乎都因與國民黨同謀而遭迫害，理由是根據共產黨詭詐、多疑的心態，這些地下工作者若是不通敵，又怎能生存？共產黨喜歡用的，是那些遠離前線、躲在延安向毛澤東卑躬屈膝的人。就這樣，在一九五七年的反右傾運動中，高華的父親淪為鬥爭目標。他被貼上右派標籤，下獄關了幾年。時年兩三歲的高華就曾伴著母親，乘巴士長途跋涉赴監探父。時逢大饑荒，人人都餓著肚子，高華一家人的日子更不好過。

一九六三年，高華考進南京外語學院，但因共產黨人所謂「階級背景」而遭學校拒收。後來他雖進了一所普通學校，但他父親的問題仍然不時被人提出來，老師們也因此不讓他與其他學生往來。三年後文革爆發，高華無意間聽到父親告訴母親，說他若留下來很可能被活活打死。他父親後來逃離南京，躲到幾百公里外的山東省親戚處避難。沒隔多久，高華看到住家附近牆壁上貼了許多緝捕他父親的告示。

高華逐漸長大，開始將他的家族悲劇與二十年前那場「延安整風運動」連在一起。他曾在毛澤東選集裡走馬看花式地讀過這場運動。不久文革爆發，學校與市政府高官紛紛落馬，指控人寫了許多材料，說這些高官曾在延安鬥爭會上招供犯罪。當年只有十幾歲的高華搞不懂這許多事，但他可以感覺到延安整風的血腥暴力。他幼稚的心靈隱約察覺，吞噬他人生的暴力關鍵就在於這場整風。他本能地發現，延安這場暴力已經成為共產黨的原罪，它使共產黨扭曲變形，使共產黨非得透過暴力與高壓手段才能運行。

他目睹的殘酷血腥令人髮指。其中一件事的恐怖回憶尤其讓他揮之不去。他有兩個同學是對兄妹，與他們的父母住在間殘破的小屋裡。兩兄妹的父親被打成反革命，不能工作，他們的母親是普通女工，一家人窮困潦倒，而且經常遭人辱罵。一天，這位母親終於忍無可忍，撕毀了一幅毛像，還大罵毛澤東。她被捕處死。學校裡每個人，包括高華、她的兩個孩子與她的丈夫，都被迫站在路邊，看著那位母親戴著手銬腳鐐押赴刑場。高華日後反諷地寫道：「這就是所謂『接受教育』」。

家成為高華的避難所。他沒有資格當紅衛兵，只能整天看書。他的母親早已是驚弓之鳥，把家裡大多數書籍燒了，但他從火堆中搶救了幾本書，包括楊絳翻譯的十八世紀法國小說《吉爾・布拉斯》（*Gil Blas*），范文瀾的《簡明中國歷史讀本》，普希金（Alexander Pushkin）

的《詩選》（*Selected Poems*），還有一本《唐詩三百首》。日後在回憶幼年生活時，高華寫道：「這些書給了我許多溫暖，讓我在黑暗的隧道中看到遠處一簇光。」

在一位老先生暗助下，高華對中國命運的認識飛速成長。當時他家附近有座倉庫，裡面鎖了幾千本遭查禁的書。看守倉庫的老先生很和善，讓高華與高華的一位友人借出閱讀。兩人仔細選幾本書，藏在背包裡走回家。到下星期，兩人回到倉庫還書，再借幾本帶走。高華就這樣讀了幾百本禁書，包括丁玲的小說與王實味的文章。丁玲與王實味都於二十五年前在延安遭毛澤東清算。當文化大革命隨毛的死亡而告終時，大學入學考試重新實施，階級成分不再成為入學考慮要件。一九七八年，二十四歲的高華考進全國頂尖學府南京大學。但他隨即知道自己要研究歷史，特別是延安整風那段舊事。他開始蒐集回憶錄、文件與其他有關材料。

高華也聽演講，建立自己對如何成為一位史家的觀點。在聽完一場有關司馬遷「報任安書」的演講後，套用高華的話說，他「心緒激動，久久無法平復」。在「報任安書」中，這位二千年前的中國大史家向友人解釋自己何以必須完成《史記》。寫《史記》是他的神聖使命，無論是否遭到宮刑，他必須完成它。高華清楚記得范文瀾在《簡明中國歷史讀本》（就是高華從母親的柴火堆中救出來的那本書）中提出的警告：真正的歷史學者必須願意「板梁甘坐十年冷，文章不寫一字空。」

最後，高華「甘坐」了不只兩倍時間。經過二十二年苦功，他於二〇〇〇年出版了近九百頁的經典巨作《紅太陽是怎樣升起的：延安整風運動的來龍去脈，一九三〇至一九四五年》。這個紅太陽是毛澤東，高華在書中以嚴謹的手法描述了毛如何利用一連串血腥整肅崛起的過程，而這種過程隨後成為共產黨掌權後的標準運作模式。

高華在這本書的附錄中談到《紅太陽是怎樣升起的》寫作過程、動機與研究方法。他得在不能接觸官方檔案的情況下進行資料蒐集；由於這個題材過於敏感，打從一開始他就看不到政府文件。他提出的研究補助申請屢遭拒絕，他既無緣晉升，也不能轉入另一大學擔任較高教職。他得用身為臨時講師的薄薪支付買來的每本書，每份影本。與海外歷史學者不同的是，他沒有研究生替他跑腿，沒有研究津貼讓他放下教職、專心投入寫作，沒有世界級研究圖書館供他使用，也沒有「同行評審」（peer-reviewed）①報告幫他精進思考。

高華對相關外國作者很熟悉，幾次香港之行也讓他獲益匪淺。每在走訪香港期間，以收藏大量來自中國的書籍與文件而著名的「大學服務中心」（Universities Services Center）都成為他的主要駐足之處。[21]但他發現，大多數外國作者，特別是極力吹捧毛澤東的那批老一代作者，沒能把握一個重點：共產黨所以迷戀暴力與高壓，毛澤東是主要關鍵。許多外國作者在溯源的努力上不夠深入。有些人認為中共的問題源自「反右傾運動」或「大躍進」。或許因為他們不知道，也或許因為他們不願表現得過於反共，沒有人膽敢指出問題源頭來自延安時代。高華是自學成功的學者，有自己蒐集的一套文件與回憶錄檔案。這些文檔有時並不完整，而且脈絡指向也很錯亂，但它們無需切合任何傳統，既不需要以中國境內容許的那種政治化歷史為師，也不需要遵照海外流行的常規知識。就憑藉這些資料，他做出如今為人廣泛接受的結論。

他就坐在他家那間小公寓的廚房餐桌邊，一根根抽著菸，一杯杯喝著茶，一筆筆寫下這本巨作。整個九〇年代，高華寫史的消息逐漸傳出，他的名聲也愈來愈響。慕名者蜂擁前來南京，訪問這位現代司馬遷，這位甘於貧窮卻要寫一本反傳統史書、顛覆共產黨政治文化的作家。說《紅太陽是怎樣升起的》是共產黨治下中國最重要的歷史著作，絕不誇張。

十年後，高華因肝癌去世，享年五十八歲。英年早逝使得他完成第二本書的夢想化歸泡影。據友人說，這第二本書的主題是延安整風中淪為毛澤東控制工具的共產黨，在一九四九年掌權後的倒行逆施。

但就若干方式而言，他的一生志願已經完成。他的書破解了中國共產黨的創黨神話：中國共產黨是理想主義者為拯救中國而建的一個純淨的兄弟之盟。他的書告訴世人，共產黨是一群臣服於毛澤東淫威下，充滿野心、相互爭鬥不休的人。《紅太陽是怎樣升起的》這本書雖說在中國是禁書，但經香港中文大學於二〇〇〇年出版，印了二十二刷。它已經譯成英文，而且有線上版本。今天，無論在中國國內或海外，任何撰寫中國共產黨黨史的人都會參考這本書。

① 譯注：一種學術成果審查程序，即由同領域其他專家或作者，針對一項研究成果提出看法。

這本書敘事很緊密、很冗長，而且很艱澀，讀起來並不輕鬆。高華假定讀者認識出現在書中那些多得數不清的人物；他沒有做背景說明，只是像一道雷射光束一樣射向毛澤東。但他的成就令人嘆服，他不僅改寫了延安神話，還對整個共產黨運動提出質疑。他是一位中國史學者，在中國工作，在共產黨引為聖土的延安挑戰共產黨。

不過，這樣的著作也正是當代打擊地下歷史學家之戰的核心所在。習仲勛認為，共產黨黨史無論美醜都應該如實傳世，但他的兒子從習家這場與過去的鬥爭中，學得另一個教訓。習近平的父親曾是歷史犧牲者，而他現在想控制歷史。

6 歷史神話

今天造訪延安，與幾十年前造訪殖民時期的威廉斯堡（Williamsburg）多少有些類似。[1] 這座位於美國維吉尼亞州的露天博物館，建於一九三〇年代，附近還有幾棟十八世紀歷史建物，與許多迪士尼式的仿古造景，包括對稱的外牆、柔和的色彩，還有象徵美國革命立國理念的林蔭大道。幾十年來，它一直是來訪的皇家貴冑、國家元首，或渴望一嘗愛國歷史滋味的美國本土觀光客的打卡必遊之地。但曾幾何時，人們發現威廉斯堡其實有段骯髒得多的過去，原來它的經濟靠販奴起家，而它的美學也比表面上看來混亂得多。儘管當局也曾想方設法營造較佳經驗，但與一九八四年尖峰時期的一百一十萬年度遊客相比，今天的到訪人數少了一半。到了二〇二〇年代初期，這座公園已經籠罩在裁員與領導混亂的陰影中，給人一種年代誤植的感覺。

延安的情況不一樣。由於政府全面推動歌頌早期共產革命的觀光業，延安市大體上沒有重建。穿著紅軍軍裝的觀光客，站在鐵鎚與鐮刀的牌匾前留影，參觀毛澤東與高幹們當年生活的窯洞，孩子們則騎著玩具馬，揮舞著玩具槍。二〇二一年，中國最大房地產開發商之一的「大連萬達」在這裡建了一座共產黨主題公園，公園裡有扮成軍人的吉祥物，有紀念品商家，還有電玩攤位，讓兒童可以坐在仿重機槍玩具後，掃射出現在螢幕上的紅軍的敵人。[2]

在組成大延安區的六個縣，政府劃定四百四十五處紀念舊址，建了三十座博物館。在新冠疫情爆發、重創旅遊業之前最後一年的二〇一九年，共有四千零二十萬人訪問延安，為觀光業注入六百二十億元人民幣營收。[3]

幾乎所有國家都有幾處用來喚起人們記憶、經過粉飾的地方，但在中國，這類歌舞頌讚、毫無批判之聲已經震耳欲聾。[4]在聽不見任何「懷古幽情式民族主義」質疑聲的情況下，全國各地建了三萬六千處革命遺址遺跡，「紅色旅遊」已經成為一種全國性現象。許多這類遺址遺跡規模不大，有時只是立在小村裡的一塊牌匾，但有一千六百處是頗具規模的紀念堂或博物館。這些場館非常積極，其中三分之一每週都會舉辦大型活動或展覽。共產黨說要用它們進行「愛國教育」，根據官方數字，它們在二〇二一年辦了八十四萬場活動，一百四十萬個研究組參與了活動。[5]

「紅色旅遊」不時會搞一些花裡胡哨的怪招，例如「探訪毛住過的窯洞，吃個蒸包」等等。但它反映的是政府龐大的投資，而北京當局所以這麼做，是因為它相信共產黨黨史不僅對最高領導人非常重要而已——這是毛澤東與鄧小平在二十世紀中葉與末葉對這個問題的看法。今天的北京當局要把共產黨史觀灌輸運動推展到全國每個角落，讓黨的史觀深深植入全國民眾腦中，就像一九四〇年代的延安官員必須對過去有正確的詮釋一樣。當局不時也會運用高壓手段，特別是在對付那些冥頑不化、有獨立見解的史家時尤然，但在大多數情況下，迷信控制歷史的北京當局只是透過教科書、社群媒體與日常生活形態，將它所謂正確史觀點滴滲入民眾腦中。

＊＊＊

甚至在二〇一二年上台以前，習近平已經認定歷史定位是黨能否長期生存的關鍵。二〇一〇年七月，政府召集幾百位中國現代史作者，開了一次全國性會議。為彰顯會議重要性，政府以人民大會堂為會議召開地點。人民大會堂位於天安門廣場西側，是一座史達林式的龐然大物。胡錦濤親臨現場，不過發表主題演說的是三年前選定為胡錦濤接班人的習近平。習近平在會中提出一項宣揚黨史的五點方案，包括宣揚黨的「偉大勝利與光輝成就」，以及黨掌權的「歷史必然性」。習近平說，特別是必須讓年輕人感念黨的偉大傳統與黨領導人的英雄事蹟，讓年輕人「堅決反對任何對黨史的扭曲與詆毀」。[6]

當時在場聽取習近平這篇演說的人不是學者，而是一個負責寫史的龐大官僚架構的代表。這個官僚架構的規模究竟多大很難說準，但保守估計也有好幾萬人。舉例說，在二〇一〇年代，單是中共中央黨史研究室就有一萬七千名工作人員，負責監督二千八百三十六個政府機構。[7]

除了這個中央機構外，還有省級、縣級與市級的檔案室，以及數以千計負責記錄國營企業、大學、宗教組織與大型媒體史料的紀錄室。所有這些單位的員工都必須經過黨的認可，單位領導幹部也必須是黨員。他們的工作是撰寫歷史，組織與刪減檔案以清除敏感材料，組織展覽，幫助出版業者寫教科書。二〇一〇年聚在北京人民大會堂聽取習近平指示的，就是這些組織的代表。

兩年後，習近平第一次以黨總書記的身分在天安門廣場東側的中國國家博物館露面。[8]像人民大會堂一樣，國家博物館是五〇年代建的又一座史達林式龐然大物，它毫無修飾的線條，成為全國各地文化機構建築的意識型態標準模式。國家博物館的主展覽題為「復興之路」，展出目的在解釋共產黨如何領導中國走上國家復興。習近平在黨中央政治局其他六名常委簇擁下，參觀了這項展覽。就在這個展覽會場上，習近平發表他最著名的「中國夢」。根據習近平的說法，所謂「中國夢」就是「中華民族的偉大復興」。習近平說，與近代史上任何時間相比，今天的中國都更接近這個目標，因為中國已經從歷史學得教訓。

中國的復興只能透過中國共產黨才能完成，而根據習近平的看法，中國共產黨面對最大的敵人就是本身缺乏自信。習近平那一年在與高官的談話中談到蘇聯於一九九一年的解體，幾十年來，蘇聯解體一直是中國領導人念念不忘的議題。對鄧小平而言，導致蘇聯解體的主因是經濟，他因此在九〇年代初期發動新一輪改革。但在習近平看來，蘇維埃帝國所以崩潰是因為再也沒有人相信它的意識型態。大家開始懷疑它的成就。「紀念」（Memorial）這類的蘇聯人權團體開始揭發史達林的殘酷暴行。但莫斯科領導層沒有進行鎮壓。習近平說：

他們的理想與信念動搖……最後戈巴契夫輕輕一句話，宣布蘇聯共產黨解散，偌大一個黨就這樣沒了……最後竟無一人是男兒，沒什麼人出來抗爭。[9]

在習近平主政第一個十年，這個教訓一直讓他牢記在心。蘇聯垮台是因為莫斯科領導人縱容不同的歷史敘述逐漸蠶食鯨吞。根據之後透過書本文字與影片傳出的說法，習近平認為蘇聯垮台的始作俑者比戈巴契夫早得多。[10]最早導致蘇聯根基腐蝕的，是赫魯雪夫與他在一九五〇年代發動的去史達林化。在這一點上，習近平與毛澤東看法一致，毛澤東也認為去史達林化等同承認共產黨犯錯，是場徹底的失敗。中國是碩果僅存的共產大國，不能再犯這種危險的錯誤。

習近平最早的幾篇演說比較像願景而不像實際方案，不過它們很快付諸實施。二〇一三年初開始有文件發出，說共產黨員必須打擊憲政主義、公民社會、自由新聞、普世價值與「虛無主義」史觀等「邪魔外道」。一項名為「關於當前意識型態領域情況的通報」、一般稱為「九號文件」的政府文件將這些禁忌具體化，由負責推動中央委員會與政治局命令的中共中央辦公廳於二〇一三年年中公布。[11]在一個由「文件政治」概念治國的國度，這項文件基本上等同法律。也就是說，媒體、甚至是大學裡，不再能討論這類禁忌議題。

最引人注意的是「歷史虛無主義」問題。根據九號文件的說法，歷史虛無主義「否定中國選擇社會主義道路的歷史必然性」，排斥黨的史觀，否定毛澤東的重要性。「歷史虛無主義的要害，是企圖通過否定中國共產黨歷史和新中國歷史，從根本上否定中國共產黨的長期執政合法性。」

為阻止另類版本的歷史擴散，政府自二〇一四年起禁止人民從香港攜帶政治書籍入境。[12]在這以前，中國旅客常在香港購買不能在中國境內出版的書籍，裝在托運行李中帶回內地。機場海關開始用X光檢驗行李，特別是對香港入境航班的行李檢查尤其嚴厲，許多禁書遭沒收。

二〇一六年，中國共產黨官方意識型態雜誌《求是》告訴它的黨員讀者群眾說，外國人為阻止中國崛起，正在質疑中共黨史，共產黨的出版審查運動也於焉風生火起。[13]中國已經是軍事強國，足以打敗外國侵略，但不能容許外國人或受到境外勢力影響的中國人挑戰黨的合法性：「現在武器不再能阻止中國崛起，海內外敵對勢力已經選擇以歷史虛無主義作為進取戰術。」

這項出版審查運動的一個主要打擊目標，是習仲勛曾為它題詞，讚美它「辦得不錯」的《炎黃春秋》。為《炎黃春秋》背書的，還有當年九十八歲、曾做過毛澤東私人祕書的李銳。在這些高官顯貴庇蔭下，《炎黃春秋》總能針對重大事件發表一些內部訊息。但在習近平的整肅下，即使是這些關係也救不了這份刊物。二〇一六年，《炎黃春秋》編輯被革職，線上檔案庫也遭下架。

那一年，《炎黃春秋》主編洪振快因為質疑共產黨極力吹捧的一篇神話而淪為官司被告。當時洪振快寫了篇文章，質疑共產黨編造的戰史故事「狼牙山五壯士」的真實性。[14]狼牙山是位於北京西南叢山峻嶺中一座孤峰。根據中共官方說法，五名紅軍士兵在這裡擊退一股兵力大得多的日軍。在彈藥耗盡之後，這五名紅軍躍下山崖，結果奇蹟也似生還。

洪振快在《炎黃春秋》撰文指出，這個故事既不符歷史紀錄，也與地理實情悖離。根據洪振快的說法，狼牙山山崖太高，由崖頂躍下不可能生還，五名紅軍應該不是由崖頂躍下，而是另尋小徑逃逸。「五壯士」的家屬隨即控告洪振快，法庭最後認定洪振快的研究損害了紅軍的「英雄形象與精神價值」。

拜幾十年來不斷升溫的民族主義情緒之賜，黨不必親自動手整治洪振快這類人士，膽敢挑戰黨史的人自然得面對憤怒的人民群眾。「中國國家互聯網信息辦公室」（簡稱網信辦）展開行動，要線上讀者向「違法和不良信息舉報中心」舉報歷史虛無主義情事。[15]網信辦為此設立專責網站與舉報熱線，接受「扭曲黨史」、攻擊黨領導、詆毀烈士或英雄與負面批判傳統文化的有關舉報。

那一年稍後，網信辦列舉必須受審的歷史事件具體實例如下：

- 狼牙山壯士沒有跳崖，而是尋小路逃生。
- 毛澤東最著名的詩「沁園春・雪」其實是毛澤東首席講稿執筆人胡喬木的作品。
- 毛澤東之子毛岸英是因為炒蛋炒飯，暴露陣地，而在韓戰中被炸死。
- 黨的最著名英雄雷峰的日記是假的。
- 「長征」的真正路程比官方宣稱的短。
- 紅軍避免與日軍正面交鋒。
- 黨的血腥的土地改革運動是項錯誤，至少是過於暴力。
- 美國從未計畫在一九五〇年代入侵中國，中國加入韓戰並非如官方所說是出於自衛。[16]

這些議題中，有些似乎微不足道，例如說毛澤東的兒子怎麼死的，或「長征」究竟有多長真的那麼重要嗎？但在中國共產黨創造的世界，這些卻真真切切是生死攸關的議題。容許民眾討論這類議題，會對共產黨統治中國合法性的關鍵信條形成挑戰。如果共產黨的英雄沒那麼英雄，如果毛澤東的詩文才賦沒那麼了不起，如果紅軍其實沒那麼拚死抗日，如果黨的土改是項血腥的錯誤，那黨究竟憑什麼統治中國？

***

共產黨要的不再只是鎮壓異己，而是要全面掌控意識型態領域，這些措施就是這場全面掌控行動的一部分。如果說，黨在過去睜一隻眼閉一隻眼，容忍若干形式的歷史異議（例如容忍《炎黃春秋》這類雜誌），它現在已經大睜兩眼。它要全面壟斷歷史。

習近平提出自己的黨史決議，作為這一切集大成之作，這是自鄧小平的一九八一年決議，以及毛澤東的一九四五年決議以來的第一項黨史決議。在二〇二一年一次解釋這項決議的講話中，習近平明白表示，他不會為黨在毛統治期間犯下的錯重翻舊帳。他說，一九四五與一九八一年的決議已經處理完這些老帳。他的新決議只會回顧過去四十年，為日後訂定新方向。[17]

但甚至是幾十年來的改革也大體上在這項新決議中被忽略。在這段改革期間，影響最深遠的事件首推一九八九年天安門大屠殺。這項決議中以一種輕描淡寫的方式將這場動亂一筆帶過：

> 由於國際上反共反社會主義的敵對勢力的支持和煽動，國際大氣候和國內小氣候導致一九八九年春夏之交我國發生嚴重政治風波。黨和政府依靠人民，旗幟鮮明反對動亂，捍衛了社會主義國家政權，維護了人民根本利益。[18]

至於鄧小平如何廢了自己親手提拔的兩名黨領導人胡耀邦與趙紫陽，新決議中隻字未提。

此外，境外勢力支持北京天安門抗議事件的說法也不正確，因為外國政府一開始根本毫不知情這些抗議。事實上，美國等國急著大事化小，還在事件過後迅速恢復與中國的外交關係。

對於其他危機，也是或者不予理會，或者一筆帶過。新決議沒有提到一九九九與二〇〇〇年對法輪功的鎮壓。法輪功成員在北京市中心區不斷抗議了一年多，過程中有人自焚，有人在遭警方羈押期間死亡。新決議還說，黨「克服」了二〇〇八年汶川地震這類天災，與SARS疫情。事實上，由於豆腐渣工程使然，汶川地震奪走了好幾萬條人命，黨在一開始也試圖隱瞞SARS疫情，直到幾個月後疫情爆發，才不得不採取行動。之前的黨史決議，至少也會提到早先發生的類似危機，以證明新領導人確有掌權的理由。

習近平沒有用這些危機作為攻擊之前領導人的棍棒，他採取更加謹慎的做法，以迂迴手段抨擊之前的領導人。他說，到二〇一〇年代，中國出現「不平衡、不適當的發展」，阻礙「人民愈來愈大地過好日子的需求」。換言之，貧富差距問題已經嚴重到難以收拾，黨必須改變江澤民與胡錦濤統治期間採取的經濟快速成長政策。一旦認清這點，就不難了解習近平何以敵視民營企業與市場力，獨鍾國家領導的發展。

新決議對前幾屆政府的貪腐批判火力最猛：

> 同時……管黨治黨一度寬鬆軟，帶來黨內消極腐敗現象蔓延、政治生態出現嚴重問題，黨群關係受到損害，黨的創造力、凝聚力、戰鬥力受到削弱，黨治國理政面臨重大考驗。

決議中繼續指出，在習近平領導下，黨在採取「歷史性創舉」以解決這些問題的過程上已經取得巨大進展。這意味習近平要用較好的自我治理監督政府官員，不讓媒體或獨立司法機構等外來力量介入。

習近平更關心的，不是如何處理歷史問題，而是如何利用歷史。誠如他在一篇解釋這項決議的講話中所說，要「重新體驗黨的光輝，認識黨如何團結與領導中國人民取得輝煌成就。」就這樣，這項新決議有三分之二，談的全是中國如何在習近平主政第一個十年之間愈來愈強。

＊＊＊

想了解執政當局這種對歷史的執著為地方基層帶來的影響，不妨考慮上海西方句容縣一處道觀的例子。我自一九九〇年代起就在研究這處曾經規模龐大的道觀的歷史。我有一次提出申請，想查閱有關這處道觀在二十世紀初期到中葉間被毀，以及幾十年後重建的政府紀錄。新華社一位記者幫我牽了線，找上句容縣政府一個部門。[19]

第二天，我應邀拜訪句容縣政府檔案室，來到代表中共大力控制歷史紀錄的一處微觀世界。句容位處南京附近，是個縣級市，人口略超過六十萬，約占中國總人口千分之零點五，但這個檔案室只有十名工作人員。其中有些人負責例行工作，如發出生與死亡證明等等，但在我到訪時，幾乎每個人都忙著編寫一份名為「縣誌」的官方地方史新版本。檔案室主管告訴我，句容縣最後一本縣誌編撰於一九九〇年代初期，現在他們要發行新版，將寺廟史納入其中。新版縣誌將成為所有地方教科書與歷史的唯一來源，無論是觀光客在寺廟的導覽手冊上讀到的，或是學童在學校學到的地方史，都以這份縣誌為準。

個別寺廟、清真寺與基督教會可以發行自己的手冊，但必須以官方史為依據。官方史記錄什麼或刪去什麼，可以決定民眾對本地宗教生活的了解。而且當然，不僅是宗教生活，舉凡政治、農業、工業、文化與貿易，一切的一切都是如此。一切歷史紀錄都得由黨定奪。

我們穿過辦公室，來到一名男子的桌案邊。這名男子負責撰寫縣誌中的宗教篇，介紹句容縣境所有宗教組織的歷史。他之前已經遍訪地方宗教領導人，從各處禮拜場所蒐集了相關材料。現在他正對宗教篇的定稿進行最後修正。他告訴我，在這一章納入新縣誌以前，由地方黨幹部與高級政府官員組成的編輯委員會審查稿件。不過由於這篇稿件之前已經通過審查，他相信最終定稿不會有多大出入，所以他影印了一份複本給我。

回到家以後，我立即翻閱稿件中有關道觀的部分。句容縣道觀區一度有幾百座道觀。它彷彿一處大型修道院群，相關建築物散落在幾座人稱茅山的山谷中。千百年來，它成為一派宗教，一直是中國最重要的道教中心。也因此，就像一座歐洲大天主堂的歷史一樣，茅山道觀區的歷史也重要。我迫不及待想知道這段歷史如何呈現。

我從這個地區的口述歷史中得知，這些道觀僅曾在中日戰爭期間遭入侵日軍破壞。主要因為共產黨游擊隊用它們作為藏身之地，日軍放火燒了一些道觀。但在日軍占領期間，大多數道觀未遭兵燹，而且很快恢復運作。真正的大毀滅發生在一九六〇年代末文革期間。在那段動盪歲月，紅衛兵放火將道觀木造結構夷為平地，還刨起它們的石基，拋落山腳下。[20]許多古中國文明實體遺跡，就這樣在一場自我文化種族滅絕的過程中毀於一旦，茅山道觀的故事也因此成為中共如何打擊宗教、摧毀無價文化遺跡的例證。

我讀過之前一九九八年發行的句容縣縣誌，其中間接提到這類事件。[21]縣誌中說，茅山道觀區直到一九四〇年代仍在進行宗教儀式，但之後這些道觀遭「極端分子」毀損。縣誌中沒有詳述事件細節，但不難想像當年發生了什麼。新版縣誌隻字不提這些事件。日軍毀了茅山道觀，直到一九九〇年代重建。如此而已。

早先版本的縣誌內容所以比較直白，並非偶然。因為它在發行時，文革那段大毀滅的記憶猶新，太多目擊證人仍然在世，任何方式的完全洗白都會被抓包。此外，出版業蓬勃發展的一九八〇年代也是共產中國比較開放的年代。不過新版縣誌一筆勾消文革的做法仍讓我感到驚訝。

句容縣縣誌是二〇二一年事態發展的先聲。就在這一年，共產黨發表《中華人民共和國簡史》，將有關早先幾場大災難的少量敘述也完全抹殺。這與事件距離愈久遠，有關敘述愈公允的趨勢背道而馳。在一般情況下，距離事件發生的時間愈久，有關討論愈能直言無諱，但在中國，時間拉得愈遠，反而使歷史淪為一種要經過黨批准核可的諷刺畫。

憶往事：中國國家博物館

想認清共產黨永無止境、玩弄歷史的手段，最好的地方莫過於中國國家博物館。這是一座位於北京天安門廣場的石造兵營式龐然大物。它建於一九五九年大饑荒鬧得最凶的那段時間，是紀念共和國建國十週年的「十大項目」之一。它在十年前大幅改建，抹去了毛統治時代的若干傳承，創造出一種帶有國際風的博物館。只是這座博物館總處在惶惑不安的狀態中，彷彿隨時得等著黨一聲令下、立即改造一樣。

這座博物館位於天安門廣場東側，與位於西側的人民大會堂遙遙相對。同樣氣氛凝重、壓得讓人無法喘息的人民大會堂，是中國政治系統的公開面貌，裡面設有中國所謂的「國會」，以及各式各樣用來顯示開放、共識的共產黨統治特性的機構。國家博物館的角色就是向民眾訴說這些神話。在一開始，國家博物館分中國革命博物館與中國歷史博物館兩個機構，但現在合而為一，就像中國歷史與革命同出一體一樣。

在這兩間博物館中，中國歷史博物館的展品管理相對簡便。與今天一樣，它在成立之初的主要概念，就是展示可以榮耀中華古文明的「大師級作品」。國民黨在內戰戰敗後於一九四九年撤往台灣，也將中國最頂級的書畫、瓷器與銅器帶往台灣。但中國考古學者很快也有一連幾項標竿性發現，諸如西安的兵馬俑，湖南一具覆蓋玉石的木乃伊，還有甘肅的一匹飛馬。中國歷史博物館位高權重，可以強徵這些古物，迅速造出規模驚人的古文物展。

中國革命博物館的問題則難纏得多。後來成為革命博物館館長的王冶秋，在回憶錄中談到他於一九四九年隨共產黨軍隊進入北京，他直接前往一所監獄，找到一九二七年用來吊死共產黨創黨人之一李大釗的絞刑架。這個絞刑架成為革命博物館的第一件收藏品。做這個決定不難，不過歷任館長們很快就在如何處理毛澤東，與革命史上其他各種棘手篇章的問題上栽了跟頭。

革命博物館原訂一九五九年十月一日開幕的計畫因這些問題而延後。那年早先，總理周恩來在參觀了革命博物館預展之後說，展品內容對「紅線」（就是毛澤東思想路線）的強調不夠。兩天後，館長王冶秋在奉命出席一項會議時接到指示，展品「必須以毛主席的正確思想與革命路線為指導原則，以示政治掛帥。」[22]

之後兩年，為遵奉不斷變化的黨路線，王冶秋只得不斷改變展出內容，但仍不斷遭到到訪的不同高級領導人的訓斥。舉例說，經過修訂後的展館只展出一幅李大釗的照片，讓到訪的鄧小平勃然大怒，直呼「完全不能接受」。[23]展館官員於是又一次忙著重新安排展品，下架一些毛的東西，強調革命早期的文物。但之後毛的保安頭子康生到訪，又下令展品內容必須以毛為主。

又經過幾番折騰，革命博物館終於在一九六一年七月一日開幕。五年後，兩個展館都因文革爆發而關閉。它們在一九七九年重新開館，但在之後二十年間，文化官員絞盡腦汁尋找政治領導人可以接受的歷史詮釋，兩個展館也因此閉館時間多，開館時間少。

官員們開始將它們視為令人尷尬的歷史遺跡，二〇〇一年，兩個展館都無限期關閉。就在那一年，北京贏得二〇〇八年奧運主辦權，但主要因為北京欠缺世界級文化機構，一家英國研究機構在研究報告中將北京評為與華沙和曼谷同級的「三流」城市。[24]這篇報告在中國引起廣泛討論，當局也因此開始重視歌劇院、博物館、電影院與音樂廳的興建。

這兩座位於天安門的博物館於是成為聚焦重點。這兩座場館矗立在北京市中心區，是全國各地博物館的楷模。兩館館長為副部級官員，負有招待海內外貴賓顯要之責。擁有如此顯要地位的博物館必須能與羅浮宮或大英博物館並駕齊驅。於是官員決定合併這兩處博物館，取一個比較不具共產黨味的名字「中國國家博物館」。他們聘請一家著名德國建築公司重建場館結構，明文規定新場館必須擁有足夠展示空間，成為全球最大單一屋頂下的博物館。[25]

這項耗資四億美元的整修工程，用一道滿載咖啡屋與禮品店的玻璃中庭，將兩棟原始場館建築結合在一起。新博物館擁有二十萬平方公尺的展示空間，在規模上超越紐約第五街的大都會藝術博物館，成為全世界最大單一屋頂下的博物館。為創造這種全球最大展示空間，德國建築師在結構體後方加上巨型新藝廊，還建了一處龐大的地下展區，展示中國古文物。展場面積廣達五萬平方公尺，複製原本中國歷史博物館樣貌。展品內容除了著名考古發現以外，還要證明中國所有五十六個族裔團體一直都能融洽共處。甚至連曾於十二世紀征服中國的蒙古帝國，也成為這個民族融合故事的一部分；這個故事就是今天多文化中國的前身。

博物館後方展區展出的項目五花八門，看得人眼花撩亂。有些項目具有時間性、饒富趣味：例如慶祝中國新年的民俗藝術，或顯示過去中國人如何計時的古代天文儀器等等。不過許多項目有更濃厚的政治色彩。館內有很大一塊空間像倉儲一樣，擺滿中國領導人在出訪他國時獲贈的藝品。這些藝品一件件堆在一起，除了表達外國對中國的尊重以外，並無其他明顯用意。其他展廳展出一些政治關係良好的藝術家、書法家或建築師包場的作品，這些展覽大多只持續一兩週，或許展出用意在於推崇這些藝術家，但並不真正指望民眾會前來參觀，或從中學得什麼。在二〇一〇年代，曾有幾年間，義大利、法國、德國著名博物館為建立跟中國的良好關係，還將館藏藝品送來這裡展覽。而即便是這類展覽也高度政治化，例如說國家博物館重開後舉行的第一場外國文物展以德國「啟蒙運動」為主題，但卻刻意迴避了普世權利等啟蒙運動期間的重要理念。[26]

但這座新國家博物館的主展區坐落在前方，就在主入口左側。它由老的中國革命博物館改建而成，現在名為「復興之路」。

這套中國備受西方強權凌辱的歷史故事主軸，經由教科書、電影與電視的不斷反覆強調，一代中國人早已耳熟能詳。之後，一些用心良善但遭到誤導的愛國者發動反西方抗爭，直到有了共產黨正確領導，這場鬥爭才走上正軌，並於一九四九年取得必將到來的勝利，展開中國復興之路。果然不出所料，在這整段歷史敘述過程中，涉及文革的部分只有一張圖片與三行文字，而有關大饑荒的歷史則根本隻字不提。我們看到的是一九二七年李大釗的絞刑架，有關長征的照片，有關毛澤東宣布人民共和國建國的畫，還有鄧小平訪問美國德州時戴的那頂牛仔帽，以及胡錦濤在二〇〇八年視察北川地震災區時穿的一件安全背心。

對許多中國人（當然包括博物館館長），這項展覽現在已經是習近平二〇一二年上台儀式的背景。習近平在這裡發表「中國夢」演說，說他要領導中國「偉大復興」。事實上，國家博物館網站現在就以這篇演說為博物館歷史主軸。館長王春法在向訪客致詞時得意地說，這裡是「中國特色社會主義新時代的發源地」。[27]

二〇一八年，博物館繼「復興之路」之後推出「新時代」展。二〇一七年，習近平廢除任期制，宣布「新時代」到來，表示要在可預見的未來繼續統治中國。「新時代」展展品包括新式軍事武器裝備、衛星與鐵路模型等等，主要強調習近平統治期間各項成就。[28]展館裡放映習近平發表演說或外出視察的影片。玻璃櫥櫃裡陳列習近平寫的幾十本著作，還有一些顯示習近平如何親民的證物，包括他上餐館消費的收據，以說明他的節儉。位於展館中心的櫥櫃，擺著習近平宣誓就任總書記時手握的那本憲法。

習近平的至高無上在國家博物館主頁清晰可見。主頁英文版列有關於新表演與展覽的資訊。但中文版網站有一個習近平照片展，內容包括他在二〇一二年造訪國家博物館，在二〇一八年前來參觀展示他的成就的「新時代」展，以及他帶領外賓在館內參觀的畫面。事情真相很快明朗，原來習近平本人才是展覽主秀，而且這場秀的閉幕日已經無限期延期。

第二部

現在

破山中賊易，破心中賊難。

——王陽明，一五一八年

7 失憶症的極限

一九九〇年初，中國最著名異議人士帶著妻兒，困守在北京美國大使館中，眼睜睜望著他們的國家在暴力與嚴懲中顫抖。在前一年的六月，北京當局鎮壓學生領導的天安門廣場抗議活動，殺了數以百計學生，讓更多學生流亡。方勵之逃進美國大使館，等待讓他離境的交易。在帶著家人藏身大使館，於一間原本用作診療室的無窗房間住了十三個月後，他終於得以移居亞利桑那州。

跌落失望谷底的方勵之在大使館裡寫了一篇〈中國失憶症〉，解釋悲劇何以不斷降臨他的國家。[1]方勵之寫道，共產黨以絕對徹底的手段控制歷史，讓絕大多數中國人始終不知道它那套永無止境的暴力循環。結果是，中國人只知道他們親身經歷的事。經歷過文化大革命的人知道文革是什麼樣子，但對文革前十年發生的大饑荒一無所知。他回憶道，參加天安門抗議的那些年輕人，就連十年以前發生的「民主牆」運動都不知道，更別說文革或大饑荒了。方勵之寫道，由於每一代人都對過去一片空白，遂讓共產黨可以無中生有，任意進行它的灌輸運動。

> 每過十年，這種將真實歷史從中國社會記憶中完全抹掉的事總是一再發生。這是中國共產黨「忘記歷史」政策的目的。為了讓整個社會陷入持續不斷的失憶中，這個政策要求凡是不符合共產黨利益的歷史訊息，不能在任何演講、任何書籍、任何文件，或者其他任何媒介中表達出來。

在方勵之撰寫這篇〈中國失憶症〉時，中國共產黨對資訊的控制幾已堪稱滴水不漏，只有極少數最有關係的人才可能知道這個共和國歷經的種種創傷，而在人口十幾億的中國，這樣的人可能只有寥寥數千人。共產黨發表了一些有關文化大革命的資訊，但它既有選擇性，能夠取得的人也有限。例如大饑荒，或在一九五〇年代初期造成好幾百萬人死難的土地改革等其他事件，在中國都是禁忌。大多數人只知道本身親歷的事，對其他一切幾乎一無所知，而這正是黨的計畫。

相對於過去，方勵之這篇文章這時看起來似乎更切中要害。這時的共產黨擁有強大的技術官僚體系作為管控歷史的後盾，中國領導人已經鐵下心腸，要洗白過去，要創造讓國民銘記在心、信以為真的故事。中國似乎已經徹底染上了失憶症。

但實情並非如此。方勵之準確描述了一九九〇年代初期中國的狀況。不過在接下來幾年，一種新趨勢開始出現，政府不再能壟斷歷史，例如新科技為許多中國最有影響力的思想家開創了一種新集體記憶，而為了因應這種變局，共產黨管控歷史的手段也愈來愈嚴厲。

***

德國的埃及古物學者楊·阿斯曼（Jan Assmann）在古文明的研究中，找出了兩種形式的記憶。一種是「文化性記憶」（cultural memory）。[2]這種記憶用神聖經文與信念將一個社會結合在一起，它們不必真實，而且往往也沒有人指望它們全然精確。但大家共享這些神話與故事，從而聚在一起。埃及人相信法老王是類似神一樣的人。希臘人相信雅典娜是雅典守護神。猶太教、基督教與穆斯林相信「大洪水」，相信諾亞造方舟救了人類。中國人相信大禹治水。這種文化性記憶能答覆有關我們源起的基本問題，從而將人群結合在一起。它們出自學者、聖人或朝廷指定史官等專人手筆，然後代代相傳。

另一種是「傳遞性記憶」（communicative），是人們或他們的家人直接經歷的記憶。這類記憶一般出現在三代內，也就是說這些記憶是一代人，或他們的父母或祖父母的親身經歷，可以直接傳遞，通常經由口述，在家族內或向友人傳遞。這兩種記憶一般不會衝突：**文化性記憶講述創造文明的神話故事，傳遞性記憶則是個別人士對現況的敘述**。[3]

共產黨將這兩種記憶攪在一起，用神話解釋不久以前的過去。這樣的神話與人們的傳遞性記憶，換言之，就是人們透過本身直接經驗，或透過與仍然在世者的對話，知道的確實屬實的現實，兩者是互相衝突的。直到不很久以前，對共產黨來說這還不是大問題，因為它只造成幾小塊脫鉤群體。儘管或許有數百萬人知道共產黨用極端手段在天安門清場，但黨控制了教科書與媒體，迫使這些群體孤立，與社會脫鉤。其結果是，大多數人相信政府有關天安門事件的說詞。隨著災難目擊證人一天天老去凋零，他們的記憶也逐漸灰飛煙滅，留下來的只有政府的版本。這就導致方勵之所說的失憶狀態。

但在那以後，兩件事有了變化。其一是，一個人就算早已作古，即使不能控制政府媒體，那人的記憶仍可以保存下來，傳給後世。其二是，遭到孤立的群體現在有了串聯的能力。大群民眾於是發現自己並不孤單，發現官方說法與自己親身經驗不符的大有人在。在本書第四章結尾，中國時評人士崔衛平就說，《星火》雜誌的存在意味她與其他異議人士並不孤單，就是這個意思。

造成這種變化的轉折點是數位科技。這指的不是三十年前人們心目中的「網際網路」。三十年前，網際網路像是一股無法控制、幾近神奇的力量，可以跨越審查、在全球各地傳播真相。但沒多久情況明朗，獨裁國家很快學會運用審查與軟體控制網路內容。

但數位科技讓人們可以運用過去不可能辦到的方式分享經驗。《星火》又一次成為範例。《星火》出刊未久就遭查封，所有複本都被沒收。當文革結束，當事人可以檢視人事檔案時，他們見到警方保存的《星火》複本，用手將它們抄下來。但這些手抄本仍然只是他們的私人珍藏，只在幾十位劫後餘生者之間流傳。

這些記憶研究中所謂「運載群體」（carrier groups）的人群，如果能接觸媒體，原本可以在中國造成立即影響。儘管他們大多不具備這種條件，但由於一九九〇年代數位科技興起，他們的知識仍得以流傳。以《星火》為例，他們可以將這本雜誌轉成PDF檔，用電子郵件傳給其他人。就這樣一點一滴，滾雪球般，這本雜誌的名聲愈來愈廣。原本大體屬於個人記憶的東西成為集體記憶。不過，並非所有中國人都知道這本雜誌，但有相當多的人知道它，而且其中許多是受過高等教育、有影響力的人。

另一位記憶理論學者阿蕾達·阿斯曼（Aleida Assmann）①說，這種現象就是「儲存」（stored）與「功能」（functional）兩種記憶之間的差別。[4]數位科技讓事物可以儲存，不受時間自然腐蝕或審查當局碎紙機的影響。但它們只有在能夠加以使用時才能發揮功能。阿蕾達·阿斯曼說，這就像博物館把原本儲存在庫房裡的東西轉移到展示櫃一樣。政府檔案以及受害人團體的努力，讓《星火》的記憶得以存在，但它仍是儲存性記憶，社會大眾接觸不到。數位科技則使它成為功能性記憶，讓成千上萬、甚或好幾百萬人讀到《星火》，從而取得靈感，然後拍電影、寫書、發表文章，就算這些人並不因網際網路而互通聲息。不但這樣，他們現在還可以共享資訊，創造更大的批判群體。

這類科技轉型使許多中國人可以輕易看穿政府宣揚的那套歷史版本。政府的宣傳官員可以用大量官方說詞在媒體洗版，可以設法阻撓他們不喜歡見到的資訊。這種精密的審查形式意味著，大多數人會贊同政府對事件的說詞。但令人稱奇的是，質疑聲浪仍然持續不斷，而這讓習近平這類領導人將控制歷史列為他們施政的最高優先事項。[5]

＊＊＊

中國地下歷史學家的崛起之所以重要，是因為它出現在一種嚴密管控的政治環境。但同樣重要的是，它是一股全球性走勢的一部分。事實上，如果我們觀察我們自己的國家，無論在非洲、美洲、亞洲或歐洲，我們會見到我們都生活在一種記憶大榮景中，例如說有愈來愈多書籍、電影、展覽、藝術品正在設法透過過去對現在提出解釋。而且在大多情況下，目擊者對過去的說法差異還愈來愈大。

在西方國家，這股走勢於一次大戰結束後展開。由於識字率普及，出版成本降低，以及電影產業崛起，使數以百萬計民眾可以透過「砲彈休克」（shell shock）概念了解這場帶來巨大創傷的戰爭。就算那些未曾親赴前線參戰的人，也能感受他們這代人承受的戰鬥之慟。這種認同與創傷的融合成為全球常態。在過去幾十年，共同創傷不僅成為代表世代的標籤，還成為代表人群、甚至國家的符號。例如說我們只要提到「納粹大屠殺」就會想到以色列，提到「南京大屠殺」會想到中國，提到「種族滅絕」則會想到亞美尼亞。

① 譯者注：前述學者楊・阿斯曼的妻子。

這類記憶有的發生在戰場、博物館、小說、詩歌與信件等有形領域。但近年來，這類記憶同時也發生在學者傑伊・溫特（Jay Winter）所謂「記憶場域」，這是由電影、電視或戰爭罪審判紀錄片組成的一種虛擬世界。在大多數案例中，口述歷史在這種虛擬世界的地位更重要，許多人認為口述歷史更能真實描繪過去的事件。[6]

但記憶是個讓人憂心的東西。我們從本身生活經驗中得知，隨著年齡漸長，我們的記憶也不斷變化。這種容易變形的特性在「集體記憶」概念中尤其真切。有人用「集體記憶」表示鐫刻在一個國家集體意識中、一種不變的苦難回憶。但這種做法過於簡單，因為記憶確實是會因時變化的。由法國哲學家摩里斯・哈布瓦赫（Maurice Halbwachs）原創於一九二〇年代的「集體記憶」一詞，原本有更精確、有用的意義：人群在記憶時，形成一種人數可能多達好幾百萬的集體，但每個人對過去仍然保有自己的專注與解讀。隨著這些人逐漸凋零，集體逐漸解散，記憶也消失了。

就這種意義而言，集體記憶頗能適用於中國的地下歷史學家。他們透過數位科技確實形成一種集體記憶，並且嘗試以群策群力的方式改寫中華人民共和國的歷史。再以阿蕾達・阿斯曼的比喻來說，雖說大多數中國人無法進入展館，但這些記憶現在已經搬出庫房，進了博物館的展示櫃。這項過程進度緩慢，歷經數十年。有一個人將這種走出沉默、訴諸言語的過程發揮得淋漓盡致，想了解這項過程，觀察他就行了。他是中國半世紀來最偉大作家之一的小說家王小波。

＊＊＊

在整個一九七〇年代末期與一九八〇年代，許多中國作家發表有關毛統治期間創傷的作品。像中國過去帝王統治期間一樣，他們大多是政府官吏，忠心為國，他們或許有異議，但從未動過推翻系統的念頭。但就算只是提出最卑微的一點意見，他們仍不免遭到毛澤東迫害，下鄉勞動，扒糞幹活。許多人寫出後來所謂的「傷痕文學」，回憶像他們一樣的知識分子當年承受的苦難。這些作品幾乎全是自艾自憐、平淡無奇之作，作者會憤憤不平，但對這個殺了千百萬人的系統卻並無反思。

隨後在一九九二年，一位名叫王小波、名不見經傳的作家，以極其荒唐的手法模擬早先這些作品寫了本稀奇古怪的中篇小說。[7]小說講述文革期間，下放到緬甸鄰近邊區的兩位年輕情侶的滑稽搞笑、荒誕不經的故事。兩人在邊區有了婚外情，遭官員逮到，被迫不斷寫自白書，還被迫在鄉間各處遊街，重演他們的罪行。兩人之後逃入山區，但又折返接受更多處罰，直到有一天終於獲釋。兩人並無悔意，只是感到有些錯亂。

這本小說因為談到性愛，立即爆紅。它無所不在，荒唐而搞笑。除了「性」以外，最令人震驚的是書中對知識分子的描繪。在王小波這本小說中，知識分子幾乎像控制他們的那些黨官一樣壞。小說男主角引誘戀人上床，與在地人滋事打架，在工作時磨蹭閒蕩，像那些折磨他的人一樣詭計多端。小說的書名讓全書更加光怪陸離。它叫做《黃金時代》，讓許多人看了嘖嘖稱奇，無論什麼人，無論什麼國家，哪有可能有這樣的黃金時代。

作者本身情況同樣令人費解。王小波住在北京，在北京工作，但不是國家作家協會會員。他的小說一開始甚至沒能在中國出版。但在台灣出版過後，《黃金時代》開始在中國出版，並且立即暢銷。王小波之後又寫了許多小說與文章。他特別受大學生歡迎，大學生愛他的詼諧、反諷與幽默，當然還有「性」。

王小波受到妻子李銀河的極大影響。李銀河是中國性學權威，曾經研究中國男女同性戀運動，發表相關著述。近年來她致力為跨性與雙性戀者發聲。

王小波與李銀河於一九七九年相識，隨於翌年結婚。李銀河是毛澤東時代社會學禁令解禁後的新一代社會學者，兩人一起留學

匹茲堡大學，李銀河拿到博士學位。兩人回到中國後，共同執筆，寫了一篇開創性的研究報告《他們的世界：中國男同性戀群落透視》（*Their World: A Study of the Male Homosexual Community in China*）。李銀河後來成為中國社會科學院院士，王小波則在人民大學與北京大學任教。

一九八九年學生運動在一陣波濤洶湧後重歸平靜。像他的友人、前文提到的夾邊溝紀錄片製片人與女權運動學者艾曉明一樣，王小波不清楚這場沒有組織的學生運動會造成什麼後果，大體上對事件保持沉默。

王小波最著名的一篇文章〈沉默的大多數〉就以「保持沉默」為主題。[8]他在文中寫道，在毛澤東統治時代，毛思想、毛理念與毛說的話，夜以繼日、鋪天蓋地而來，讓每個人都閉上嘴。這種經驗留下一道瘡疤。對王小波而言，這道瘡疤意味著，「我不能信任那些屬於話語圈的人。」尋找聲音就此成為他為自己、為中國社會訂下的目標。

他因此找上中國的同性戀族群。弱勢族群也是沉默的族群。他們沒有話語權。社會有時甚至否認他們的存在。於是王小波有了種頓悟：中國社會大多沒有聲音，這不只是性傾向特異的族群，還包括學生、農民、外來人口、礦工、生活在城市中即將拆除的老區裡的居民等等。這些人不僅是少數特殊利益團體，他們代表一大片中國社會。

> 然後我又猛省到自己也屬於古往今來最大的一個弱勢群體，就是沉默的大多數。這

> 些人保持沉默的原因多種多樣，有的人沒能力、活著沒機會說話；有的人還有些隱情不便說話；還有一些人因為種種原因，對於話語的世界有某種厭惡之情。我就屬於這最後一種。而身為這樣的人，我有責任說出我眼見與耳聞的事。

巴黎史學家魏簡（Sebastian Veg）以研究王小波的想法而在中國名聲遠播，他認為，一九八九年天安門大屠殺為王小波帶來巨大震撼，讓王小波質疑自己沒有支持抗議的學生。王小波逐漸覺察到，抗議學生儘管立意崇高，但做法失於老舊過時，他不能支持他們。這些學生自視為正統知識分子，要影響國家，因發現遭到忽視而憤怒。王小波對社會有不同的看法。核心問題在於，中國社會分裂成許多群體，而這些群體都太弱，無力與國家權力對抗。中國沉默的原因就在這裡。他終於知道他必須寫些什麼了。[9]

一九九一年，王小波完成他自一九七二年從雲南返回起已經著手的《黃金時代》。他不知道應該怎麼發表，遂將一份抄本送給曾在匹茲堡擔任他指導教授的著名史學家許倬雲。許倬雲把它交給台灣著名中文報紙、每年在台灣舉辦文學獎比賽的《聯合報》。王小波贏了大獎，就此走進他所謂「喋喋不休的瘋人院」——話語世界。

***

《黃金時代》的成功使王小波成為著名公眾知識分子。只是他的盛名只持續五年，因為他於一九九七年心臟病突發去世，享年只得四十四歲。但在這五年間，他率先運用網際網路，在中文媒體發表許多作品。他直接、間接影響了包括艾曉明等一代中國人。在他感召下，閻連科與廖亦武等作家也開始發表文章，描述囚犯或毛統治時代受害人等等社會上最容易受害的人群。中國導演賈樟柯常說，由於受王小波的鼓舞，他的作品主要討論個人的故事，而不是政府屬意的集體敘述。

王小波本人受到許多思想家的影響。在毛澤東治下中國成長的他，年輕時私下閱讀羅素（Bertrand Russell）的作品，開始在內心深處植下個人自由的理念。在匹茲堡留學期間，他也讀了傅柯（Michel Foucault）與他針對個人與國家權力關係提出的敘述。[10]傅柯不僅影響王小波的思考，想了解王小波本人在中國社會扮演的角色，傅柯的論述也是重要指標。傅柯認為，知識分子會逐漸走出自由、道德、存在等普世性主題，進入他們擁有專業知識的特定領域。他們運用這些專業知識可以有效干預公共辯論，為窮人、移民、愛滋病受害人這類弱勢群體發聲。

在西方社會，這種走勢於二十世紀中葉展開，但在中國，這一切直到數位革命出現才成為可能。數位革命使中國思想家不必仰賴政府控制的製片工作室或出版社，也能拍影片、發表作品。自一九九〇年代末期起，這些地下歷史學家製作許多突破性的歷史作品、紀錄片與文章。幾乎完全按照傅柯所說的模式，這些中國知識分子開始運用他們的專業知識在相關領域進行干預。他們一點一滴發掘遭到忽略或遺失的歷史，同時也創造供其他人使用的新資訊。

在這類「草根知識分子」中，我們更容易聽到詩人林昭、作家艾曉明或江雪等女性心聲，更容易聽到伊力哈木・土赫提（Ilham Tohti）等被囚禁的維吾爾知識分子的心聲，而這當然並非偶然。在以男性為主的儒家知識分子傳統，或講究名氣輩分的中國小說家世界，他們的聲音往往遭到排斥。[11]

王小波在一篇個人經歷的自述中，談到自己決定挺身發言的另一個重要原因。他為的不是加入憂國憂民的儒家傳統，而是一個自私的考量。他寫道：「我最希望提升的是我自己。這個理由有些可鄙；它很自私，但也很真實。」

他將這個動機與其他草根知識分子分享。曾目睹繼父在大饑荒期間餓死，由記者轉入歷史研究的楊繼繩，決心以記錄大饑荒史實為終身職志。影片博主張世和曾當過修築鐵路的奴工，後來決定記錄這段歷史。艾曉明眼見婦女遭到壓榨，江雪察覺祖父的死因。還有人因為政府處理新冠疫情手段荒謬，家產遭到沒收，顛沛流離。他們都因為這種種個人理由挺身而出。這些現象或許狹隘、有限，但當人們努力了解、描繪自己的人生時，社會也因此轉變。

憶往事：地主的華廈

楊家溝是黃土高原上一個與眾不同的村落，它有經過鋪設的街道，它的窯洞整潔，居民也富有。所以能這樣全拜毛澤東所賜。毛在一九四七年遷入楊家溝住了幾個月，為共產黨在內戰的勝利奠基。在官方媒體搖旗吶喊下，紅色觀光客長年不斷，湧入楊家溝，體驗毛所謂內戰轉捩點的這個村落。[12]當年毛就領著共產黨軍，在這處恬靜山村休養了四個月，然後出征，邁向最後勝利。

但毛澤東為什麼來到這個村落？戰略考量是一個理由。楊家溝在黃河畔，一旦軍事行動失利，毛可以藉黃河水遁。但另一個原因是，楊家溝有中國最壯觀的一處窯洞建築：馬氏新院。

馬家祖上於十八世紀遷入楊家溝，經過幾代勤儉持家，邊務農、邊經商，逐漸成為地方望族。到二十世紀初，馬家已經十分富裕，開始將子弟送往中國頂尖學府，甚至到海外念書。其中一人是馬新民。他在上海交通大學學建築，之後留學日本深造。他於一九二八年返回楊家溝，滿腦子是如何讓中國現代化的新思想。

馬新民回國後不久，一場大旱災爆發。饑荒接踵而來。根據傳統社會秩序，他得擔起慈善地主的擔子，幫助為他耕種的佃農。熱愛建築的他，想出一個既能幫助佃農，又能一圓建築夢的辦法，用家中穀倉儲糧作為工資，開始建一座新家園。馬新民運用從西方學得的建築技術，在十一個窯洞入口的拱形屋頂下，建了一道長方形門廊。這座新家園的施工在之後十年斷斷續續進行，景氣好的時候，馬新民壓下進度，地方經濟不佳時他就加速進行。

就在這段期間，馬新民的一個弟弟與這時駐在附近延安的共產黨建立了親密關係。馬家精明地提供共產黨資助，共產黨也將馬新民奉為「開明人士」。共產黨當年為一些它原本不會容忍、但基於利害而需要容忍的人設計了許多封號，「開明人士」就是其一。這類封號只是一種戰術性的權宜舉措，不表示永遠會被共產黨接受，黨一旦認為不再需要那人，可以隨時收回封號。

根據觀光客們聽到的故事，當毛離開延安，往東尋覓藏身處時，馬新民向毛表示，願將新完工的馬氏新院提供給毛棲身。為證明馬新民的忠誠，共產黨還向觀光客出示馬新民當年寫下的一首讚美共產黨的歌，歌中有一句歌詞如下：黨像太陽，我是一朵花，跟著太陽，花才長得高。根據政府網站，馬新民於一九四八年離開楊家溝，在甘肅城市蘭州定居。他「老年過得很快樂」，於一九六一年安老以終，享年七十一歲。[13]

但實情並非如此，想來這也不足為奇。一九四七年年初，共產黨雖距離掌控中國還有兩年半之遙，但在它控制下的華西發動了一項土地改革。黨官員在楊家溝發行債券，從地主手中買下土地，然後分配給農民。

這種做法惹怒了毛澤東最惡名昭彰的一名打手，康生。康生在四〇年代負責監控黨的內部安全與監視系統，而且二十年後，他在文革期間又故技重施。對康生而言，土地改革的重點不是單純的土地再分配，而是要透過暴力完成再分配。農民需要有敵人，必須學習痛恨地主。於是黨找出許多地主，把他們醜化為危害鄉里、吸血的螞蝗。這樣的罪名對當年一些地主而言也確實不為過，但共產黨的土改重點不在懲罰濫權的地主，而在創造一種必須加以剷除的全國性敵人階級。根據康生這類激進派的說法，這樣做能讓農民對共產黨感恩戴德。14

但楊家溝的農民不想這麼做。事實上，在見識過黨官在土地分配過程中的貪腐不公之後，他們要求「先鬥（共產黨）官員，再鬥地主」。但共產黨堅持必須將矛頭指向地主。馬新民等人於是在群眾公審中「挨鬥」，地產也被剝奪。就此，馬新民被趕出落成未久的馬氏新院。

除了搶走土地以外，共產黨還要毀掉地主的名譽。地主的祖廟（地位有些類似西方國家的小鎮禮拜堂），以及楊家溝著名的拱門式建築「牌樓」也被剷平。牌樓是架在街頭的儀式性門樓，約兩層樓高，上面雕有各式木雕與用來紀念科舉時代金榜題名的題字。楊家溝在清代曾出過十幾位科考中舉人士，以這樣一處小山村而言，這是了不起的成就，而這項成就也歸功於村裡有錢人家願意捐錢興學。這些牌樓現在都毀了。

當然，觀光客在造訪楊家溝的時候聽不到這段歷史，但中國的地下歷史學家已經透過口述歷史揭露大多真相。其中最重要的人物，首推北京清華大學人類學家郭于華。她在二〇〇三年出版的《受苦人的講述》，就是以楊家溝為背景，根據多年實地訪查而完成的著作。15

郭于華的一項關鍵性發現是，當馬新民打造馬氏新院時，陝北地區鬧饑荒只是暫時現象，與毛澤東統治時期的情況不一樣。從一九四〇年代末，直到共產黨終於在一九七〇年代末允許恢復私有耕地為止，前後整整三十年間，陝北地區農民一直在饑荒的苦難中掙扎。

郭于華並且發現，毛統治時期發動的那些暴力鬥爭除了血腥殘酷以外，對中國社會還造成其他惡劣影響。家族、宗教組織一直是中國社會生活結構的重心。而共產黨的目的就是搗毀這些舊有結構，確立控制社會的新結構，同時還不讓任何來自共產黨統治前的組織或個人提出挑戰。

宗教慶典與節日原是中國人千百年來的風俗習慣，共產黨現在要用自己的儀式取而代之。如今牌樓拆了，人們再也看不到牌樓上那些諄諄教誨的儒家理念，代之而起的是用大聲公在大街小巷宣揚的政令。對惡鬼的儀式化攻擊沒了，被打成「地主」的真正的人卻被人活活打死。過去在農村地區，大家族依據傳統負有維繫社會安定的義務，現在位處遙遠北京權力中心的共產黨，推出自己一套規則，強令全國各地遵照奉行。

這項過程不只是用一套結構取代另一套結構而已。共產黨革命前的中國社會，是個各種門派思想、兼容並蓄的地方。皇朝帝廷遠在天邊，地方社會治理根本不是統治者本身的意識型態，而是儒家治術：儒家治術高於任何統治者思想。儘管行動過程往往充滿荊棘，獨立道德行動因此得以挑戰權威。但在一九四八年過後的中國，這種獨立思考、挑戰當局的可能性化歸泡影。共產黨與國家合體，造出一種人民共和國永遠無法擺脫的獨裁緊箍咒。

地方百姓自稱「受苦人」，因為只要碰上乾旱與饑荒，受苦的必定是農民。郭于華在她的書中就用「受苦人」一詞指這些可憐的農民，但她也用它作為形象比喻。就像小說家王小波的「沉默的大多數」理念一樣，郭于華也認為楊家溝的受苦人是中國社會遭到屠宰的象徵。

郭于華的研究使她成為最能為國家濫權受害人發聲的批判家。她繼續保有在清華的教職，但像許多地下歷史學家一樣，她也就此打住，不能更上一層樓。她得不到終身教職，沒有教職人員房，而特別是在北京這樣房價昂貴的城市，教職房是項重要的福利。她與她丈夫在北京郊外買了個房，每天通勤。她也一直配不到研究生，只能教些基本課程。她在二〇二二年提早退休。[16]

但在整個二〇一〇與二〇年代，郭于華一直是中國最有影響力的公知。早在二〇〇六年她第一次發表著作時，一度將楊家溝攪得雞犬不寧的那些動亂已經形同歷史遺跡，毛澤東統治時代已經是相隔一兩代人的舊事。但郭于華始終堅持，北京政權的獨裁面從來未曾消逝。北京的統治合法性從來不曾以民主或民意支持為基礎。不管推動什麼政策，無論是主辦奧運或搞外交，運用群眾運動始終是北京慣用的伎倆。郭于華出版過許多書，在中國各地旅行，在志同道合的小型公知圈集會上演說。特別是在古都西安發表的一篇演說尤其引人關注。

8
廢都

古都西安群山環抱，建於縱橫交錯的水系中。它位於黃土高原南方，黃土高原於是形成西安的天然屏障，讓來自今日蒙古的游牧民族無法南下牧馬。位於西安南方、呈抱拳狀環抱著西安的終南山，是華南與華北的分界，也是傳說中神人隱士的藏身所。西安距離海岸遙遠，但境內水道縱橫，像公路與溝渠一樣在城裡四通八達。

古時，這些河流中最著名的是位於西安東郊的灞河。即使在今天，它也是代表哀傷的同義詞：過了這條河，友人或心愛的人就將離開京城，遠赴帝國邊陲，而且往往不再返轉。八世紀詩人李白在〈灞陵行送別〉詩中寫道：

送君灞陵亭，
灞水流浩浩。

上有無花之古樹，
下有傷心之春草。

今天的灞河地區又有另一層哀愁，舊式中國城市千篇一律的單調乏味。灞河仍然浪濤洶湧，但河岸上方擠滿鐵刺網圍成的十五層住宅樓，下方則是殘破的人行道與停在路邊的車輛。這裡有一條高架地鐵線。當江雪於九月間一天早晨來到這裡訪友時，雨水打在地鐵站波紋鐵板製的屋頂上，不斷作響。

她搭了一輛三輪嘟嘟車，開了不到一公里，來到一處公寓樓前。這處公寓樓只有二十年屋齡，卻已經殘破不堪，混凝土龜裂，油漆也脫落變色。這處公寓樓的外觀顯示，不出幾年，就像之前它取代的那些農村與小鎮一樣，也會遭到拆除的命運。

六十五歲、和藹可親的張世和就住在其中一棟樓。被江雪奉為前輩的張世和是中國公民記者的先驅。他於一九九〇與二〇〇〇年代住在北京期間，因拍攝內陸各地短影片而聲名大噪。二〇一一年，阿拉伯世界爆發反獨裁統治者革命，共產黨當局擔心類似革命風潮可能延及中國，於是展開鎮壓，驅散改革開放頭三十年間聚集北京的獨立作家、紀錄片製片與藝術家。張世和也被趕出北京，返回老家西安。江雪就是在西安念的大學，這時也住在西安。

張世和的公寓內凌亂而不失溫馨。桌上擺著好幾個滿溢了的菸灰缸，幾個髒兮兮的杯子，攝影機裝備散亂在桌子上、椅子上。沿公寓單位外牆建有一座像走道一樣、奇怪的玻璃面陽台，讓訪客可以穿過客廳、直闖臥室。陽台上擺著幾瓶香水、啤酒，還有一輛張世和騎著它走訪中國各處，一邊拍片、一邊訪問的破腳踏車。而他最珍愛的，是掛在客廳沙發上方的一個紅色紙燈籠，上面寫著「公民社會」四個字。

他還買了一件得意的產品，是擺在一張桌子中間，與幾個啤酒杯和一堆花生殼擠在一起的超音波眼鏡清理器。應張世和之請，我們都把眼鏡交出來，讓這部機器施展神效。幾分鐘以後，他的公寓突然似乎變得明亮、清晰、閃閃發光。

＊＊＊

江雪像仰慕一位寧可放棄榮華富貴、選擇兩袖清風的長輩一樣，望著張世和。一九五三年出生的張世和，事實上確實出身「紅

色貴族」——他們於一九四九年建立人民共和國，他們的子女現在以習近平為首，統治這個國家。張世和的父親曾是公安部高官，一家人享有紅色新貴在共產黨統治初期享有的一切特權，諸如寬廣的公寓、廚師、駕駛，還擁有勤務人員。換言之，就像共產黨上台以前的統治階級一樣，擁有僕人。

但在一九六六年，權力成為一種負債。就在這年，部分為了不讓這些紅色新貴永遠把持權力，毛澤東發動文化大革命。張世和的父母親都被關進牢房，他的正式教育也戛然而止。後來，套用張世和的話，他成了「毛的童工」，被迫在山間險象環生地修建一條鐵路。好幾十個孩子就此送命，其中有些人或許以為自己是在為革命大業自我犧牲，但其他人只是被迫參加施工。

當文革於十年後結束時，像習近平這類的人拚命向上爬，奪回他們認為應該屬於他們的高位。但張世和與其他許多人另有見解：他們要設法了解、改變這個系統，讓毛澤東這種人再也不可能在中國當道。張世和於一九八〇年代首開中國風氣之先，經營一家獨立書店。但一九八九年的大屠殺讓他察覺他需要有些具體作為。一九九三年，他前往北京，加入人數不斷增長的活躍人士聚落，希望能影響當局，進行改革。

到二〇〇〇年代中期，張世和成為著名的公民記者。所謂公民記者是新近出現在中國的一群活躍人士，他們運用新興數位科技記錄採訪過程，貼在網路上，以避開傳統審查形式。張世和使用線上化名「老虎廟」，直到今天，大多數中國人都知道「老虎廟」這號人物。

北京成為張世和的大本營，他從這裡騎著單車，長途跋涉進入中國腹地窮鄉僻壤採訪。有一年，他花了五個月時間沿著黃河採訪，製作了四十多部有關人民日常生活、環境汙染與官員貪腐問題的影片。其中約三十部直到今天仍然可以在中國看得到。其他的遭到審查禁播，不過仍能上YouTube觀看。

「人都想旅遊，但都沒機會，」張世和說，「要掙錢，要攢錢。我一想：我有時間可以旅遊，但是我沒錢。我就窮跑，非常節儉地跑。」

這些影片讓他全國聞名，但當局在整個二〇一〇年代大舉鎮壓網路，讓他無法繼續這樣做下去。不過張世和沒有因此退縮。回到老家西安，不再是眾目焦點的他，現在要用遲暮之年將平生見聞製作成紀錄片與口述歷史。他要將其製作成「瓶中信」，有一天，當中國比較開放時，讓人可以讀到這些歷史。

***

西安怎麼看也不像是江雪與張世和這類反派人士聚居之所。二千年來，它曾是十個朝代的帝都，曾是全世界最繁華的大都會。但近幾十年來，傳統似乎減分更甚於加分。對許多人來說，西安的古城牆、重工業，以及環城周邊塵土飛揚的鄉野，讓它成為中國陳舊、落後內陸的象徵。

拜後毛澤東時代最有名的一本小說之賜，西安這種老殘頹廢的形象更加深植人心。賈平凹的小說出版於一九九三年，小說以「西京」（指的當然就是西安）為背景，描述一度光芒萬丈的皇都，如何淪落成為一處破舊的窮苦之鄉。賈平凹為這本書取名「廢都」。

《廢都》以描寫性愛筆觸細膩而著名，大概這就是它出版後很快遭到查禁的原因。但性只是部分主題，書中幾個主角們相互利用、滿足一己私欲的虛情假意才是真正重點。《廢都》的男主角周敏，是個來自省裡、到大城市找發展的遊手好閒之徒。他搭上一名小作者，小作者幫他偽造一位大作家的推薦信，推薦他進一家著名雜誌社工作。沒讀過書的周敏就這樣進了雜誌社，並且決定寫一篇有關這名大作家的東西。周敏寫了一篇肉麻吹捧這作家的文章，但文中也提到該作家在床上玩弄女性的工夫，還對其中一名女子表示不屑。那名女子於是提告。

這場法律訴訟成為小說背景主軸，但呈現在讀者眼前的，主要是小說中人物縱情性愛、賭博與酗酒的過程。他們唯一的人生規則是「顧好自己」，根據這本小說的說法，這是由於社會關係崩潰使然。表面上看，這似乎是改革開放初期唯利是圖社會氛圍造成的後果，但觀察小說中人物言行不難得知，毛澤東時代的暴力才是他們所以道德沉淪的主因。他們的人生故事告訴他們，出賣友人是唯一生存之道。今天中國社會為了一己私利，什麼都能幹的心態，正是這個道德蕩然時代的產物。

《廢都》表現的另一關鍵主題是審查。表面上看，小說中的性愛場面似乎是審查對象。賈平凹告訴讀者，小說中部分內容遭到審查，他用「□□□」代表他自願（或被迫，但他沒有說）刪除的文字。使用□這種符號並非事出偶然，在整個二十世紀的中文著作中，作者經常用它們代表被查禁的文字。每在使用這種符號後，賈平凹都會加一句附注，告訴讀者刪了多少字：「作者刪了N字。」

但這些刪文似乎與性愛無關，因為它們一般都緊跟在非常明確的場景之後出現。這意味，被刪的其實是其他的東西。但究竟是什麼，作者有意保持模糊。

這本書是政治氣氛炸鍋的一九八〇年代寫成的，當時一個又一個運動不斷出爐，直到一九八九年大屠殺事件爆發達於頂峰，攪得文化世界人人暈頭轉向。奇的是，《廢都》字裡行間卻絕無政治蹤影。事實上，這本書幾乎什麼都談，就是絕口不談政治。這讓人很難不下結論，認為「□□□」討論的是政治，而不是性。

之後，《廢都》成為較隱蔽的另一種審查形式的對象。二〇〇九年，作家的出版社重新發表《廢都》。作家的出版社創辦於一九五三年，是中國一些最著名官方作家的根據地。隨著這本書終於再次發行，賈平凹的社會批判人角色似乎也終於獲得肯定。不過《廢都》的再發行是有代價的。舊版《廢都》中讓人一望而知，是遭到審查的「□□□」沒了，取而代之的是「刪文」，而在中文裡，「刪文」不表示遭到審查。新版《廢都》在刪文之後會出現幾個字：「此處作者刪文」，但不提刪了多少字。

誠如學者湯瑪斯·陳（Thomas Chen）所說，「□□□」是一種讓民眾感受審查之威的方式。[1]這些符號明白表示遭到審查，賈平凹還會告訴讀者被刪了多少字。但新版模糊了審查印跡，這裡刪了一些東西，但讀者不知道刪了些什麼，為什麼刪。刪文可能純粹只為了含糊之美，審查當局的動作現在差不多已經不留痕跡了。

＊＊＊

在全中國都在習近平永無止境的鎮壓下苟延殘喘之際，相對於北京，西安仍然略有生氣。老北京親切宜人的巷弄胡同，現在已經為象徵權威的高樓建築取代，而西安的古城牆與寺廟仍能凝聚一處都市空間。西安以全中國僅次於北京和上海，最多大學和研究所集中地著稱，但與首都的距離以及歷史傳統，似乎為它帶來一點小小優勢。

我們在張世和的公寓逛著，欣賞他那些影片海報，還一次又一次取下眼鏡清洗。我問他，我對西安所以比北京有生氣的上述解釋是否有道理。

「沒這事！」他大笑說道，「頂多是西安的警察傻吧，不了解維穩形勢。他們就當是一般的案件。如果他們到北京訓練一圈，待上幾天，回來肯定就凶了！」

江雪與張世和談了好幾個小時，交換有關毛澤東時代的故事。張世和是身歷其境的目擊者，江雪則是這個時代受難者的女兒。我問張世和，他的作品是否使他成為一名「dissident」。要將「dissident」這個字翻譯成中文並不容易，比較接近原意，但顯得過於累贅的譯文是「持不同政見者」。比較精簡的譯文是「異己」。所謂「異己」可以意指「dissident」，但也有「外國人」或「局外人」的意思。就「局外人」這層意義來說，張世和確實是一名「異己」，因為他不是主流派，但張世和不喜歡「異己」這個詞。

他認為自己不是「異」士而是「義」士。與「異」同音的「義」代表「正直」、「正義」。幾千年來，包括英雄、盜匪與將領在內的中國人，就算本身並不完美，但都曾為了行「義」，在各種環境下為正道而戰。他們往往迫於情勢，不得不遁走窮山惡水、據險頑抗，於是有所謂「江湖」一詞出現，指流亡義士的遁居之處。張世和在這次訪談過程中，多次談到「義」這個字。就像在其他許多文化一樣，千百年來，「義」也一直是中國最強有力的理念之一。

「政治？政治的話，那就不用說了。我出於正義，」他思忖了一會兒，然後說道，「因為我屬於那種見到不平的事就憤怒的人。我得仗義執言。」

幫助在地學者湛洪果製作影片，是張世和的一項重要工作。在決定辭去教職，以自由投稿知識分子身分自立門戶以前，湛洪果原是著名法學者與公知。他辦了一家圖書館和沙龍，經常與著名作家、學者和藝術家在裡面舉行公開討論。

在直到二〇二一年、前後六個轟轟烈烈的年頭，湛洪果、張世和與江雪用行動向世人展示，中國知識分子就算只有小小一片天地也能幹出好成績。從一開始，他們就知道自己站在風口浪尖，不容稍有懈怠。於是張世和將他們的每一場聚會全部錄影，這些影片現在都已經貼在網路上，它們是一種中國公民社會形貌檔案，是向後世中國人傳達的訊息，讓他們知道不久前的中國，也曾出現過一段更有希望的歲月。

***

夜裡，西安大興善寺正門燈火猶明，照耀著城樓巨幅牌匾上的四個大字「密藏宗風」，即「信仰傳統的深奧寶庫」之意。在一千二百年前唐朝期間盛極一時的大興善寺，曾是來自四面八方異國理念的集散中心。來自印度的僧侶住在這裡，將梵文譯成中文，就有關人生與社會的新理念向皇帝提出建言。

今天的大興善寺是觀光景點。白天觀光客在這裡自拍留影，唸幾句祈咒；晚上除了牌匾上燈光下那幾個大字，它一片漆黑。在二〇一〇年代末期幾年，大興善寺對街那棟建築曾經夜夜燈火通明。那棟建築本身平淡無奇，但有一塊不平凡的招牌：「知無知」。

根據蘇格拉底名句「I Know I Know Nothing」（我唯一知道的，是我一無所知）翻譯的「知無知」，是二〇一〇年代中國最活躍公知論壇的正式名稱。作為藝術與文化空間的「知無知」，每天舉辦演講，有十幾個讀書會，並且進行活動現場直播（由於張世和的努力，直到今天仍能在YouTube等外國網站見到這些活動）。「知無知」的場館樸實無華，但它的理念讓中國社會各角落公知趨之若鶩。

在二〇一八年一個下著雨的週六傍晚，我來到「知無知」，見到三十個人聚精會神聆聽一位前大學教授討論莎翁名劇《李爾王》（*King Lear*）。

「李爾王有三個女兒，」湛洪果說，「大女兒與二女兒爭相對他阿諛奉承。他最愛的小女兒就保持沉默，最後說出真相。」

雨點霹靂啪啦打在窗上，車輛駛過積了水的街道，發出陣陣吵雜。更多人走進隨處散亂著躺椅、沙發與凳子的小房間。

小會場裡很快座無虛席，大家都看著湛洪果。四十五歲的湛洪果，一臉淘氣，以略帶沙啞的嗓音不斷與眾人打著招呼。他坐在講台上，右手向在場觀眾比著手勢，左手拿著遙控器，在螢幕上放映電影劇照、莎士比亞的話，還有討論重點。

「李爾王的問題是什麼？他不聽他那位講實話女兒的話。他沒那必要。絕對權力：這就是李爾王面對的一個政治問題，但他沒有察覺。」

「對於一個專制統治者，要承認說我愛你非常容易。專制體制中一定會出現一種拍馬屁的氛圍。愈是在這樣的環境下，最高統

治者愈是容易受騙上當，因為他整天聽到的都是迎合他的聲音。最後為什麼發生悲劇也是同樣的理由。」

湛洪果講了將近兩小時，但在場人眾沒有一個顯得坐不住或離席。這時的中國正處於數十年來政治氣壓最低期間，但許多人仍然聽得意猶未盡，不斷還有更多的人來到會場：有在「知無知」重拾失落理念的記者；有對道德感到好奇的下班警員；有對她的學生的冷漠惱怒不已的中學老師；還有認為社會需要不同聲音才能成長、茁壯的成功企業家。沒有人讀過《李爾王》，但他們都知道，無論什麼話題，一旦納入「知無知」的討論，一定很重要。

「我把這話重新引用在這裡，」湛洪果在準備接受提問時說，「我想說：但願我們的政治，我們的時代，都能夠告別瘋子帶領著瞎子這樣的格局。」

＊＊＊

湛洪果於二〇〇六年抵達西安時，那情況像是遭到下放一樣。來自四川的湛洪果，是中國頂尖學府北京大學高材生。憑藉在北大與著名教授一起研習的履歷，他獲聘到西安西北政法大學任教。對年輕學者來說，這是一份不錯的工作。但在二〇〇〇年代，北京的氛圍開放而充滿活力，而西安則顯得暮氣沉沉。湛洪果於是開始邀請客座學者前來西北演講，包括他在北大的教授賀衛方、經濟與社會改革家茅于軾、獨立史學家吳思，以及民權律師浦志強等著名公知。

不過他仍然不滿。過去十年，中國大多數大學為享有較大空間而遷入遙遠的校園，但學生也因此與教師和社會脫節。教師們得搭乘學校專車從城市通勤，在上課鈴響前不久匆匆趕到學校，一下課又得忙著搭車回家。

為培養師生間的關係，湛洪果成立一個讀書會，開始閱讀米爾頓的《失樂園》（*Paradise Lost*），托克維爾的《舊制度與大革命》（*The Ancién Regime and the French Revolution*）與《民主在美國》（*Democracy in America*）等書。由於校方不肯撥給他一間教室，參加讀書會的學生得在他的辦公室會面。之後由於人數愈來愈多，讀書會得在台階邊上進行。很快地，中國報界開始出現有關「台階講課」的文章，聲援湛洪果。

不過他的活動遭到公安反對。二〇一〇年，湛洪果在前往香港出席一項會議時遭公安短暫拘留。二〇一三年，他辭去教職，讓所有認識他的人都不敢置信。

「周圍的親朋好友沒有一個贊同我辭職，」一天，湛洪果在「知無知」的演講中場休息時間告訴我，「我家人就不用說了。在中國這種環境下，我辭職了以後能幹什麼？賀衛方老師給我打電話，也說不要辭。但我當時還是堅持辭了。」

那一年稍晚，共產黨發布「九號文件」，禁止大學傳授某些外國理念，包括憲政主義，而這正是湛洪果教授的課題。「幸好我已經辭職，不然還得遭他們革職。」共產黨已經動手，扭轉中國邁向較開放社會的走勢，對大學生活施加的這些限制只是這項行動的一部分而已。湛洪果思考著今後何去何從。

他在北京待了一年，盤算著前途，之後到香港又待了半年，於是在二〇一五年夏天推出「知無知」。張世和與江雪等人當時已經在西安，願意助他一臂之力。除了錄製湛洪果的談話以外，張世和還協助處理發表與其他線上工作，江雪則幫著主持活動。

儘管那間小會場終於關了，但湛洪果繼續發表演說，由張世和貼在網路上，賺取一些收益。湛洪果仍然堅信辭職、自立門戶是正確的選擇。

「我在大學一學期要搞一兩個讀書會都困難得不得了，因為在大學弄讀書會要申請教室，組織學生，學生又會受到輔導員的控制，其實不是那麼容易的，很艱難。但是我在『知無知』一週能搞上十個讀書會。」

我問他，他的目標是什麼。外國人總想知道，像這樣的努力得花多久才能「改變」中國，而且一般來說，外國人在做這類思考時，腦子裡想的總離不開選舉週期或基金會資助案等等。所以我問他，想將中國社會改造成較開放的社會需要多少時間。但湛洪果更強調所謂改變的定義問題。

「中國有句話叫『十年樹木，百年樹人』。一個社會真正的轉型需要很長的時間。有位學者給我們『知無知』送了四個字來形容我們的工作：『精神重建』。」

湛洪果本身的精神生活包括宗教。二〇〇九年，他隨著一波對基督教信仰產生興趣的「文化基督徒」皈依基督教。基督教否定反覆無常、政府賜予的權利，而強調上帝賜予的永恆人權，這種概念讓許多中國人成為基督徒。

湛洪果並不經常上教堂，但他說基督教理念對他的人生影響深遠。他深信不疑的其中一項理念是小行動能有大成果。我請他進一步解釋，他引用《聖經》路加福音中的一段話，談到一名男子播種，有些撒在岩石上，有些被鳥吃了，但有些「落在好土裡……結實百倍。」

「一粒種子能造出不同結果，」他說，「誰知道它會長出什麼來？」

＊＊＊

就作為一個知識活動的中心來說，「知無知」很小。走出電梯，左手邊是一間大會議室，右手邊是一個小咖啡吧，賣一些搞怪小商品，例如有個紅鬍子蘇格拉底像的托特包，飾有「知無知」標誌的馬克杯等等。主廳面對一排排書架處，有一座矮講台，與一處擺滿椅子、凳子和沙發的開放空間。一面牆上掛著「知無知」三個大字，這是湛洪果的恩師、北大教授賀衛方的墨寶。另幾面牆上掛了幾十幅到訪演講人的照片，其中大多是批判這個系統的人士，例如撰文討論共產黨如何用儀式進行統治的郭于華，影片製作人胡杰和艾曉明等。照片中還穿插了胡杰製作的木刻版畫。

「知無知」有幾位贊助人，李滔是其中一人。李滔原是記者出身，後來當了報社編輯。之後那家報社遭到審查，變得無足輕重，李滔開始投資房地產與煤礦。

「我已經把理想遠遠拋在身後，但湛洪果仍然追逐著，」李滔告訴我，若有所思望著遠方，「我必須支持他。」

每次來到「知無知」，我總會遇見一位四十來歲、身材矮壯，名叫「吉加」的男子。一天晚上在閒聊時，他告訴我，「我在公安單位工作。」

「你是指民營保安嗎，像大樓前的警衛那種？」

「不是，我指的是政府公安部門，」他笑著指著他肩上的一枚徽章，用英文說：「Police!」

「你來這裡是執勤嗎？」

「不是。我在這裡學到很多。這裡讓我思考。」

「怎麼說呢？」

「今天我在公車上見到一名男子，在他的背包裡藏了一把大刀。我原本可以逮捕他，完成工作，拿一份嘉獎，老闆也開心。你懂我意思吧？他戴著一頂穆斯林小帽。」吉加目不轉睛看著我。中國當時正進行一項整頓穆斯林的運動，穆斯林經常只為一些最微不足道的情事就被送進勞改營。「但隨即我決定，不要，先問問這人再說。」

「於是我與他談了起來。他正要上班。他經營一家清真屠宰店。於是我對他說：兄弟，你真的不可以帶著這種刀搭公車。不過這一次我讓你帶它去上班，用它切羊肉。你把刀留在店裡，不要帶它上公車。」我們笑著道別。

「我說不上來。那情況就像是，有時你會想與人們談談，多了解一些他們的觀點。」

「所以你經常來這裡？」

「我認為出現在這裡的這些事非常好。有人說，『那很敏感』，但我看那只是演講罷了。」

＊＊＊

在湛洪果辭去西北大學教職的同一年，江雪也辭去新聞工作。兩人都了解來自高層的指示，使他們不可能再像過去一樣以高標準推動他們的工作。所幸兩人都有親友作為後盾。

辭職後的江雪把積蓄都花在寫作上，她開始撰寫長文，描繪抵抗這個系統的人士。著名律師浦志強的妻子，就是其中一人。江雪還寫了一篇文章，敘述民營智庫「傳知行社會經濟研究所」創辦人郭玉閃的妻子。她還寫了一篇文章，專門談到人權律師們的妻子。不過這些文章都立即遭到當局封殺。當然，《星火》雜誌也在江雪研究範圍內，她與張世和合作錄製影片，將她進行的一些訪談貼在網路上。

「我認為它重要就要去寫，這是我現在作為一個獨立記者可以做到的。過去，我的總編會認為這個不應該寫，或者危險性很大，不要碰這個題材。現在我可以寫了。」

為保持與他人的聯繫，她在「知無知」擔任義工。她建議主講人人選，偶爾還代替湛洪果擔任講台主持人。「知無知」關門以後，儘管發表的管道不斷縮水，她用大部分時間投入寫作和製片。

張世和也比過去更專注內心深處的省思。過去他製作政治觀察短片，例如騎著腳踏車沿黃河旅行時拍的那些短片，會在社群媒體上發表，如今這類短片已經遭到政府查禁。這可以解讀為習近平鎮壓自由思想的勝利。但這項鎮壓也迫使張世和開始製作更深入、更長的影片——主要以日後中國人為對象的影片。

他最具雄心的一項計畫是訪問曾經像他一樣，在毛澤東統治時代當兒童奴工、上山修鐵路的人，製作成一系列影片。由於工作環境太差，好幾千名孩子在修築過程中死去，但沒有一個人獲得補償，當局也沒有表示過任何歉意。每隔幾週總有一群昔日的童工來到西安，向省政府請願，要求平反。這些人經常在張世和的寓所小停，用一餐飯，喝一瓶米酒。

張世和知道，他製作的這些築路童工訪談影片在今天的中國不可能放映。但他希望他能為後世製作紀錄，造一艘能歷經今天的洪流而不沉的方舟。

「你一再問我為什麼，但我不擅長這類理論性問題，」他說，「我只知道我要繼續不斷走下去。這是我對歷史的責任。」

憶往事：雪訪

在西安火車站前，江雪匆匆走下一輛出租車，背在她身後的攝影機迅速震盪著。天很冷，天色很暗。影片上只聽見她的喘息聲。她高聲解釋說，她要返回老家甘肅，研究《星火》雜誌背後的故事。

這支三十多分鐘的影片於二〇一六年發行，二〇二一年在YouTube上再度發行。[2]我們可以從片中看出江雪的一些工作方式：她的提問寂靜無聲，她的一些較長的作品顯然是耐心耐煩之作。江雪發行的影片大多出自她親力親為，有時畫面極度抖動，鏡頭忽遠忽近。但這支短片經過張世和剪輯。張世和以熟練的手法將影片聚焦於一個人：曾經印製《星火》第一期與第二期的蘭州大學學生向承鑑。

這支影片是江雪以「獨立訪問者」（在主流媒體外撰稿的作者）新身分再出發的一項嘗試。她開始以「雪訪」化名發表她的影片與文章。「雪」是她的名字，「訪」的意思是「面談」或「訪問」。整個訪問過程中流露出的那種親切感，讓人覺得它像是一種社會呼喚。在這支影片中，江雪真正是沉默傾聽者，只有當老人沉入年輕時代如煙往事，不知身在何方時，才會偶爾發聲，稍加點醒。

在與另幾位和《星火》有關人士做了一些零星訪談之後，影片進入最後三十分鐘，受訪人只剩下向承鑑，影片也於這時進入主題。向承鑑背靠大紅墊坐在沙發上，兩手扣在頸後，閉上眼，面向前方。

在那段日子，他最懷念的人是誰？

他想到馮哲君、胡守鈞等老友，當然還有領導他們這群學生的張春元。

「都懷念的很。一有時間就想到他們。」

「現在還經常像這樣嗎？」

「經常這樣。」

「你想到他們的聲音與他們的笑……」

「是的。我經常想到他們當年的音容笑貌，想到他們年輕時的樣子。」

「我永遠不會忘了他們。直到我從這世上消失那一天，我不會忘了他們。」

「因為這些人都是善良透頂的人。他們都是非常崇高的人，應該被人們記住。」

「我希望這個國家能記取歷史悲劇，不要重演。我們應該記取這些教訓。我也希望年輕人要有正義感，要有發揚正義的美德。」

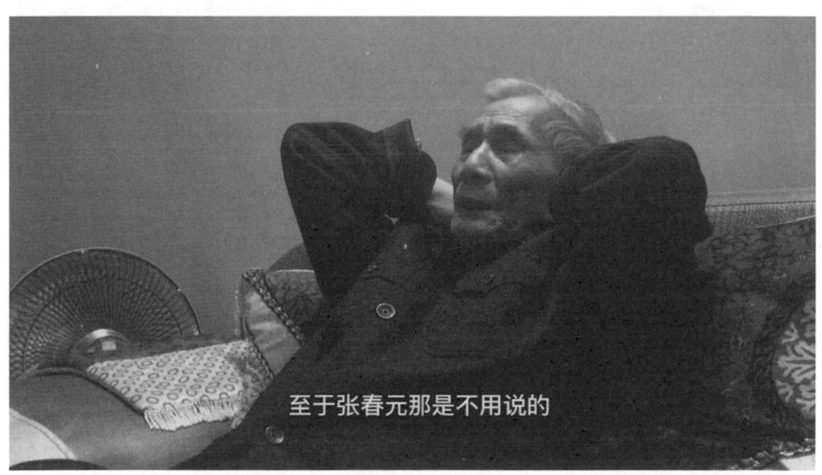

「年輕人應該敢作敢為，但是不要做無謂的犧牲。既要珍惜自己的生命，當需要的時候也應該勇敢慷慨地奉獻出來。要有這個精神，否則我覺得不能算是一個真正的人。」

向承鑑把兩手擺在額頭，蓋著雙眼。他嘆了口氣，隨後吟了十二世紀愛國詩人陸游的一首〈示兒〉詩。這首詩以佛家生命本是一場空，世事不足為道的理念為開場。但接著談到中原九州為蒙古鐵騎征服，讓他悲慟。陸游相信有一天王師終將收復失土，但也知道自己有生之年將等不到這天。於是寫這首詩給他的兒子，要兒子在他死後祭他的祭文中告訴他，最後的勝利何時到來。

死去無知萬事空，
但悲不見九州同。
王師北定中原日，
家祭無忘告乃翁。

這是一首大多數中國知識分子都耳熟能詳的詩。聽到向承鑑吟誦這詩，江雪禁不住一聲長嘆。她想到，中國在這位老先生有生之年恐怕難以復甦，但在我這輩子有望回春嗎？[3]

9 門戶[1]

一九三八年，日本侵華之戰全面開打。日軍先後在上海與南京擊潰蔣介石率領的中國政府軍，血洗南京城，數以千萬計中國軍民開始撤往內地。當時大多數外界人士認為中國撐不過幾個月。

隨後，一次小奇蹟出現。蔣介石的政府軍在華中平原城市徐州布下重兵，堅守一整個月。在重創日軍後，三十多萬中國守軍巧妙撤入走勢由北而南、像天然屏障一般保衛內陸地區的大別山區。他們與其他中國軍結合，全力死戰。他們的目標：要在通往中國廣大內陸的門戶，工業重鎮武漢背水一戰。

武漢的戰略重要性可以回溯一千年，位於中國第一大河長江，與中國最重要南北走向河川漢水的會口。漢水發源於北方一千六百公里外的西安。武漢原本是三個城市的統稱，分別是位於長江南岸的古華中地區政治與商業中心武昌，以及長江對岸、分別位於漢水兩側的漢口與漢陽。在過去帝制時代，武漢地區總督控有大片複雜的水道與濕地網，一直是中國最有權勢的官。許多世紀以來，武漢由於戰略位置，一直享有「九省通衢」之名。

到一九三八年，這三個城市已經合併為武漢。這時的武漢由於仍在中國控制下，地位更加重要。這一年的經驗也讓世人見證到，中國人民若能自由發揮，中國可以多麼充滿活力。在盡快統一全國的渴望下，蔣介石領導的國民黨准許人民自由辦報、自由發表言論。國民黨的新聞審查部門與祕密警察退出舞台，武漢很快成為一片欣欣向榮的樂土。報紙如雨後春筍般湧現，開始報導政府內部與難民潮問題。作家老舍等人為躲避日軍占領，離開北京南下，來到武漢，記述中國的抗日。為見證這場即將爆發的大戰而從世界各地前來的著名攝影家、製片家和作家也加入他們的行列。這些外來訪客包括匈牙利出生的攝影家羅伯・卡帕（Robert Capa），丹麥電影導演尤里斯・伊文斯（Joris Ivens），還有兩位英國作家，詩人奧登（W. H. Auden）與小說家克里斯多佛・艾什伍德（Christopher Isherwood）。西班牙已經為法西斯狂潮吞噬，現在輪到武漢了。根據奧登與艾什伍德那些令人難忘的描述，武漢是當代的領頭羊，是後世的預言家。

> 武漢是中國在大戰期間實質上的首都。三山五嶽、各路英雄都聚在這裡……有將領、大使、記者、外國海軍軍官、傭兵、飛行員、傳教士、間諜等等。今後五十年的世事發展軌跡就藏在這裡，只要有本事找到這些線索，就能預知世事。2

＊＊＊

武漢曾經有二百座湖泊，這些湖泊都是一個尚未注滿的巨型史前海的遺跡。儘管除了其中三十座以外，所有這些湖泊都已經鋪成路面，但施工期間暴露的陷坑、經常成為汪洋的道路、動輒泡在水裡的公園，為武漢贏來「海綿城市」的外號。每當下雨時，天上落下的雨水融合地上冉冉而升的工廠煙塵，將整座城市包覆在一片霧霾中。

就是在這樣一個夏末落雨的日子，我到武漢看望艾曉明。曾經在天寒地凍的北京，在暑氣逼人的廣州生活過的艾曉明，總喜歡繞著圈子回到她位於華中的這處老家。她的家族歷經烽火戰亂、顛沛流離與政府專權。她的人生就在這不同的住處打轉，扮演著不同的角色：孝順的女兒、慈祥的母親、多產的學者、地下歷史學家和社會運動家。

她每段時空扮演一個不同角色。從一九九五到二〇一二年間，她由於教職所需，大部分時間住在廣州。她的學生與她認識的許多社運人士都住在廣州。她最早的幾部影片是在廣州拍的，其中包括與胡杰合拍的《陰道獨白》，以及二〇〇五年拍的、記錄當局如何有系統地剝奪鄉民合法權益的《太石村》。她在廣州的住處是一處半公開的場合，社運人士與訪客可以來這裡播放影片，找不到住處時還可以過來暫住一宿。她像母雞一樣，早上帶著客人上市場買食物，回到家討論，或利用下午時間工作，然後在傍晚做頓大餐，總結這一天的生活與工作。

她於二〇〇八年五十五歲那年從大學退休。倒不是說她提早退休，這是中國在那段期間的典型常態。在那段期間，中國的才幹之士往往在能力顛峰時被迫去職，空出職缺讓年輕人填補。這是一種讓年輕人就業、讓老人邊緣化的花招。艾曉明在退休後不久，特別是在她最後教的幾位研究生於二〇一二年畢業之後，她離開廣州重返武漢，但繼續保有在廣州的寓所，直到二〇二〇年才將它賣了。

＊＊＊

在武漢，艾曉明在三處不同的寓所，扮演非常不同的角色：社運人士，孝順的女兒，與妻子／母親。[3]艾曉明能夠有這些寓所，主要因為她有個企業家弟弟艾路明。[4]擁有經濟學博士學位的艾路明，是武漢最有名的民營企業家和慈善家。他於一九八八年創辦「武漢當代科技集團」。當代集團以生物科技起家，但現在已經是跨足房地產的多角經營集團。根據中國財富追蹤公司「胡潤」二〇一九年的估計，艾路明的個人財富幾近十億美元。

在武漢湖泊處處的城南，在三環路與地鐵二號線附近，艾路明開發了一處住宅小區，讓家人住在一起。小區有二十棟三層樓建築，每一棟根據造型，約有四個單位，從今天的標準看來，這些二〇〇〇年代建成的公寓完全談不上豪華，但風華依舊。小區有一條兩邊植了樹的狹窄街道，停車位擠滿了車。當然，小區裡到處豎著標語與告示，要人民響應黨的最新運動——當我初次造訪時，黨在搞的是「紅色教育」。像中國各地的小區一樣，這個小區也在各處入口設有警衛，他們的職責當然包括不讓叫賣小販與閒雜人等入內，但當局也用他們追蹤誰造訪誰的紀錄。

其中一個大單位就是艾家住處。艾家姐弟的母親已於一九九七年去世，所以他們把一間廂房給了父親。艾曉明大部分時間就待在家裡，一面照看臥床的老父，一面在她專屬的書房工作。家裡請了一個幫傭做些重活，但艾曉明是大總管。儘管壓力很大，但她對這一切樂此不疲。她的弟弟艾路明生於一九五七年，比她小四歲，她非常愛他。特別也因為艾路明還沒有退休，她願意承擔照顧老父的責任。

此外，艾曉明還有一間較小的房子，住自己一家人，而且她很注意家人隱私。她與她丈夫有個兒子，這孩子曾經留洋，現在已經歸國替艾路明工作。許多年來，艾曉明在

同一小區還有間小公寓，她就在這裡會晤社運人士和異議分子。這麼做的構想就是讓她這三個世界分開，既不干擾她的核心家庭，也不影響她的大家族。像中國所有的企業家一樣，她的弟弟也是共產黨黨員，她了解弟弟不可能參與她的工作。她不拿弟弟的錢，但艾路明白手起家、而且做了許多慈善事業的事實，讓她非常以他為榮。

她那間設在弟弟家的書房，擺了許多供她進行編輯、跟上世事進展的電腦終端機與螢幕，或許這可以稱得上她的第四個空間，一個由社群媒體、電子郵件與通訊軟體組成的虛擬世界。

這些世界圍著她打轉，都想在她的時間上分一杯羹。我們在她的書房裡聊了好幾小時，只有在她需要下樓照看父親時暫時打住。儘管在眾人之前的她，是捍衛人權與被壓迫者的堅強鬥士，私底下的她卻笑口常開，特別是她愛拿自己開玩笑。回顧她各不相同的人生階段，她見到多得離奇的轉折。幼年的她充滿幻想，三十幾歲的她撇清政治，全心投入學術，之後隨著年齡漸長，就在大多數人朝另一方向發展之際，她逐漸轉向女權和社會運動。

經由其他方式，她的人生也繞了一個大圈。二十五歲以前的青春歲月，都在什麼也不能做的毛統治時代磋跎而逝。隨後中國迎來改革開放，中國人有了為自己塑造人生的更多可能性。現在政治再次掛帥，她再一次置身牢籠中。回顧她一生，有一件事始終不變：她的血統。在家族史引領下，她始終走在順服和謹慎的路上，只有在竭力掙扎下，她才能從這條道路脫身。

***

在眾目睽睽下，武漢於一九三八年年底陷落，這場戰役改變了第二次世界大戰的走向。日本原以為可以迅速打垮中國，讓它可以將注意力轉移到亞洲其他地區。但蔣介石阻擋了日軍西進之路，在更接近長江上游的重慶建立戰時首都。直到大戰結束，蔣介石麾下部隊一直與數以十萬計的日軍鏖戰不休。

但在當年，武漢陷落似乎只是節節敗退的中國軍的又一場挫敗。當然，這場挫敗造成的生命財產損失高得令人難以想像。死亡與無家可歸人數數以千萬計，為遲滯日軍進軍，中國當局炸了水壩，毀掉千百座村莊和廣袤的農地。但更讓人心痛的是戰火造成的幾十萬孤兒。援助機構在海內外發起運動，為他們尋找新家園。

中國政府官員努力建立榜樣，唐生智就是其中一人。唐生智原是一位與蔣介石敵對的將領。在南京失守一年前，蔣介石交給他保衛南京這個必敗無疑的任務。果不出蔣介石所料，唐生智因南京淪陷引咎辭職，退隱湖南鄉間禮佛。唐生智只有一個女兒，名叫唐仁群。唐仁群這時已經嫁給一位空軍飛官。唐生智響應政府濟助孤兒的呼籲，收養了十一個孩子，讓他們在他建在湖南省唐家住處附近的一處私校裡生活、學習。

沒隔多久，唐生智的女婿在墜機事件中喪生。唐仁群帶著她剛滿月的女兒回到祖居，與她那些領養的兄弟姐妹一起生活。其中 人是當時十三歲、比她小六歲的艾仁寬。到一九四〇年代末期，艾仁寬已經進了官校，兩人祕密戀愛。

蔣介石的國民政府為共產黨擊敗，讓唐仁群與艾仁寬的這段戀情也變得複雜。唐家有機會撤往台灣，但唐生智曾在一九三〇年代與毛澤東打過交道，而且沒有參與國民政府清剿共產黨的行動。唐生智認為自己應該很安全，於是留了下來。共產黨也對他禮遇有加，宣布他是「民主人士」，還給他一個主要是虛位的「湖南省人民政府副主席」的職務。

身為唐家大家長的唐生智的這項決定，適用於唐家所有成員，包括他的女兒唐仁群。艾仁寬本有機會飛往台灣，但由於對唐仁群的愛而留了下來。兩人於一九五〇年結婚。艾仁寬獲准加入解放軍，之後又加入共產黨，他曾是國民政府青年軍官的罪行似乎已獲寬恕。他調赴武漢，幾年後退伍，先在武漢商務部工作，之後當了小學教師。由於曾在唐生智的私校念書，他的英文特別好，於是通過考試成為中學英文教師。

一九五三年，艾仁寬夫婦的第一個孩子誕生，那是個活潑、愛說話的女兒，他們為她取名艾曉明。在那個眾人極力向新政權表忠的時代，這是個很俗的名字。「曉」意為黎明，破曉，「明」意為光明。也就是說，在共產黨統治下，中國展開新的光明的一天。

艾曉明與她母親第一次婚姻生下的女兒、比她大十四歲的繼姐，還有晚她幾年出生的弟弟，就以人們口中「將軍的孫子女」的身分長大。那是一段擁有小小特權的平靜日子，與其他許多人相比，他們獲得的口糧配給豐厚得多，他們的家族背景也讓人敬畏有加。但艾家人知道他們的地位岌岌可危。在共產黨統治初期的運動中，數以百萬計與前政府有關的人遭到整肅、殺害。他們的生存得仰賴黨的鼻息。

成長在一九五〇與六〇年代武漢的艾曉明，回憶當年家中總是一片寂靜。她的母親唐仁群心理狀態非常脆弱，時而出現精神分裂症狀。唐仁群的女兒身成為將軍家複雜的家庭生活的焦點。唐生智之前結過婚，但他的妻子只生了唐仁群一個女兒。將軍需要有個兒子傳宗接代，於是跟妻子離婚。離婚以後，唐仁群跟將軍以及將軍的新婚妻子住在一起。但將軍的第二任妻子還是無法為他生育。將軍夫婦於是將唐仁群打扮成男孩模樣，假裝她是他們夫婦要的兒子。唐仁群長到十歲時終於無法忍受，喊著要自己的母親。將軍夫婦於是將唐仁群送到她生母那裡，與生母住在一起。唐仁群後來嫁給她的第一任丈夫，就是那位空軍飛官。飛官失事遇難後，唐仁群回到老家，之後終於嫁給自己愛的人艾仁寬。她的心情穩定了下來。但社會壓力再一次介入。血統傳承又一次成為家族問題的焦點。

艾曉明的父母知道自己的人生背景與舊政權關係密切，所以刻意與子女們疏遠，希望能藉以保護子女，不讓子女因這層關係受害。他們告訴子女，他們不能教子女怎麼做個好公民，只能要子女盡量不要引人注意，隱入周遭社會中。

「父親對我們很嚴格，但那個嚴格並不是說希望你成就一番事業，或是成為一個專業人士，而是要你少惹事，少調皮搗蛋，絕對不希望孩子有什麼獨立思考，只希望家庭都平安，孩子平安。」[5]

一九六六年，文化大革命爆發，她父親害怕的事果然成真，而且事實證明，父親多年來謹言慎行，唯唯諾諾的做法還做得不夠。唐生智將軍被捕下獄，於一九七〇年死於獄中，享年八十一歲。艾仁寬因身為國民黨將領的養子（與女婿）的罪名而遭到攻擊。他不僅是「歷史反革命」，這是共產黨術語，指一九四九年以前犯過錯的人，還是「現行反革命」，意思是他在一九四九年以後還積極反政府。[6]

共產黨從艾仁寬的英文課堂上找到他反革命的證據。他被控在上課時，用英文在黑板上寫下「毛澤東生在中國」與「雷凱是神槍手」兩句話。艾仁寬在自白書中寫道，這兩句話彼此並無關聯。第一句是教科書上的話，第二句談的是一名過去的學生回到母校，講述他如何因為研究毛澤東而成為神槍手的過程。這兩句話並沒有什麼隱喻，或威脅毛澤東的暗示。

但辯解無效，艾仁寬還是遭到革職、痛打，還被剃光了頭，做了幾年廁所清潔工。他後來因為手特別巧，獲准修理拖拉機、手錶等裝備。他還在廚房裡當廚子。

他的妻子、將軍的女兒唐仁群也遭到毒打、監禁，被迫寫自我批判。除了譴責自己的父親以外，她還在自白書中詳細檢討了自己在擔任高中圖書館管理員時犯下的一個錯。為了做辣椒醬，她用自己的糧票從學校食堂買了辣椒。她說，這是嚴重的錯誤。她所以能用糧票買辣椒，只因為她父親是將軍，她有多的糧票。她用糧票購買這種奢侈品，說明她對她的特權地位認識不清。

唐仁群必須在父親和丈夫坐監，艾曉明姐弟留在家裡、沒有父母照看的情況下，不斷反覆寫著這種自我批判。（兩姐弟那位父親是失事空軍飛官的繼姐，當時已經出嫁離家。）唐仁群後來獲釋，被派到一處觀光景點當清潔工。她的精神分裂症復發，不時會跑到鄰家猛敲房門，問她的家為什麼被毀。

就在艾仁寬獲罪當天，十二歲的艾曉明也成為批判目標。她在前往學校食堂時，兩名學生擋住她的路，告訴她必須跟父親脫離關係。這場突如其來的大難彷彿五雷轟頂，讓艾曉明茫然不知所措地趕回家。

那天晚上，她找了一張報紙，用毛筆寫了幾個大字譴責父親，主要就是控告他在家裡專制跋扈。這不是一項嚴厲的指控，她寫的這張大字報也不大，但是她能夠想得出的唯一一種與家族切割的方式。她在第二天回到學校食堂，爬上一張椅子，把這張海報貼在牆壁上。

她內心非常激動不安。她照舊上課，但像沒有靈魂的機器人一樣。她的父親不見蹤影，母親先是每天寫自我批判，承認買辣椒的罪行，之後每天得搭車到觀光景點掃地，早出晚歸。艾曉明與她弟弟得靠自己活下去。

一天，老師把她叫了過去。

「妳在作文本上寫了什麼？」

「就是作文啊。」

「妳是不是寫了艾仁寬好？」

「我沒有啊！」

「妳爸爸的事，我們已經曉得了。妳只要劃清界線也沒什麼事。妳自己寫了什麼事，妳好好回去想一下！」

老師把艾曉明的筆記本拿出來，交給艾曉明。筆記本背面用鉛筆寫著「艾仁寬是好人」幾個字。字跡不工整，但很清楚。那天下午，校方透過裝在每一間教室裡的擴音器，向全校學生播放了一場宣傳秀。艾曉明回憶道，儘管聲音很吵，她當時坐在教室裡，兩手支著頭，幾乎沉入夢鄉。她寫了那句話嗎？

老師寫了一份報告，納入艾曉明的官方紀錄：艾曉明曾經寫過反革命標語。

但艾曉明仍然努力不懈，想當新中國的好公民。她申請加入一個紅衛兵組織，但因為家庭成分不好而被拒絕，但後來終於在資格放寬的情況下加入另一紅衛兵團體。她學會跳革命舞，還改了名字，不叫「曉明」而叫「衛東」，即保衛東方毛澤東之意。當她的那一支紅衛兵團體即將在北京天安門廣場見到毛時，她在筆記本上寫道：「生我的是父母，教養我的是黨和毛主席。」

到一九六九年，她已經完成小學與中學學業。但現實迫使她不得不低頭：由於血統不純，她不能進高中。她的家族的政治問題意味著，她的學業到此為止。她在第二年回復本名艾曉明，與數以百萬計都市青年一起下鄉，學習農民勞動。

每憶起這段荒謬的往事，總令她失聲大笑。她的青春年華就這樣花在種穀物、讀毛書上。一天，在談到這些往事時，她禁不住苦笑：「那完全是浪費時間！」

＊＊＊

接下來，她的家族血統救了她。一九七四年，文革距離結束還有兩年，但共產黨已經開始重啟高等教育。大學入學考直到一九七八年才恢復，但共產黨為高官子弟辦了一所毛派大學，即使是遭毛派暴力殺害高官的子弟也能入學。習近平就這樣能進大學讀書，艾曉明也因此沒有高中文憑就進了大學。她的祖父是唐生智將軍。光憑這點就夠了。

習近平一夥人利用這個機會作為墊腳石，展開爭權奪利的仕途。但艾曉明不同，她透過這個機會逐漸轉型，她進了華中師範大學。像許多被迫遷往鄉間的高等教育機構一樣，華中師大也已遷往武漢。所以這時的她仍然生活在遠離家鄉的地方，而且學習內容也多半與毛詩誦讀有關。但她與其他一些學生找到托爾斯泰（Tolstoy）和斯湯達爾（Stendhal）等外國作家寫的小說，開始相互傳閱。他們也開始閱讀饒富道德理念與思想的中國古典文學作品。

不過這類理念與思想是緩緩沉澱的成果。當毛澤東於一九七六年過世時，艾曉明用自己的血寫了一封申請書，懇求入黨。結果因為她的檔案裡有汙點而遭到拒絕，因為她寫過父親是好人那句「反革命」標語。不過她堅持不懈，終於在一九八四年入黨。她後來描述她的想法：共產黨黨籍是個「保險箱」，可以在日後保她平安。

一九八五年，艾曉明遷往北京，在北京師範大學攻讀中國文學博士。她只用了兩年時間就完成她那篇有關左派文學的論文，成為中國自文革以來取得文學博士的第一位女性。她開始在「中央團校」工作。中央團校隸屬於共青團，是中國青年才俊之士進入系統的管道，是中國共產黨最重要的組織之一。如果不是共產黨員，幾乎不可能取得這樣的工作。

艾曉明很可以就這樣以資深忠貞黨員的身分在學術界一帆風順，但這時的她在內心深處已經慢慢出現轉變。她開始與小說家王小波等圈外人士來往，聆聽王小波談中國共產黨如何讓人噤若寒蟬的「沉默的大多數」理念。艾曉明不僅撰文對王小波表示同情，還幫王小波編了本散文集。這本散文集在王小波一九九七年因心臟病突發猝逝之後才出版。當王小波的大體擺在棺中等著火化時，艾曉明把一本剛出版的王小波散文集擺進他的手裡。

一九八八年，艾曉明在香港待了一年，研究米蘭・昆德拉的理念，將他的作品《小說的藝術》（*The Art of the Novel*）翻譯成中文。她在一九八九年學生抗議事件爆發前不久回到中國。不過這時的她，主要做的仍是學術性工作，而且初為人母的她，整天生活也只是圍繞著兒子打轉。像王小波一樣，她不知道應該如何面對天安門亂象，她也不明白學生們的訴求究竟是什麼。

「經過文革以後，我們對政治都很有距離、很警惕、很戒備，不太喜歡任何政治運動。所以八九這些學生集體運動，從我內心來講是比較排斥的。」她笑著說，今天身為民運人士的她，當年卻曾反對中國現代史上最大規模的政治抗議運動，想來令人覺得啞然。「現在我的想法不一樣了，這是我當時的心理狀態。我也支持民主，但是我們生活裡已經經歷了太多運動。所以我不喜歡任何運動。」

但艾曉明維護學生的言論自由權。在共產黨宣布戒嚴，明白表示打算以武力在天安門廣場清場以後，許多人撤出廣場，但艾曉明就在這時為學生挺身而出。

「可能我也受了米蘭・昆德拉的影響。我覺得肯定不能用這種方式來對付學生。我必須仗義執言。」

她來到天安門廣場看望示威民眾，為發動絕食的學生帶來毯子。不過那場大屠殺完全出乎她意料之外。「我們怎麼也沒想到他們會這麼幹。這簡直難以想像。」

大屠殺事件過後，中央團校對所有參加這次抗議的人展開整肅。艾曉明大體上逃過一劫，但也知道自己在這所與共產黨政治結構密切掛鉤的大學已經沒有前途。受夠了政治的她，於一九九四年前往距香港不遠的廣州，先後在中山大學中國文學系與當代文學系任教。她開始將重心轉向婦女議題。她告訴我，她一直覺得她的系裡有些不對勁。

「比方說在學術會議上，女性學者是很少的，特別是有高學歷的學者。包括在我們系裡頭，女教授是非常少的。即使是很優秀的女教授，也不可能成為系裡的領導人，甚至不可能成為教研室的領導人。這讓我意識到，我們所討論的婦女問題在學校裡都是顯而易見的。」

一九九九年，艾曉明在田納西州的南方大學擔任了一年訪問學者，轉捩點出現了。

「我覺得美國的大學非常重視知識改變社會，教育服務社會。這些都給了我特別大的啟發。作為一位教育工作者，好像第一次來想這些事情。我非常喜歡這種民主、平等、致力於解放的教育理念。」

「我也參加了學校的好多活動。學校裡都非常強調多元化，比如有非裔美國人樂團，有小馬丁・路德、金恩（Martin Luther King, Jr.）紀念會等等。讓我覺得大學就應該像這樣。」

她還利用這年時間自學攝影。她幾乎每天都會從校方借兩三支影帶，有時早上七點半就來到學校，晚上最後一個人才離開。

在停留美國期間，她觀賞了《陰道獨白》。這齣戲討論性經驗、生殖、割禮、月經等等與女性有關，但經常遭人以不當為由、刻意淡化或邊緣化的議題。她在二〇〇〇年回到中國後，將《陰道獨白》譯成中文，還要她的學生演出。

這時的中國正處於知識熱烈發酵的新時代。有關社會問題的報導成為司空見慣，二〇〇三年發生的婦女黃靜遭男友性侵致死案就是其中之一。艾曉明為黃靜案發聲，引起全國重視。青年孫志剛二〇〇三年死於警察拘留期間的案子，也讓艾曉明義憤填膺，大呼不平。這個案子最後迫使警方改變處理外地民工的流程。突然間，一種比較未經過濾的政治形態得以出現了。

＊＊＊

早在習近平上台前很久，艾曉明針對這麼多敏感議題製作這麼多影片的決定，已經引起政府注意。她在二〇〇八年成為簽署「零八憲章」的第一人，這是後來獲得諾貝爾和平獎的劉曉波起草、傳布的一份文件，呼籲給予人民適度政治權益。翌年，艾曉明寫了一封信給共產黨，說她要退黨。從那以後，儘管黨不允許黨員退黨，她也不可能知道黨是否將她視為黨員，但艾曉明覺得自己不再是黨員了。

也就是大約從那時起，她不再能離開中國。二〇一〇年，艾曉明與女權律師郭建梅獲得「西蒙．波娃女性自由獎」（Simon de Beauvoir Prize for Women's Freedom），應邀到巴黎領獎，但她提出的護照延期申請遭到警方拒絕。之後多年，中共當局就用這一招對付許多要求出國的人，包括在新冠疫情期間對付大多數中國人。

艾曉明在她最早期的一部影片中，向觀眾介紹了來自成都的譚作人。譚作人是首先揭發豆腐渣工程導致數以千計兒童，在二〇〇八年北川大地震中因學校坍塌而遇難的民運人士。這場大地震在北川奪走二萬條人命，另在整個地區造成四萬九千人死難。譚作人寫了一篇名為〈龍門山〉的著名文章，說明這場地震其實是降在北川的第二場人禍。[7]

北川的第一場人禍發生在一九三五年，當時紅軍正展開輾轉往北、撤往延安的「長征」。他們在北川停留一百天，徵召一千五百名地方村民入伍，隨後撤離，讓政府軍開進北川，大肆報復。最惡劣的是，紅軍實施焦土政策，毀了十幾座村莊、一座無價的唐代古寺，還破壞了地方人士費盡千辛萬苦開鑿出來的許多山間小徑和橋梁。在這整個事件中，總人口四萬六千的北川有半數以上居民罹難。

譚作人調查北川建築物的施工，然後將調查結果貼在網路上。他將他這項工作稱為「新公民運動」，意思是說，中國人民應該奮起，當個「公民」，而不是「臣民」。特別是在二〇〇〇年代期間，艾曉明將譚作人和「維權律師」，後者指引用政府法律，為維護中國憲法保障的民權而戰的律師，作為她許多影片的焦點。

艾曉明說，這種維權理念有個問題，就是它得有一個願意包容的政府，一個能夠響應和平抗議活動的政府。這是文革過後，由於人們談到「從混亂中建立秩序」而出現的理念。這種理念或許可以存活一段時間，但大體上它太天真了。到了二〇一〇年代，許多嘗試進行這種溫和改革的人都一一遭到「詆毀與懲罰，政府已經改變，走回毛澤東統治時代老路。」

「透過政府反應釋出的嚴厲政治壓力已經表明，政府不會動搖，它不需要傾聽民意，它已經自我偶像化。批判政府的人過去遭到妖魔化，現在這一切再次重演。」[8]

＊＊＊

學者曾金燕寫過許多有關艾曉明的文章，包括在二〇一六年寫的一篇博士論文。曾金燕指出，艾曉明經歷過四個汙名化階段。首先，她的父親遭到政治迫害，這意味她的童年也只能在政府導演的暴力與放逐中受盡屈辱。之後，在一九七〇年代末期和一九八〇年代短短幾年適應期結束後，她由於投入在中國引起爭議的女權運動，成為許多人眼中過於激進的學者。儘管在女權界她聲名卓著，但她任教的大學不支持她，證據是受校方歡迎或校方可以接受的教授，往往能在五十五歲法定退休年齡屆滿後獲得校方留任，但艾曉明沒有獲得留任。

艾曉明的第三個汙名化階段自她開始製作紀錄片起展開。許多人認為她製作的影片太激進。在二〇一〇年代初期被勒令停辦以前，中國的地下紀錄片影展活動往往不願邀請艾曉明參展。許多影展主辦當局由於擔心艾曉明作品的鼓吹特性會惹來麻煩，寧願找些比較美化的影片。舉例說，曾金燕就在她的博士論文中寫道，她應邀在一次女性主義電影影展中演講，但主辦當局提醒她，要她不要在演講中提到艾曉明。

> 為避免政治風險，我們沒有邀請艾（曉明）老師。如果妳在演講中談她，可能不適當……最好能談（其他）中國女導演的相關研究。艾（曉明）老師太過敏感，（談她）可能導致（這項活動）關門。9

當然，讓人感到反諷的是，這類謹言慎行的做法沒能挽救這個女性主義影展或其他獨立製片影展。艾曉明很早就發現妥協沒有意義，她還因此做出她最著名的一次行動。二〇一三年，中國一所學校發生兒童性侵事件，她要表示抗議。在政府逮捕一名揭發這起事件的民運人士後，艾曉明脫光上身，舉著一把剪刀，身上用毛筆滿滿寫著抗議政府不作為的標語，要曾金燕為她拍照。艾曉明把這張照片貼在中國微博上，遭微博立即下架，她又將它貼在Twitter上。

這張照片隨後成為過去十年最著名的抗議照片之一，但它也將艾曉明這類試圖推動社會改革之士的絕望感表現得淋漓盡致，怎麼才能讓這個病入膏肓的系統起死回生？還是說，他們唯一的希望只是將所見所聞記錄下來，希望今後幾代人能夠傳承薪火，再接再厲？

到二〇一四年，艾曉明對過去的興趣愈來愈濃。她的影片總是與最立即的關切有關：一位婦女遭到強暴，村民們抗議要求民主，或公民揭發貪汙。她的下一個計畫是大製作的夾邊溝勞改營紀錄片。二〇一四年過後幾年，她的大部分時間就花在夾邊溝紀錄片製片工作上。就在這段期間，中國社群媒體對那段早期歲月的關注也與日俱增，特別是中國當年最有見識的作家遇羅克的遭遇，尤其引人關注。

像艾曉明幼時一樣，遇羅克的人生也受血統主宰。[10]遇羅克一九四二年生於北京，他曾在日本研讀工程的父母在一九五七年被打成右派。兩年後，遇羅克以優異成績從高中畢業，但因為出身階級背景有瑕疵，不能進大學。他遷往北京郊區當農工，發現鄉下地區的階級歧視情況更嚴重。在鄉下，「黑五類」出身的孩子甚至連小學都不能讀。

在一位友人協助下，他拿到北京圖書館的閱讀證，自顧自地研究起哲學來。由於當時外國作家的著作在中國還沒有被查禁，他讀了一些歐洲啟蒙運動思想家、特別是盧梭的著作。他在一九六四年搬回北京，但找不到正規工作，只得在一間小學當臨時老師，住在家裡。

這段時間正是二十世紀中國知識史上非常重要的關頭。現代中國最重要歷史學家之一的吳晗，寫了一齣題材大膽的劇，揭開了文化大革命序幕。就像艾曉明的祖父一樣，吳晗在共產黨奪權之初時也曾支持共產黨，因此獲得一個主要是榮譽性的職位，當了北京市副市長。他寫的這齣劇名為《海瑞罷官》，描述十六世紀一位大臣因批判皇帝而被免職的故事。吳晗寫這齣劇的原意不明，但他在一九五九年大饑荒鬧得最嚴重時開始投入這項工作。許多人立即認為，這齣劇是在暗諷毛澤東罷黜直言敢諫的將領彭德懷。彭德懷因膽敢警告毛澤東，說毛的政策將帶來災難性後果而遭免職。

到了一九六五年，毛澤東處心積慮要整肅黨內溫和派頭子、他的副手劉少奇。毛澤東的一名爪牙於是寫了篇文章攻擊吳晗的《海瑞罷官》，說這齣劇意在詆毀毛澤東。這麼做的用意是，攻擊吳晗能削弱北京市長彭真的勢力，彭真本身也是劉少奇的親信。這項策略果然奏效，到一九六六年文革已經全面展開。彭真、吳晗和劉少奇都遭整肅，吳晗和劉少奇在一九六九年死於獄中。

這場政治鬥爭使遇羅克的遭遇更加令人稱奇。就在毛澤東的打手一九六五年攻擊吳晗過後，遇羅克立即撰文駁斥，說這項攻擊只是捕風捉影。由於當時文革還沒有發動，遇羅克寫的這篇駁斥之文得以在上海的一家報紙發表。不過遇羅克還是因此丟了工作，進了一間工廠打工。

文革展開後，遇羅克沒了發表文章的管道，於是不斷寫日記。他在日記中指出，表面上似乎都支持黨的工農兵群眾，實際上不過是宣傳部門造出來的假象。他並且寫道，紅衛兵都是高官子弟。當時人們開始用「大字報」（大體上都是貼在布告欄或建築物牆壁上的招貼）發表想法，就像當年艾曉明在食堂牆上貼文，譴責自己的父親一樣。遇羅克也趁亂貼起自己的大字報。

在發掘國家暴力的議題時，遇羅克聽說大興縣發生一場大屠殺。他在進不了大學之後曾在大興縣當農民，於是利用在當地的關係進行調查。他發現有好幾百人在這場大屠殺中死難，而且死的都是「黑五類」：地主、富農、反革命分子、壞分子、右派。

這場屠殺讓遇羅克義憤填膺，於是寫下毛澤東統治時代最著名的一篇文章：全文一萬字的〈出身論〉。他在文中警告說，「黑五類」正在成為永難翻身的賤民，而中國的統治者完全出身「紅五類」，即貧下中農、工人、解放軍、革命幹部和革命烈士，包括他們的家人和兒孫。他警告，一種以血統為基礎的新統治階級正在中國成形。〈出身論〉舉了許多鮮活的例子，說明共產黨在統治上犯下的錯，內容十分精采。但要在哪裡發表呢？

這個問題的解決方法來自距北京遙遠的異域。當時中國一片混亂，形同無政府狀態，他的弟弟遇羅文也隨同數以百萬計中國青年，成群結隊搭上火車，遠赴他鄉。遇羅文最後來到華南，距香港不遠的地方，與一群友人在一所學校裡住下來，學校旁邊有家印刷廠。一天，遇羅文見到一名印刷廠工人用簡單的方法在蠟紙上刻字，印發傳單，就像十年前學生們印製《星火》時一樣。遇羅文身邊帶了一份哥哥寫的〈出身論〉，他將它濃縮成三千字，印了好幾百份。遇羅文帶著友人將這些複本張貼在交通繁忙的十字路口，很快引起街頭巷尾熱議。遇羅文把一份〈出身論〉的複本寄給在北京的哥哥遇羅克，還附上他如何印製這篇文章的摘要。

遇羅克隨即如法炮製，印了一些複本在北京四處張貼。這篇文章逐漸引起人們注意。兩名學生借了五百元（這在當年已是一筆小小財富）協助遇家兄弟在一家像樣的印刷廠印製〈出身論〉。印刷廠人員說這篇文章得用三張A4紙，而最後一張是空白頁。兩名學生當場決定將這張空白頁作為封面。他們將它命名為《中學文革報》，於一九六七年一月印了三萬份，開始在首都各地發售，每份兩分錢。這三萬份《中學文革報》不出幾小時就銷售一空。

那年二月，他們加印了八萬份。

沒多久，每天都有上千封郵件寄到遇羅克居所的郵局，郵件多到他得自己上郵局取件。這些來信都對共產黨的政策讓他們受苦受難抱怨不已。人們開始不辭勞苦，從全國各地來到北京，造訪遇羅克住處，他們興奮不已，因為終於有人揭發共產黨統治真相了。《中學文革報》編輯組隨後擴編到二十人，還開始主辦辯論會和研討會。

從十年前的《星火》，到十年後的「民主牆」運動，再到「民主牆」結束十年後的天安門事件，再到二〇〇〇年代與二〇一〇年代初期網路博客崛起，以及二〇二〇年代新冠疫情期間的公民新聞——在這一連串類似地下出版活動的連鎖反應中，《中學文革報》熱潮只是又一波引起劇烈反響的事件罷了。而且像其他地下出版活動一樣，遇羅克兄弟也獲有一些同情他們的官員為他們撐腰。以《中學文革報》案例而言，若干政府官員認為共產黨不應該只依靠紅五類，從而創造一個貴族階級。就這樣，至少有幾個月時間，遇家兄弟可以發表作品、演說、舉行辯論。此外，就像之後幾波地下出版活動一樣，他們也利用新科技，趁政府沒來得及掌控情勢前出現的暫時性混亂大舉發聲。但也像之後幾波地下出版活動一樣，遇家兄弟享有的幾個月自由思考期也戛然而止。《中學文革報》於一九六七年四月關門。遇羅克仍保有自由之身，開始撰寫有關經濟不公的文章，但就像今天一樣，經濟不公也是共產黨極力淡化處理的重要問題。一九六八年一月，遇羅克被捕。

獄中的他，繼續鑽研共產黨治下中國的先天性問題。他借來不同版本的毛澤東著作，分析不同版本彼此間的重大差異，暗示毛澤東的推理總有特定目標，事過境遷之後又會回過頭來更正。他因此得到結論：毛澤東與共產黨「對他們的政策非常混亂。他們是反馬克思主義者。」

兩年之後，在一九七〇年三月五日，遇羅克於北京工人體育場，今天的時髦地區三里屯，被行刑隊處決。

遇羅文寫了幾篇有關遇家的故事。他在二〇一六年遇羅克處決週年紀念的三月五日那天打開微信，發現「狂風暴雨」般的人潮在紀念他的哥哥。四年後新冠疫情封城期間的三月五日，同樣洶湧的紀念人潮再次出現。遇羅文在一篇文章中解釋為什麼這麼多人仍然懷念他的哥哥。

遇羅文寫道，許多中國人陷在他們的家族史中，掙扎不已。農民可以到城市裡工作，卻永遠不能把子女送進城裡學校念書。收入差距愈來愈大，迫於大學入學考試的結構性不公，窮人想進大學難比登天。血統仍然是關鍵。

「至今在中國官方出版物上，遇羅克的名字還是被禁止的。不讓人知道遇羅克，說明血統論對當權者還有用，當然那是讓歷史倒退的作用。」[11]

10 記憶[1]

就在北京城北與蒙古高原山麓銜接的最後那片平地，有一座叫做「天通苑」的衛星城。中國在申辦二〇〇八年奧運前那段亢奮的歲月中打造這座小區，根據設計，這裡原本要建成一處現代化、香港模式的住宅區，居民三十五萬，有充分的購物機能，還有連結北京的一條地鐵線。但實際上整個工程項目是粗製濫造的急就章，規劃人員沒有納入公園與開放空間，除了一條地鐵線與一條花稍但沒有意義的道路以外，沒有建立任何公共設施。小區施工也草率凌亂，整個地區老化速度奇快。小區內幾座高樓已經在北風吹襲下傾斜，逐漸崩解，彷彿匆忙召募、趕赴遙遠邊陲的雜牌軍一樣。

這處腐朽凋零的小區是地下刊物《記憶》的大本營。《記憶》是每兩週發行一次、有七十到九十頁PDF檔的電子期刊。《記憶》連確切地址都沒有，當然更沒有什麼熙熙攘攘、忙進忙出的編輯部。但如果說它有一個家，這家就在這裡，在天通苑一棟混凝土公寓一樓的一處陰暗單位裡。這個單位裡有許多書架，還擺滿一箱箱禁書。就一家正式來說不存在的刊物而言，有這樣一個讓人摸不清底細的家倒也得其所哉。

幾十年來，中國地下歷史學者發表了半打地下刊物，透過個人經驗視角探討過去，其中包括《往事微痕》、《紅岩春秋》與《昨天》等，它們許多都能發行多年。這些刊物基於各種理由，大多已經關閉，但拜旅居海外中國學者協助編排與發行之賜，唯有《記憶》還能繼續準時出刊。

在一個週六，幾位經常為《記憶》供稿的作者相約來到天通苑公寓，泡一壺普洱茶，與《記憶》共同創辦人、退休影史學者吳迪閒聊。那天上午，幾位作者先後來到，吳迪靠在椅上，一一為他們介紹。其中一位是一所科技大學的電腦數據專家（「最偉大的林彪問題專家！」），一位是共產黨機關報《人民日報》編輯（「他顯然得保持低姿態」），還有一位糊塗教授，打了三通電話給吳迪，才終於找到這裡（「真是個書呆子——他對文化大革命的暴力知道得一清二楚，卻不知道用手機招呼一輛出租車」）。

吳迪生於一九五一年，愛穿牛仔布襯衫、皮夾克，愛戴黑色棒球帽，乍看是那種介於退休警察與年長的新潮人士之間的人士。他沒有染髮，但除了炯炯有神的兩眼上方幾撮灰黑之外，仍然滿頭烏髮。但他也是謹言慎行之士，以歷史事實記錄者自居。

「我就是寫真實情況，寫我認為的真實情況。」隨著逐一到來的訪客在一張大木桌邊端開椅子落座，開始自顧自地倒茶、嗑瓜子，他告訴我。「沒有人能說你不能坐在自己家裡研究一下歷史。」

訪客開始討論《記憶》鼓勵人們為他們在文革期間所犯暴行致歉的工作。其中幾人認為《記憶》發表文章、主辦會議，在這件引起爭議的工作上做得有聲有色，但也有幾人支持對《記憶》的批判，認為特別是在一九六六年一群女學生圍毆中學副校長致死的事件上，《記憶》的立場有失公允。在今天的討倫中反覆出現的這起事件，是造成海內外中國學界分裂的敏感話題。不過今天這場聚會首先討論可能供稿人的議題，不久供稿人名單提出，氣氛輕鬆許多。

「他人不錯，但是老喝酒。」

「他也退休了。」

「他已經死了。」

「那挺好，不會出事了。當個筆名不錯。」

「我們這單位裡，每天晚上都可以看到一個人在院子裡散步，他在香港出了一本關於六四的書，叫《六四真相》。從那之後，就沒人敢和他說話了。」

在場每個人都笑得很尷尬。吳迪於是出來打圓場，宣布已經在一家推廣中華傳統價值的小餐館訂了一席午餐。在我們起身赴宴前，吳迪把我拉到一邊：「你或許對政治有興趣，但我沒興趣。我只是個歷史學者。」

＊＊＊

相較於艾曉明等地下歷史學者，《記憶》的學術導向氛圍更濃。它的文章都做有附注，而且力求公正。它也設法與從事類似議題的國際學者互動。但就像艾曉明等中國學者一樣，《記憶》的作者的寫作誘因也出於個人經驗。

對吳迪來說，這些經驗於一九六八年他十七歲那年出現。當時文革初興，中國出現無政府混亂狀態，毛澤東乘機搞「上山下鄉」運動以重建控制權，就像那個時代大多數青年一樣，他也被下放到鄉下。吳迪下放到內蒙古，與北京以北大草原的游牧民族住在一起。一天，住在他的帳棚裡的一名男子被搶，另一名男子則被誣告搶劫。吳迪挺身而出，為這名被誣告的男子辯護，但立即因此被捕。

吳迪被關進一間約有起居室大小、關了二十名人犯的牢房。這群人犯被控以蒙古共產黨頭子烏蘭呼為首，陰謀發動蒙古獨立運動。一個月後，吳迪被轉送到另一間只有兩名男子的牢房。這兩名男子也被控參與這項陰謀，但當局認為兩人有自殺傾向。吳迪奉命不讓兩人自殺。

「一開始，能夠離開那間擠滿人的牢房讓我很興奮，我根本不在乎那兩人死活，」他說，「但之後我與他們交談，開始了解文革在內蒙古境內的一些狀況。」

他後來回到北京，完成大學學業，當了教師，開始透過外國電影探討外在世界，逐漸這成為他的專業。他在這個議題上發表了許多著作，包括一本討論外國與中國電影、妙趣橫生的書《中西風馬牛》。[2]

但幼時的記憶始終纏繞著吳迪。他知道自己見證了歷史，並且用一九八〇年代仔細寫下當年這段見聞，與其他目擊者確認相關資訊。他發現引發內蒙古文革暴力的族裔仇恨，規模之大令人咋舌。官方數字顯示，文革期間，內蒙古有二萬二千九百人死難，七十九萬人下獄，但施暴的人大多是漢人、受害者幾乎清一色是蒙古人的事實，卻沒有人討論，沒有人出面表示悔過。吳迪達成結論，認為這段迄未解決的歷史懸案仍將是內蒙地區種族緊張的禍源。

但這篇蒙古草原見聞錄始終沒辦法出版，它就躺在吳迪的書桌抽屜裡，逐漸發黃、褪色。

***

進出天通苑必須靠車，我們於是開車通過冷清的北街來到市郊一處豪華小區。小區裡的房屋有藍色玻璃窗，窗外圍了已經生鏽的護欄，它們號稱別墅，但看起來與那些千篇一律的混凝土樓房並無不同。這裡的住戶門前停的都是「寶馬」（BMW）或「路虎」（Land Rover），它們在全球各地都要價不菲，但在中國由於高關稅，尤其昂貴。住在這裡的都是有錢人，但他們似乎都困在他們的小房子裡，彷彿他們買了一個他們不了解，或甚至不想要的生活方式一樣。

在蜿蜒小巷裡鑽了快一公里之後，我們來到一處小停車場。我原以為這是一家大餐廳，但它只是一棟簡單的、有著大窗的預鑄式建築物。走進這家餐廳，有兩名志工站在小桌後，從兩個不鏽鋼桶子裡舀著食物。顧客可以選擇蔬菜鍋或豆腐鍋，主食是已經冷了的小米粥或蒸饅頭。當時是十二點十五分，但根據中國標準，這個時間用餐已經很遲，餐廳裡沒有其他人。

餐廳一面牆邊擺著陳有水果和鮮花的供桌，牆上是一幅大型孔子像。對牆有幾個高矮長短不等、甚為雅致的中式書架，上面擺滿宣揚中國傳統宗教的書籍與DVD，可以免費取用。其中一本書是《吉隆坡金馬宮飯店儒、釋、道三教演說集》，還有一本是《隱藏的真理：見真理，珍惜生命》。它是一處宣揚傳統價值的中心。我問吳迪，這家餐廳的老闆是誰？

「他是一位商人，」吳迪說，「他開這家餐廳是在做善事。這是一家慈善施食的餐廳。」

天下沒有真正白吃的餐，我們不用付錢，但必須看從一個巨型平面電視上播出的男子講道的節目。他穿著一件灰色無領外套，背景是片鮮明到誇張的天與地。他談的主題雖是佛家經典，不過他隨意引申，也談到死亡、道德與國家大事。

「怎麼評斷一個國家的狀況？」他說，「只要看國家領導人的『清廉』就知道了。」

他說，所謂清廉就是不貪腐。領導人如果不貪腐就是有德的人。領導人如果有德，就應受到尊重。

那位《人民日報》編輯聽到這裡笑出聲來，還聳了聳肩，彷彿是在聽《人民日報》的一篇社論一樣。

「這是中國傳統老詞——每個人都應該受到尊重，應該有德。但領導人如果沒有德，又當如何？」

我們很快用完午餐，開車回到公寓。大家圍坐在那張大木桌旁開始談起來，但我信步走進一間裡屋，與戴為偉聊天。戴為偉是《記憶》的編輯和供稿人。像吳迪一樣，她也是志工，不過幾乎與全職工沒什麼不同。

戴為偉生於一九六四年，是位高個子中國北方人，聲音柔和，有一頭短短的捲髮。她的父母曾是新華社資深編輯，這意味她生長在一個住滿菁英子弟的小區，她能如數家珍一般說出誰嫁給了誰的事。她於《記憶》成立三年後加入《記憶》。

「這是個讓我們得以回顧我們本身歷史的機會，」戴為偉告訴我，「《記憶》是平民百姓看歷史，不是政府看歷史。」

吳迪的構想是找一家刊物，讓像他自己這樣的人發表作品。他自己寫的那篇有關內蒙古的稿子，一直藏在他的書桌抽屜裡，直到一九九〇年代他見到沈邁克（Michael Schoenhals），才重見天日。沈邁克是瑞典隆德大學（Lund University）漢學家，是西方最著名的文化大革命學者。沈邁克以筆名「W. Woody」在一份英文專題上發表這篇稿件的系列摘要。[3]吳迪也在二〇〇〇年於香港出版了這本書。[4]

二〇〇八年，吳迪與重慶史學家何蜀共同創辦《記憶》期刊。在創刊詞中，兩人寫道，大多數有關文革的研究，都是由沈邁克或哈佛大學的馬若德（Roderick MacFarquhar）這類學者在國外完成的。現在中國人回顧自己的歷史、在中國發表研究成果的時間到了。二〇一一年，何蜀得全心投入自己那本專門討論中國西南部問題的非官方刊物，兩人協議分手。吳迪需要人協助編務，戴為偉自告奮勇，填補了這個空缺。

二〇一二年，《記憶》改變了它的十六個字使命聲明，除文革以外，還將大多數二十世紀議題也納入討論。不過吳迪和戴為偉的經驗法則是討論內容以一九七八年為限。鄧小平在這一年掌權，建立現行國家資本主義、嚴厲控制政治的政治系統。也就是說，《記憶》要避開例如一九八九年天安門屠殺這類敏感的當代議題。若涉及這類議題，編輯將難逃牢獄之災，《記憶》也只能關門。

不過，《記憶》仍然針對共產黨治下中國最具爭議性的議題發表文章。這類議題包括真相至今仍難大白、毛澤東心腹愛將林彪叛變事件；有關政治運動的報導；以及一九五〇年代的罷工史。理論上，五〇年代是共產黨統治的黃金時代，因為共產黨說，它享有中國全民支持。

我問戴為偉，《記憶》有沒有「刊號」，就是政府頒發的登記號，所有的期刊都得領到刊號才能合法發行。

「我們沒有刊號，我們不是一家刊物，」她說，「我們只是一份只有二百位訂戶的PDF電子通訊。」

根據來源不可考、但每個人都接受的潛規則，中國公安將不到二百人的電子郵件發行視為私人發行；超過二百人就視為刊物，必須接受審查和監督。所以正式說起來，《記憶》的作者只是一群業餘歷史愛好者，每隔一段時間發電郵給關心話題的友人罷了。如果《記憶》不知怎麼地送到了中國知識分子菁英桌案上，獲得他們精讀，還成為外國研究人員蒐集的對象，一切都與《記憶》的作者無關。郵件轉發非吳迪所能控制。

我們聽到從外面傳來的爭吵聲。他們的嗓門愈來愈大，討論幾乎成了怒罵。有個人似乎在咆哮。他們爭執的是向文革受害者道歉的事，這個議題於二〇一三與二〇一四年造成中國社群媒體圈大分裂。對於是不是應該道歉這件事，每個人都有自己的看法。我想回到大桌，聽他們辯論。戴為偉抬頭看著我。

「他們爭得面紅耳赤，不過這是一個發洩的好機會。他們都在大學教書，但不能把這種事教給學生。你想一想。」

＊＊＊

在北京市區，就在紫禁城以西約兩公里的地方，有一所全中國最有名的中學。它的畢業生一般都會進入中國最頂尖大學或出國留學，而外國領導人與企業執行長也經常來這造訪，一瞥中國未來菁英的面貌。這所成立於一九一七年的學校，過去幾年來幾經大舉整修，添了新穎漂亮的體育館、餐廳和教室——它是崛起中的、放眼未來的中國的招牌。但對許多年長的中國人來說，提到北京師範大學附屬實驗中學就令人想起一件可怕的往事，這間學校一群女學生將她們的副校長折磨至死。

許多年來，對於外國的文革問題研究學者而言，這起事件幾乎像具有神力一般，讓人趨之若鶩。對於調查女性暴力問題的學者，探討紅衛兵心態的紀錄片製片人，以及想了解究竟有多少人被殺、被誰殺、怎麼殺的研究人員而言，這起事件就像《蒼蠅王》（*Lord of Flies*）①一樣迷人。在中國，這個故事遮遮掩掩得多。官方報導中只提到中國應該以這次事件為例，避免類似混亂重演，卻以滴水不漏的審查手段刪除事件中一些關鍵要件，例如事件中許多犯行者是共產黨菁英子弟，而且還是今天的社會顯要。

在《記憶》領頭下，包括副校長遇害等等，有關暴力事件的報導被刊了出來，引起熱烈討論。更值得一提的是，在二〇一〇年代的一段期間，還有人公開為他們當年的犯行道歉，中國應該如何面對它的暴力過去的問題，終於在多年延宕後搬上檯面。特別是在許多受害人均已作古的情況下，中國人應該如何處理這段歷史？把這段歷史忘了，像中國現在大體上採取的做法一樣，會是最好的做法嗎？還是應該翻出過去老帳，重新檢討比較好？此外，在沒有真正公領域的中國，有可能建立一種與過去妥協的淨化機制嗎？儘管這類討論後來都遭到黨的噤聲，但它們說明一件事：甚至直到習近平統治初期，中國人還能討論歷史。

在這段期間，主要在二〇一三年，道歉之聲不斷湧現。江蘇一名男子在雜誌上撰文，寫

---

① 譯者注：英國小說家威廉・高汀（William Golding）於一九五四年發表的寓言體長篇小說。

他當年舉報自己的母親，導致她遭處決。在北京，一名編輯寫了篇文章，說他當年如何因為認為一名農民對毛澤東思想不夠熱中，將這農民毒打了一頓。在山東，一名男子在一本雜誌上刊了小廣告，說他當年打了他的老師，還對他們吐痰，現在他年事已高，「雖有文革大環境裹挾之因，但是個人作惡之責亦不可泯。特向以上師生誠懇道歉。」[5]

其中，中共開國元帥陳毅的兒子陳小魯的道歉尤其引發熱議。陳小魯在公開道歉信中說，他當年領導一支紅衛兵式的警察部隊，卻未能盡到保護學校老師之責，讓老師們遭到學生野蠻的屈辱與毆打。在公開信發表後，許多人對陳小魯表示讚揚。但事隔約一月之後，審查當局禁止人們繼續討論這些事，因為議題過於敏感。陳小魯在一次訪問中說，他所以重提這段不堪回首的往事，部分原因是，他認為許多年來，中國的許多行為模式依然不變。[6]「在二〇一二年，許多人在反日抗議中被打，」他告訴我，「人們仍然心懷那種暴戾之氣，那股憤怒。」

***

但最能觸動人們內心深處的，莫過於宋彬彬在二〇一三年她六十七歲那年致的歉。宋彬彬曾在文革期間參與北京師大附中副校長遭女學生折磨至死的事件。一九六六年五月，當文革展開時，身為中共名將宋任窮之女的宋彬彬，是北京師大附中的學生領袖。她率先在學校寫「大字報」，攻擊學校（當時還是一所女中）教師和管理人員。在活神仙一樣領導人毛澤東的指示下，宋彬彬領著一群同學全力展開對「當權派」的攻擊，因為毛澤東說當權派背叛了黨。

在這所女校，最可能的「當權派」嫌疑人就是副校長兼黨委書記卞仲耘。當年五十歲，有四個孩子的卞仲耘是共產黨忠貞黨員，於一九四一年入黨，在一九四九年共產黨建政以前，曾在一處游擊隊基地工作。

一九六六年夏初，卞仲耘已經被打，但暴力事件隨即平息。因為毛澤東已經離開北京，溫和派派遣「工作組」進入工廠和學校，重建平靜，設法穩住情勢。但毛澤東於七月重返北京，撤回工作組，呼籲學生恢復對當權派的攻擊。八月四日，卞仲耘遭到毒打。那天晚上，她告訴她的丈夫，說那些女學生要殺她。他要她想辦法逃走，避一下風頭，但卞仲耘很自負，認定自己是好黨員，不肯躲。第二天在離家前往學校時，她正正經經地跟丈夫握了手，彷彿訣別一樣。

卞仲耘被折磨了一整天。地下製片人胡杰製作了一部紀錄片，詳細描繪了這場殺戮。片中，目擊者說，參與這場暴行的女學生在她的衣服上寫標語，剃光她頭髮，用剪刀戳她頭皮，在她頭上撒墨水，她們不斷打她，打到她直翻白眼，口吐白沫才在笑鬧中停手，命令她打掃廁所。她在廁所倒下，死在裡面，衣服上沾滿血跡和糞便。幾小時後，幾名學生把她的屍身裝在手推車裡運走。學生們後來向黨幹部提到卞仲耘死了，幹部們沒把它當回事，認為學生只是遵毛澤東之令行事而已。

宋彬彬在卞仲耘遇害事件中扮演什麼直接角色不詳。沒有人能說清楚她與這起事件的關係，但有鑑於她當年是北京師大附中學生領袖，許多人認為她至少知道這件事。不過所有的報導都顯示當時情勢一片混亂，她可能只是像事發當天在場的其他幾十名女學生一樣，沒有參與，但也沒有採取行動制止這場暴力。

***

宋彬彬的道歉所以特別，是因為她在事發過後幾週，以及她在過去幾十年來做的事。一九六六年八月十八日，在一場紅衛兵群眾大會中，宋彬彬在天安門廣場城樓上見到七十二歲的毛澤東，在毛的衣袖上別了一個紅衛兵袖章。毛當時與宋彬彬聊了幾句，問她的名字是什麼意思。宋回答說「彬彬」來自「文質彬彬」。毛澤東建議她改名為「要武」，要講暴力，要逞凶鬥狠。照片和影片顯示宋彬彬當時笑得滿臉開花，能與偉大領導人這麼貼近講話令她欣喜若狂。

第二天，一篇署名「宋要武」的文章見諸報端，鼓吹極端主義，說「暴力就是真理」。全國各地學校紛紛改名「要武」，宋彬彬成為最有名的紅衛兵領導人之一，共產黨治下中國最暴亂的十年就此展開。這一年八月，單在北京一地，就有一千七百七十二人遇害，一般認為卞仲耘是第一個死難者。許多年來，許多人相信卞仲耘和不少其他死難者都是宋彬彬殺害的。

後來，當毛澤東發現情勢過於混亂，決定改採嚴控手段時，宋彬彬也像其他紅衛兵一樣被下放到鄉間勞動。不過她憑藉家族關係，能不像其他人那樣受盡苦難。直到文革於一九七六年結束後，大多數都市青年才得以重返家園，但像習近平之類高官子弟一樣，宋彬彬於一九七〇年代初期已經回到北京，進大學念書。

宋彬彬於一九八〇年代移民美國，改名宋岩，拿到麻省理工學院博士學位，在波士頓地區擔任公務員，嫁給了一名富商。彭博新聞社（Bloomberg News）在二〇一二年的一項調查顯示，與中國共產黨一代開國領導人的那些紅色權貴子弟一樣，她的家族也在過去幾十年來大發特發。[7]她於二〇〇三年返回中國。

宋彬彬的名氣依舊響亮，她始終不願接受訪問，但也談了對過去的一些看法。在美國製片人韓倞（英文名為Carma Hinton）二〇〇三年的紀錄片《八九點鐘的太陽》（*Morning Sun*）中，她同意接受訪問，談到她當年如何幾乎在不知情的情況下被騙到天安門城樓，見了毛澤東。她還說，那篇署名「宋要武」、鼓吹極端主義與暴力的文章不是她寫的。主持這次訪問的韓倞在中國長大，當年自己也曾在北京另一所學校當過紅衛兵。她很體貼地讓宋彬彬坐在暗室裡受訪，以免宋彬彬的臉曝光，而且在訪問過程中也沒有提到卞仲耘一案。在這部影片中，談到卞仲耘事件的是宋彬彬的一名同學，這名女生在事發當天不在學校。據這名女生說，卞仲耘的身體狀況本來已經很差，意思是說，這是卞仲耘死亡的主因。

同一年，為了一本名叫《中國女性氣質與中國男性氣質》（*Chinese Femininities, Chinese*

Masculinities: A Reader）的書，宋彬彬揚言控告加州大學出版社，因為書中針對卞仲耘遇害事件提出若干說法，包括說宋彬彬「領導」一群學生將卞仲耘凌虐致死。後來雙方協議和解，宋彬彬同意不再採取法律行動，加州大學出版社則發表更正啟事，並保證在之後再版時更正。本書編者與作者也刊出道歉啟事，承認書中認定宋彬彬「應為文革即將展開時的暴力犯行負責，包括書中提到的那些說法，是一項嚴重的判斷錯誤。」

幾年以後，宋彬彬再次現身媒體。北京師大附中為慶祝九十週年校慶，出版了一本著名校友照片選集，宋彬彬與她那張在天安門城樓和毛澤東的著名合影也上了這本紀念冊。幾乎就像造化弄人一樣，一打開這本紀念冊，迎面而來的就有一張卞仲耘的照片，但沒有提到這兩個女人之間的關係。網路上流傳幾張宋彬彬在參加這場校慶活動時翻閱紀念冊的照片，照片中看不出宋彬彬有什麼明顯震驚或悔恨的表情。紀念冊上還有幾張照片，內容是她的同學為她做的一面飄揚在校門外的旗幟。紀念冊上展出幾張宋彬彬年輕時的照片，包括那張與毛的合照。這些照片在中國廣為流傳，激起毛統治時代許多受害人的輕蔑與憤怒。

但宋彬彬身邊密友說，與這些暴力事件的牽扯（特別是卞仲耘之死）令宋彬彬感到不安。事情的發展於是扯到《記憶》與吳迪。

＊＊＊

一天，吳迪與幾位為《記憶》供稿的作者聚在天通苑的《記憶》期刊社內，辯論為文革暴力事件道歉的問題。他們圍坐在一張大木桌邊，一邊飲茶，一邊嗑著葵花瓜子，想弄清楚這些道歉何以能激起如此反響，造成排山倒海般一波波讓人窒息的憤怒和同情狂潮，終於迫使政府下令禁止官方媒體討論這個議題。

吳迪告訴我，宋彬彬很早以前就想把心裡有關這些暴力事件的話說出來，但她的丈夫不贊同。當她的丈夫於二〇一一年去世時，宋彬彬參加了一次圓桌討論會，會議內容還經《記憶》轉載。那一年稍後，《記憶》還刊了她寫的一篇文章，題為「四十多年來我一直想說的話」。[8]宋彬彬在文中談到卞仲耘之死，說她當時曾經要求同學不要訴諸暴力，但直到卞仲耘死後才發現大禍已經釀成，事後她精神受盡折磨，還曾因此求醫。文中巨細靡遺詳述宋彬彬多麼痛恨「要武」這個名字，而且因為這個惡名而與暴力連在一起，受盡折磨。閱讀這篇文章是一次令人不安的經驗。它讓人感覺宋彬彬說的是實話，但文字雜亂無章，它讓人感覺宋彬彬寫這篇文章的真正意圖，是想用自己承受的苦難，為她煽風點火造成的恐怖與暴力氣氛辯解。

宋彬彬這篇文章遭到人們群起圍攻，說她寫這篇文章的用意只是想為自己洗白而已。吳迪與《記憶》也因為給宋彬彬一個發聲的平台而遭到指責。不過，吳迪對坐在桌邊的我們說，激起這種反應就是他的目標。他說，他所以讓宋彬彬發表她的看法，目的就是希望能藉此刺激社會大眾，討論責任問題。

「我原本就希望能造成一種『布蘭特時刻』。」吳迪說，圍坐桌邊的作者也紛紛點頭，贊同吳迪這個說法。威利・布蘭特（Willy Brandt）是前西德總理，一九七〇年在一座紀念納粹占領期間華沙猶太區暴亂事件（Warsaw Ghetto Uprising）的紀念碑前跪倒。在德國戰後重建過程中，布蘭特此舉是標誌德國人懺悔的重要一刻。「不過事情比我想像的複雜得多。」

果如吳迪所期，相關討論在二〇一二年過後真的熱烈起來。當陳毅的兒子陳小魯道歉時，吳迪呼籲宋彬彬也跨出下一步，親自正式道歉。她當年的幾位同學說，她們會與她一起道歉，幾位她們當年的老師、如今已是九十高齡的老人也表示願意參與。

二〇一三年年初，宋彬彬返回附中母校，來到會議室，會議室已經建了座台，台上擺著卞仲耘的半身銅像。宋彬彬連同幾名同學，在卞仲耘的銅像前鞠躬。她拿出一張道歉文，說她為她的行動表達「永久悼念和歉意」。一開始，宋彬彬大體上只是重複她在二〇一二年的那篇文章，說她也曾嘗試勸阻同學們行凶，只是力有未逮。

但之後她對自己那天的行動做了進一步說明。她說，她當時很害怕。當時與溫和派站在一起的人都遭到批鬥，被控沒有遵照正確的政治路線。她害怕自己也遭到批鬥：「當時我想的更多的是工作組犯了錯誤，我們也跟著犯了錯誤，擔心別人指責自己『反對鬥黑幫』，所以沒有、也不可能強勢去阻止對卞校長和校領導們的武鬥。因此，我對卞校長的不幸遇難是有責任的。」

＊＊＊

第二天，吳迪辦了一場座談會，討論當年發生在師大附中的這場暴力。宋彬彬透過MacBook Air筆記型電腦，像其他許多與會者一樣，又一次重複她們的說法。幾週後，吳迪發表一本討論卞仲耘之死的《記憶》專刊，專刊中納入宋彬彬等幾名同學對她們在那年夏天的經歷、事件起因與過程的描述。

就若干方面來說，宋彬彬的道歉很有意義。與陳小魯的道歉聲明不一樣的是，宋彬彬的道歉更加詳細。她描述了自己在事發當時的行動，說自己膽子太小，不敢保護她的老師。有鑑於她的年紀，以及當年那種極權主義氛圍，這個解釋很合理。

但宋彬彬的說法不能讓人完全信服。最關鍵之處在於，既然那些女生已經有過一次不服從她的前例，她為什麼還會認定她們不會打卞仲耘？而且，她很可能知道那些女生在她離開以後毆打卞仲耘，因為校園沒那麼大，而且據其他目擊者說，當時氣氛極度緊張，在卞仲耘遭到凌虐時，許多人躲了起來，不敢露面。而宋彬彬對這些關鍵疑點都未做說明。她基本上只是強調當時她非常害怕，而透過字裡行間，這種說法讓人認為她很可能知道會發生什麼事，但沒有採取行動。無論怎麼說，特別也因為宋彬彬過去一直避談卞仲耘之死，甚至還曾對文革歌功頌德。她的這些道歉讓許多時評觀察人士不滿。

舉例說，卞仲耘的丈夫就拒絕了這些道歉。中國媒體轉載一篇據說來自他的聲明，聲明中說宋彬彬的道歉「虛偽」。[9]海內外許多自由派知識分子也齊聲附和，大體上他們都對宋彬彬自稱要求冷靜的說法表示懷疑。幾位網路漫畫家還畫了幾幅諷刺漫畫。其中一幅沒有點名宋彬彬，但是在宋彬彬道歉後發表的漫畫，畫了一隻穿著紅衛兵制服、涕泗縱橫的鱷魚。另一幅漫畫畫了一名警官，正在訊問一群人。警官問他們為什麼承認幫著凌虐他人致死，是前來自首的嗎？那群人說：「哦，不是的。我們來這裡是來道歉的。」[10]

從政府的觀點看來，誰在文革期間幹了什麼，最好不要弄得天下皆知，這道理應該不難理解，因為習近平與其他中國領導人都長在那個年代，而且其中有些人或許還參加過當年的暴力活動。習近平本人沒有涉入暴力；由於他父親當時遭到迫害，習近平被下放到中國西部一個農村。但鄧小平的一個女兒和劉少奇的一個女兒，當年都曾與宋彬彬同窗。經過短短一陣熱議，政府通告媒體

編輯，禁止繼續報導宋彬彬道歉的新聞，並下令網站下架相關貼文。宋彬彬為求心安而啟動的道歉行動結果造成反效果，最後演變成一場迫使政府出面鎮壓的公開辯論。11

宋彬彬道歉能帶來公開辯論讓吳迪感到欣喜，但宋彬彬因此遭到攻擊也讓他頗感不悅。「我認為自由派知識分子都應該為我們推動這項討論而鼓掌，」他對我們這群人說，「但在宋彬彬遭到這種批判以後，今後還有誰肯道歉？」

＊＊＊

聚在大木桌邊的作者立即展開討論。有人支持吳迪，說他已經盡了最大力量。也有人說，他們可以理解有人不願接受宋彬彬道歉，因為直到今天，宋彬彬與她的友人還不肯說清楚當年究竟是誰打了卞仲耘。一群人就在木桌邊爭論不休。

「如果那時候成立紅衛兵了，宋彬彬是領導人之一啊。」

「她們要是知道是誰幹的，為什麼不說出來？」

「說出來有什麼用？最後還不是自殺。」

「中國現在的社會只能接受道歉，不能接受辯解。」

「她有辯解，同時她也有道歉。」

「就是因為上面擔心出矛盾，所以沒人報導這些道歉了。」

「別忘了卞是這間學校最高的黨領導人。就等於說紅衛兵打死了她們學校共產黨最高階的最高領導——這個標題出來以後，西方社會會是什麼反應？打死她的反而會被當成反共英雄！」

這話一出，場上頓時鴉雀無聲，每個人都瞪著說這黑笑話的人。他有些不好意思地低下頭。「只是一句玩笑罷了，對不起。」

經過幾小時討論，這次聚會已近尾聲。杯子裡還有泡過的茶，大家也懶得再加水。很快地，這群作者就會散去，離開這處不起眼的小區回到北京城裡，回到近半個世紀前文化大革命發起之處。

但印紅標搶在這時開了口。印紅標是北京大學國際關係問題專家，也曾就學生暴力事件發表文章。由於中國的大學（就連北京大學等名校也不例外）不贊成，或禁止有關中國現代史的研究和教學，像幾乎所有其他為《記憶》供稿的作者一樣，在這個領域，印紅標也沒有任何正式職銜。但他寫過許多有關這方面的文章，他的發言讓人注意聆聽。印紅標提醒在場眾人，在文革爆發時，宋彬彬等人都還是十幾歲的青少年。

「孩子們會犯錯，但你得問誰教養他們？」他緩緩說著，抬起頭，看著聚在木桌旁的眾人。「誰鼓勵他們？」他繼續說。「我們要他們道歉，但難道其他人就不該道歉了嗎？」

小屋裡一片寂靜，每個人都陷入沉思。沒隔多久大家開始爭相發言。中國的過去與未來在他們心中擦撞出火花，他們的話斷斷續續，但熱情溢於言表。

憶往事：鐵流小店

12

黃澤榮在流亡，在山裡經營一家小旅館。這裡的景致讓人想到中國水墨畫中那種如夢似幻的景致：蒼蒼松柏，滾滾群山，悠悠白雲，潺潺流水，稀稀落落的小人影走上一處陡坡。

不過黃澤榮的現實生活略有不同。他住在熱門觀光景區「介子古城」中間。介子古城位在成都以西五十公里，古城北方是中國最著名聖山之一的青城山。青城山是中國唯一本土宗教道教的發源地。青城山附近遍植松林，林間有許多小廟。但在中國觀光景點千篇一律的外觀——新鋪設的磚造街道，塑料和鋼絲製作的中式燈籠，仿古重塑的廟宇，髒兮兮的工作人員在廟門前售賣門票和香燭，還有一堆小吃店、酒吧和旅店的擠壓下，介子古城縱然還能保有些古建築遺跡，這些遺跡也難以尋覓。

其中一家小旅店的主人是黃澤榮。黃澤榮於二〇一五年、他八十二歲那年買下這家小旅店。這一年他剛剛出獄。之前，他因為經營一門非法生意而遭監禁。這門所謂非法生意是發行中國境內最著名非官方歷史雜誌之一的《往事微痕》。他與一個志願者團隊合作經營的這本月刊，以毛澤東統治時期的舊事為主軸，共發行了十年。由於郵局不願經手，黃澤榮得透過快遞免費將《往事微痕》送到訂戶手中。根據他的估計，為了發行這份刊物，他自掏腰包花了一百多萬人民幣運費。在發行十年後，當局終於以「沒有刊號」為由，對這份刊物開鍘。根據中國法令，任何書本、期刊都必須有「書號」或「刊號」，沒有「刊號」就是非法。

黃澤榮的被捕入獄早已命定。《往事微痕》不具備《記憶》擁有的學術面孔，欠缺艾曉明影片的數位能力，也沒有江雪那種貓捉老鼠式的新聞報導。《往事微痕》的內容與《記憶》、艾曉明和江雪的作品一樣直白，但沒有數位刊物具備的那種保護和手段。印在A4紙上、裝訂成冊，郵寄到中國各地的《往事微痕》，每一期都對人民共和國開國之父毛澤東犯下的罪行提出指控。這份刊物的名稱，與黃澤榮的筆名「鐵流」一樣，意義深遠，耐人尋味。每一期《往事微痕》都在刊頭上印有十六字箴言：「拒絕遺忘，正視歷史，支持改革，促進民主」。

《往事微痕》主要聚焦「反右傾運動」，以及這項運動引發的災難性連鎖反應，不過習近平時代發生的一些事也在討論內容上。黃澤榮原是《四川日報》記者，就像中國境內所有的報紙一樣，《四川日報》也是國營報紙。黃澤榮因為在一個不痛不癢的話題上仗義執言，於一九五七年被打成「右派」，送往勞改營。之後由於改革派黨總書記胡耀邦試圖更正毛澤東犯下的一些錯誤，像當年其他許多人一樣，黃澤榮也在一九八〇年獲得平反。

黃澤榮於一九八五年他五十二歲那年離開《四川日報》，投入企業經營。他投資公司，經營討論民企的雜誌，報導中國第一批企業大亨。像「老虎廟」張世和一樣，他也遷往北京，成為當年首都地區批判思想家、藝術家、作家、記者和學者人文薈萃的自由派聚落的一分子。當時天安門事件還沒有爆發，許多體制內人士對共產黨還沒有完全失去信心，所以他的選擇很不尋常，特別是對於即將退休的他而言，做這樣的選擇尤其需要勇氣。他經營的幾家《商業週刊》（*Business Week*）式的雜誌賣得很好，他本人也成為「下海」致富的民企資本家。

但他沒有遺忘他失去的青春，密切關注政治。一九八七年，中國著名記者劉賓雁要求盛大紀念「反右傾運動」三十週年。黃澤榮熱心響應，但這時鄧小平正值權力頂峰，而當年替毛澤東操刀、鎮壓知識分子的人就是鄧小平。到一九九七年，「反右傾運動」四十週年紀念活動也如期舉行，只是規模很小。當「反右傾運動」五十週年紀念活動於二〇〇七年舉行時也遭到當局打壓。黃澤榮認為自己不能再坐視不管。他與友人謝韜討論後，決定發行一本雜誌。謝韜也曾被打成右派，是大學講師。根據黃澤榮的說法，謝韜給了他幾個可以讓雜誌免遭政治打壓的原則。

「他說不能否定共產黨領導，不能談軍隊國家化，不能談國防外交，不能談敏感東西。就是這個原則，只談歷史，我們所以才能存活那麼久。公安看了，它不反動；工商看了，它不賣錢；稅務局看了，又不上稅；就打了一個擦邊球。它就這樣存活了七年。」

這倒不是說當局沒有想辦法查禁這份刊物。黃澤榮說，中宣部發布過兩份官方文件，宣布《往事微痕》是非法刊物，但沒辦法採取行動。黃澤榮於是繼續發行《往事微痕》。每一期都刊出各式各樣文章：有對文革的詳細分析，有對歷史遺跡的敘述，有對人或地的特寫，還有黃澤榮本人對那段歲月的回憶。

到了二〇一二年，黃澤榮的戒心開始逐漸消退。在習近平於那一年年底掌權以前，黃澤榮寫了幾篇文章譴責毛澤東，要求拆除建在北京市中心的毛澤東紀念堂。他還發動請願，要求以反人類罪名審判毛澤東。

像太多其他人一樣，黃澤榮也看錯了習近平。他知道習近平的父親曾因被打成右派而備受折磨。想來習近平必然也會對他這些行動表示同情。但黃澤榮錯了。他支持習近平「以法治國」，卻不了解習近平所謂「以法治國」的真正意義。他寫信給習近平的反貪大將王岐山，鼓勵王岐山反貪打虎，卻不知道反貪同時也是習派整肅異己的工具。

自二〇一一年發行第六十五期起，為了節省成本，黃澤榮決定只發行電子版《往事微痕》。二〇一四年年中，在《往事微痕》發行第一百一十三期時，黃澤榮以「搞爭議，惹是非」的罪名被捕下獄。這是共產黨每在想讓它不喜歡的人閉嘴時，就會祭出的罪名。一個月過後，這項罪名改成「從事非法經濟活動」。二〇一五年二月，他被判處罰款三萬元人民幣，服刑三十個月，如果他保證不再寫政治性文章，可以緩刑四年。

他就這樣回到睽違四十年的老家四川。他在成都保有一套公寓，但大多數時間都待在介子。他仍然有錢，於是買下這棟位於城郊、面江的小店。這家小店的一樓是開放空間，非常整潔，為訪客提供茶和小點。一樓壁上掛了許多慕名者的字畫，還有一些有關他的輝煌過去的文章。二樓是他和他結縭五十年老伴的臥室，還有一間書房，與一座堂皇的陽台。黃澤榮就在這座陽台招待他的親友。他眺望著遠山樹叢，俯瞰著滾滾而逝的江水。

政府用了一組八個人負責監控他。他估計，政府每年為此必須付出一百萬元人民幣，約十五萬美元開支。

「我比大熊貓珍貴，」黃澤榮開了個玩笑，「現在我更低調了，他們也不再隨時隨地跟著我。大多時間他們只是過來聊天、喝茶。」

鄰居們心想，他一定是在習近平反貪打虎運動中被整的高官。「他們起先都不敢問。我是個謎樣的人物。後來他們發現我不過是個政治犯而已。」他笑著說。

我與他一起度過了兩天，逛市街，在他喜愛的小鋪買早餐麵條，在他的陽台上談論他的過去。他仍然精力充沛，思考敏銳，但硬著頭皮在黨的牆壁上撞了大半輩子的他，多少也已顯露出疲態。

「我耗用了二十七年歲月與他們折騰，不信他們還能把我怎麼樣。」

反右傾運動和毛澤東的舊事仍然令黃澤榮無法釋懷。我問他，這些已經是將近七十年前的陳年往事，仍然那麼重要嗎？

他在反覆思考這個問題之後，詳細說明他的看法。反右傾運動的目的就在消滅黨內外的批判思考。這個運動讓毛澤東可以任意推動那些災難性政策，造成幾千萬人死難。黃澤榮並且認為，習近平在廢除連任限制後的統治，與毛澤東當年的統治頗相類似。

「沒有反右鬥爭就沒有大躍進，沒有大躍進就沒有餓死人。沒有餓死人就沒有文化大革命。沒有文化大革命就不會有天安門事件。」

天安門？這或許扯得有些過遠。但黃澤榮提醒我，別忘了胡耀邦因為替反右傾運動受害者（包括黃澤榮）平反而遭到鄧小平整肅。胡耀邦的免職激怒了人民，也因此，當胡耀邦於一九八九年過世時，人民才會湧上街頭，發動抗議。

最讓黃澤榮不捨的，除了流逝的歲月以外，就是他的書。當他於二〇一五年出獄時，他發現所有他收藏的《往事微痕》期刊都被沒收，連同他多年來蒐集的巨量藏書也都不見影蹤。這些藏書，有些是過去在藝文知識生活較自由的年代出版的書，有些是他從香港郵寄輾轉取得的書。現在這一切都沒了。原本的書房現在已經塵埃滿室，一片空空如也。

他只剩下一支手機，而且就利用這手機的手書功能，每天在微信上發表一篇五百字的微博。像過去一樣，他仍然不時耐不住性子，評論政治事件，包括香港抗議事件（他先見之明地認為，香港在二〇一九年的示威有些太超過，會給政府鎮壓的藉口）。

他用大部分時間會晤前來介子、呼吸新鮮空氣的友人。他還不時寫些有關花草、河流和友人的散文。但在他的內心深處，仍然只有對毛澤東創建的這個政治系統的恐懼。

「要解決反右就要徹底否認毛澤東，天安門上的畫像也要拉下來。只要天安門有毛像掛在城門，中國就永遠沒有民主自由。哪天那個像取下來了，就是中國民主自由的開始。只要還掛著毛澤東的畫像，中國就永遠是個災難。」

我問他，毛澤東與今天還會有什麼關係嗎？毛澤東時代早已過去，只有歷史學者等極少數的人才會關注。

「毛澤東人死了，但他的思想還沒死。共產黨所有罪惡都是從毛澤東來的。習近平也好，江澤民也好，胡錦濤也好，都沒有離開毛澤東。鄧小平也沒有。所以中國的災難都是從他那兒來的。」

11 放下屠刀

流出華南山區的瀟水，來到一處阡陌縱橫、小村處處的狹窄平原。隨著盆地內的六十三條溪流逐一匯聚其中，原本充其量不過是湍急小河的瀟水，逐漸壯大，蜿蜒前行。在流到北方八十公里外，重入山區時，它已經成為一條可以運行駁船和渡輪的廣闊大河。

五十年前，這些小河曾經運過一種異常的貨：腫脹的浮屍。在一九六七年八月的幾週之間，這裡有九千多人遇害。這場大屠殺的中心點是道縣。瀟水穿過道縣，將道縣一分為二，然後往北，先後注入湘江與長江。九千多名死難者中，約有半數就死在人口四十萬的道縣。其中有些人在被棍棒打死後棄屍石灰岩洞裡，有些人被丟進地瓜窖內活活悶死。還有許多人被一團團、圍著一根採石場用炸藥綁在一起，然後引爆炸藥。這類死難者人稱「土飛機」，因為他們的屍塊在田野上空飛舞。不過大多數死難者都是被人用鋤頭、挑竿、釘耙等農耕用具打死，然後丟進流入瀟水的溪流裡。

根據道縣居民的計算，那段時間河裡每小時有一百具浮屍漂流而下。孩子們沿著河岸跑著，比誰能發現最多浮屍。有些浮屍用鐵絲穿過鎖骨綁在一起，腫脹的屍身像菊花鍊一樣在水裡不斷翻滾著衝向下流，死者的眼睛與嘴唇已經被魚群啃蝕一空。這股浮屍流最後在雙牌水壩前被攔下來，把水壩的水力發電機也阻塞了。當局用了半年時間才把發電機清理乾淨，又過了兩年，地方居民才能又一次享用河裡的鮮魚。

幾十年來，這場大屠殺在中國一直是乏人問津的事件。偶爾有人提起，也只是輕描淡寫，說成是文革大混亂期間個別人的行動。他們會解釋說，道縣是個偏遠、落後、貧窮的所在。住在當地的少數民族瑤人於是成了這起事件的罪魁禍首，畢竟少數民族只是半開化的蠻子，誰知道一旦沒有政府監控，他們會幹出什麼事。

所有這些解釋都不對。道縣是華夏文明的大本營，是許多偉大哲學家和書法家的誕生地。犯下這場慘絕人寰罪行的人幾乎全是漢人，被殺害的也是漢人。而且這場殺戮也不是隨機事件：它們是意圖剷除毛澤東時代所謂賤民階級（其中包括所謂地主，根本不存在的間諜，以及憑空捏造的「黑五類」反動分子）的種族滅絕罪行。主導這些罪行的人根本不是發了狂的農民，而是地區內各城鎮的黨委會幹部。他們不僅下令大開殺戒，還派部屬進入山區村落，監督殺戮進行。為謀斬草除根，他們下令要殺就殺全家，不留活口，連嬰兒也不放過。

道縣大屠殺慘案的事實真相所以能公諸於世，全虧一位倔強、不肯閉嘴的編輯。這位編輯在一九八〇年代無意間撞上這件事，之後三十年，他鍥而不捨地研究、撰稿，終於在二〇一一年發表他的發現，之後又在二〇一六年更新他的發現。這位以道縣事件真相為終身職志的編輯名叫譚合成。我曾經在前後幾年間隨著他在華南崎嶇蜿蜒的山區進行調查、訪談。[1]

***

要在道縣旅行，需要有一輛車和一名司機，而對譚合成來說，這兩者從不欠缺。他有一半時間與女兒一起住在北京，一半時間住在老家長沙。但當他來到道縣進行研究時，他既是地下名流，也是亡命之徒。他寫的，是年過五旬的地方人士都聽過、但沒有人敢說的事。有人恨他，因為他揭了他們家族當年行凶殺人的瘡疤，政府也想方設法阻撓他的調查。但他竟敢揭發中國政治系統（就是今天統治中國的這個系統）造成的這些血腥暴行，也令許多人對他敬佩有加。

譚合成不缺願意幫他、帶著他到處跑的志願人士。這或許是件好事，因為你大概很難找到像譚合成這樣對地理方位沒有概念的人。譚合成生於一九四八年，許多與他同齡，甚至比他更年長的人，例如「鐵流」黃澤榮，都會使用地圖追蹤軟體，指引訪客尋路。但譚合成不僅不善使用手機，他就連紙本地圖也讀不懂。他總是搞不清北方是哪個方向，或瀟水往哪裡流。他的腦海裡只是滿載恐怖景象。隨著年紀漸長，這些景象也愈來愈真實。包括那位與她的孩子一起慘遭活埋的婦人，那位在橋上被處決的教師，那些被綁上石塊、丟入河裡的人。這一切種種吞噬著他的心靈，讓他再也騰不出容納其他瑣事的空。所幸在我們旅途上，總有熟門熟路的在地人知道他要去的地點，為我們指路、引路。

這倒不是說譚合成做事不講方法。在《血的神話》這本六百頁的巨著中，他仔細記錄了道縣這場大殺戮。二〇一六年於香港出版的修訂版《血的神話》有七十幾萬字。[2]像楊繼繩討論「大饑荒」的巨作《墓碑》一樣，譚合成這本《血的神話》也不僅僅是敘事史而已，而更像是官方文件、訪問和描述的數據庫。像《墓碑》一樣，《血的神話》也由毛雪萍（Stacy Mosher）與郭建搭檔編輯、翻譯成英文。兩人將《血的神話》精簡為五百頁，以 *The Killing Wind*（殺戮風）為書名，發行英文版。

現在，記錄這場屠殺的艱難工作雖說已經完成，但大屠殺的影像與它對今天中國的影響，仍令譚合成寢食難安。他也會思考政府肆意濫權、誤用歷史等一些比較精深的問題，但令他念念不忘的是一幅典出佛經的象徵性圖像：殺人凶手放不下沾血的屠刀。我請他解釋，但他堅持我們先到道縣轉一圈。

＊＊＊

像大多數他這一代人一樣，譚合成也在直到親身領教共產黨的霸道特性之後，才對這個黨有所了解。在中共建政一年前的一九四八年出生的他，是只知道人民共和國、其他一概不知、也無法接觸外來資訊的第一代人。也就是說，他是吃共產黨奶水長大、只接受過共產黨版歷史教育的人。

就像艾曉明等人一樣，家族背景也與譚合成的一生糾纏不清。譚合成生長在長沙，長沙位於以武漢為起點的大湖區的南緣，是湖南省省會。他的父親曾是中華民國政府軍將領，在抗日戰爭期間英勇抗日。家族的真正問題來自他的母親。他母親的父母參加過一九一一年推翻滿清的辛亥革命，她本人也是中華民國國會議員。她很早就被共產黨指為「反革命」。紅衛兵給她剃了半邊是光頭的「陰陽頭」，把她打到不能行動。譚合成在臥床上找到被打得奄奄一息的母親，而她能給他的唯一忠告就是盡快逃出長沙。

「我媽媽怕我跟他們鬧起來了，就更要被打。她看見我以後就馬上說，快走，快走。」

譚合成加入一群紅衛兵，在中國各地流竄。之後他學了木匠手藝，似乎有望成為巧手匠人。談到自己年輕時，譚合成說：「我的手巧得很，而且我做得很好。」

當大學入學考試於一九七八年重開時，譚合成考進長沙理工大學。在那個時代，所有大學畢業生都會分發工作，他被派到一家工廠，開始對寫作產生興趣。當時風行所謂「報告文學」，就是透過非小說形式，以現實生活故事為題進行社會批判，而譚合成是「報告文學」的高手。他贏了一個文學獎，引起當時正在物色新秀的長沙文學雜誌《芙蓉》的編輯們的注意。

也就在這時，黨的改革派領導人胡耀邦展開一項探討過去真相的行動。胡耀邦不僅讓數以百萬計含冤被控的人（例如譚合成的父母），獲得平反，還在一九八六年決定派遣一千三百名官員前往道縣，調查屠殺案。他們的調查發現：道縣屠殺事件有九千零九十三人被殺，其中四千五百一十九人死在道縣。最駭人聽聞的是，他們發現，共有一萬五千零五十人參與行凶，而且凶手大多是政府官員。事實上，百分之三十七的地方共產黨黨員參與了這起屠殺暴行。[3]

＊＊＊

譚合成是人們眼中可以信賴的作者。他曾經極力支持鄧小平的改革政策。在毛澤東統治期間曾經有問題背景，但現在已經獲得平反的人很多。譚合成也是其中一人。此外，由於中國境內的媒體基本上都是政府控制的，他也是體制內人物，他的寫作不會啟人疑竇。在道縣進行採訪時，人們都對他暢所欲言。他可以根據官方發表的幾萬頁調查文件，不受任何約束地進行採訪。但到一九八六年年底，政治風向逆轉，探討歷史真相逐漸成為禁忌。

「採訪結束以後，形勢就開始大變化了。就開始反資產階級自由化。所以就東西發不出了。愈來愈不行，愈來愈緊，愈發不出了。就是這麼回事，就沒有發出來。」

聰明人的做法是放棄這項採訪。而且譚合成還得考慮到家人。但道縣的慘劇讓他無法釋懷。他原本計畫做些妥協，把這場大屠殺描繪成一種錯誤，共產黨每在解釋它犯下的錯誤時，總說這只是少數爛蘋果犯下的錯，搞得情勢失控。如果調查結果能發表，或許他可以朝這個方向寫作。但現在他什麼都不能發表，這種妥協不再有必要，擺在眼前的只有兩個選擇：要不放棄，要不全力以赴，揭發真相。由於一項可怕的發現，他選擇了後者。他發現，被殺害的九千多人中，沒有一個人曾經計畫過什麼反革命。事情真相是並非只有部分人冤死，而是所有人都是冤死。

「當時我就對這個事情特別傷心。我開始了解共產黨有一種暴力史。早在一九二八年它就組織過農民暴動，殺了許多人。（中共在一九四九年掌權後不久發動的）土地改革的血腥令人髮指。大殺戮接連不斷。突然間事情變得一目瞭然。這些大屠殺根本沒有道理可言。它完全就是恐怖罪行。」

譚合成內心升起一股使命感，他知道自己必須完成這件事。他想到倖存者、家屬與那些為他提供資訊的改革派官員。他曾向他們保證，他所以探討這段歷史為的不是私利，而是為了他們、為了所有中國人的子孫後代。他要讓這種政府領導的暴行不再發生。

譚合成回去找他的編輯。他們都是好好先生。一位編輯建議他不妨再等二十年或三十年，或許等到二〇〇〇年或二〇一〇年，譚合成寫的東西就可以發表了。這位編輯萬沒料到事情不但沒有因時間過去而好轉，反而愈變愈糟。譚合成向這位編輯致謝，但顯然不同意他的看法。

有關他自費前往道線、進行後續採訪的傳言開始流傳。譚合成很快成為當局眼中惹是生非的刁民。他沒有遭雜誌社解職，但被邊緣化。他再也無緣晉升、出席會議、領獎，但他不在乎。

「其實我是很會拍馬屁的人。我的察言觀色工夫一流，知道人們愛聽什麼。無論你要什麼，我都能寫出你要的文章。但我心裡有個底線。讓我把三說成五沒有問題，但是你要我把黑說成白，把是說成非，那我難以做到。」

「於是，當他們說不能發表它時，我心想：好吧，那是你們的問題。但我的人生已經改變，我想到：事已至此，無論怎麼，我發表這東西。」

＊＊＊

隨譚合成在道縣四處採訪，就像坐雲霄飛車亂逛一樣。慈眉善目、前額常飄一撮亂髮的譚合成，精力旺盛，有一種止不住的黑色幽默，經常突如其來、開始談起有關地點與人物的事實、數字，發表他的看法。例如當我們駛過一座村莊時，他可能突然開口，談起當年這裡有多少人被打死，被槍殺，然後突然停下來，大罵一聲：「他媽的，這地方害死好多人！」我們不由自主地笑起來，然後決定我們是不是應該略過這一處屠殺現場？還是應該停下來？由於這類現場實在太多，除非譚合成堅持停下來，我們往往選擇繼續往前走。

寡婆橋就是一處譚合成堅持停下來的地點。在十八世紀，一位富有的寡婦為行善，捐錢在瀟水支流富溪上建了一座橋，人稱「寡婆橋」。在早冬薄暮時分金色夕陽映照下，襯著岸邊一叢叢樟樹與柳樹，這座橋看來格外寧靜平和。

一九八六年來到這裡時，譚合成也頗感平和。但之後，當地居民帶他看了軍刀砍下人頭後、砍在石欄上的刻痕。他在他的書中寫道：「手撫刀痕，眼前的一切頓時模糊了。這實在不應該是一個殺人的地方……這一刻，我真正體會到什麼叫椎心之痛，禁不住淚流滿面……」[4]

特別是在寡婆橋遭處決的教師何聘之一案，尤令譚合成淚奔。何聘之是道縣教師，在共產黨建政以前，何家在道縣有一小塊土地。這塊地小到不行，只有不到半畝，何家沒有雇人耕種，也沒有將地出租。但毛澤東規定，每一個縣一定有「地主」。就這樣，何家人被貼上地主剝削階級的標籤。

但這不是譚合成淚灑橋頭的唯一原因。這位遇害的教師曾用了二十年時間努力當個順民，寫卑躬屈膝的讚歌頌揚共產黨統治，甚至直到死前還大喊大叫，向毛主席表忠。

譚合成寫道：「中國傳統的士大夫精神，雖然講究的是正心誠意，修齊治平，是達則兼濟天下，窮則獨善其身，但歸根結柢還是臣、草民、奴才。」[5]

***

現在，在譚合成初訪寡婆橋事隔三十年之後，我們站在寡婆橋上，與何聘之的孫子周顯亮交談。周顯亮在這場大殺戮結束三年後出生，周家是十一世紀新儒家哲人周敦頤之後。周敦頤據傳在道縣一條小溪垂釣時悟道，卒成北宋一代大思想家。

周顯亮約在橋頭與我們會面，是因為譚合成要了解事發那天橋上殺人過程的細節。譚合成問到周顯亮祖母撫卹的問題。由於當局一直沒有承認他的祖父冤死，他的祖母一直沒能獲得適當撫卹，就像她的丈夫是自殺身亡一樣。大多數死難者家屬的情況都是這樣，他們一般可以領到一小筆錢，但不得討論事件過程真相。另一方面，只有一小撮行凶的暴徒受懲，而且暴徒的子孫還管理著道縣，直到二〇〇〇年代初期他們逐一退休時為止。

周顯亮年約四十，身材矮胖，在縣城經營一家電腦店，當時正受聘籌辦周敦頤誕辰千年紀念活動。他禮數周到，答覆了譚合成的每一提問，只是言詞似乎有些模糊。我問他，討論他的家族苦難史是否令他感到不安。

「不只是因為這是個不幸事件，而是到現在為止，黨還沒對這件事明確表態。到現在為止，這件事仍非常敏感。」

我了解周顯亮進退兩難的窘境。他當然想把這件公案弄個水落石出。但他有他的人生。他有未完的抱負，他有一個家。事情不像「日子總得過下去」，或「過去的事就忘了吧」之類老生常談那麼簡單。他得面對共產黨至今仍然當權的現實。

我們談著時，譚合成走到一邊，開始自言自語起來。在與他相處幾天之後，我已經可以料到他這類行徑：他在極度激動時往往就會這樣。這樣的宣洩有些像是一種療癒。他會幾近發狂地不停地講，講到共產黨如何害死這麼多人，也講到中國知識分子因為附和這個系統而難辭其咎。譚合成在寫作時，遣辭用句非常有分寸，但此時站在橋頭上的他已經情緒潰堤，無法自已。中國的知識分子是一群懦夫。他們不敢挺身而出，他們活該。何聘之曾寫過一齣為黨歌功頌德的戲，卻仍然免不了慘遭砍頭的厄運。

「他寫了個拍馬屁的劇本，還是被殺了！」譚合成狂笑著說，「他自己也不信自己寫的，就為了拍黨的馬屁，結果還是被殺了！哈！」

周顯亮站在我旁邊，臉色陰鬱。對周顯亮來說，譚合成真是個怪咖。譚合成一家也曾受盡苦難，現在他就在你面前，毫不避諱，大聲訴說黨的罪行。他有一切事實和數字。他有各種文件。他將這段歷史寫下來，在海外發表。他還帶來一個外國人了解這段歷史。儘管譚合成或許略顯瘋狂，你得尊重他付出的這一切心血。

但周顯亮同時也覺得，譚合成會有這段獨白其實可以理解。他甚至擔心譚合成會因此被捕。為探討這段歷史真相能如此不辭辛苦、奔波往還，這樣的衝勁和熱情絕不尋常，也絕非體制鼓勵的對象。但周顯亮表示尊重。他靜靜聽著，隔了好一會兒，他將手放在譚合成的肩上。以極尊重的口吻說道：

「譚老師，謝謝你。來這裡一趟不容易。我們很感謝你。我們的祖先，我們的祖宗和後代也很感謝你。」

譚合成不再說話，熱淚盈眶。他掉轉頭，茫然不解地凝視著溪水。初來這裡採訪距今已有三十年，但當年那些事仍令他不解。

＊＊＊

楓木山是滿載毛澤東獨裁統治期間惡行劣跡、血跡斑斑的一個重要歷史證物。當譚合成三十年前第一次來到這村落時，這裡沒有道路。他先搭一輛車來到附近小鎮，然後得徒步跋涉五公里上山。這個地區非常貧窮，就連一支簡單的手錶也是件難以想像的奢侈品，更別說供電或自來水了。

如今這條山路已經拓寬，還鋪了石板路面。我們乘一輛休旅車進入山區，途中還碰上一群在路邊加裝護欄的工人。現在這裡有水、有電，還能享用4G網路。許多家庭把孩子送到附近城鎮的寄宿學校就讀，政府還為赤貧家庭的子弟提供一個只有一間教室的學校。當我們來到這所學校時，十一個年紀在五到十歲間的孩子正坐在共產黨宣傳標語下學著數學。

學校後方另有一樣東西，提醒世人這個大濫權政府的一段黑歷史，那是一座刻有一幅對聯的石碑。對聯的意思是：**已逝的父親與孩子永享安寧。苟活世上的人一生平安。**

石碑上另有幾行碑文，列出遇害父親和三個孩子，以及建碑人的姓名。這人名叫周群，是這父親的妻子，是這三個孩子的母親，她仍活在世

上，她需要平靜。

當我們站在一旁觀看碑文時，譚合成神色大變。之前兩天，我們在道縣馬不停蹄、不斷奔波，譚合成一面進行新採訪，一面想辦法讓我親臨每處大殺戮現場，與盡可能最多的倖存者交談。但一旦來到這處山嶺，站在這座墓碑前，歷歷往事襲上心頭，他突然慢了下來。他面有愧色地對著我不斷搖頭，一句話也說不出來。他閉上眼，在周群家人的墓碑前低下頭。

***

一九六七年八月二十六日，周群和她的三個孩子被村領導半夜從床上拖起來。當時她在村子裡已經工作了幾年，擔任小學教師，但她的日子始終過得提心吊膽。她的父親曾在國民黨政府統治中國期間擔任交通警察，僅止這一點已經足夠讓她成為反革命之後。這意味，她一家人都被歸類為黑分子。

過去十八年，政府已經將周群這類黑分子的財產全數充公。政府派他們擔任薪酬低的濫工作，或要他們耕作岩石嶙峋、難以種植的田。政府還發動鋪天蓋地的洗腦宣傳，讓許多人相信這些壞分子都是危險、殘暴的罪犯。

在文化大革命期間，毛澤東將這類宣傳變本加厲，說這些階級敵人現在準備發動一場反革命。道縣開始謠言四起，說壞分子已經搶了武器。縣政府於是決定先下手為強，一舉剿滅壞分子。當村級幹部表示反對時（就像在其他許多縣境一樣，許多村幹部與受害人難免沾親帶故），高層就出動一般由罪犯和地痞流氓組成、「久經陣仗」的殺人隊伍，迫使地方幹部行動。

這場殺戮風開始從城鎮往鄉間逐漸傳開。根據譚合成的描述，它就像瘟疫一樣，以腳力行走的速度從一處傳到下一處。當年交通不便，通訊設施幾乎不存在。官員得步行將屠殺令帶到下一個地點，傳播這場大屠殺。官員帶著屠殺令來到，屠殺也隨即展開。在殺了幾個人以後，殺戒既開，許多地方幹部殺紅了眼，往往六親不認，開始見人就殺。

這類現象並非特例。大多數有關文革的論述都聚焦於紅衛兵和都市暴力，但愈來愈多研究顯示，這類屠殺很普遍。最近幾項研究以及譚合成的深度個案調查指出，這類殺戮並非偶發，而是普遍而有系統的事件。根據地方記者的一項調查，類似事件奪走四十萬到一百五十萬條人命，換言之，在這段期間，中國各地可能還發生了一百個道縣屠殺事件。[6]

周群被人五花大綁，狼狽地帶到庫房邊一處曬穀場。曬穀場裡已經帶進十三名受害人，她一天前被抓的丈夫也在裡面。受害人奉令集合遊行到另一處地方。就在隊伍即將出發時，一名幹部想起來周群夫婦還有三個孩子留在家裡。他們把這三個孩子也抓了過來，加入受害人群，一起在半夜三更在山裡跋涉了八公里。

一群人最後來到楓木山，就是我們現在站著的這個地方。自稱「貧下中農最高人民法院」的一個暴民組織隨即判處這整群人死刑。暴民用鋤頭猛擊受害成年人的頭部，然後把他們踢進一個石灰岩天坑裡。周群的孩子嚇得死命拽著暴徒的衣服，哭喊「不要丟我進去，我聽話」，但那些暴徒還是把他們都扔進坑裡。有些受害人跌落六公尺深的岩架上。周群跟她的一個孩子跌落一處較高的岩架，壓在一堆屍首上，一時還活著。地面上的暴徒聽到母子哭喊聲，於是將大石塊拋入天坑，壓垮岩架，讓他們墜落到更深處。周群與她的三個子女一開始都還倖存，但幾天過去了，孩子們一個個死去，整個天坑裡只有周群裹在三十一具屍首堆中，一息尚存。

一週後，上級下令停止殺戮，來自周群老家的幾位村民趁夜溜進天坑，救出周群。周群住處的村領導隨後再次抓了周群，考慮殺她。他們把她關進一處豬圈，並且禁止養豬人餵她食物。但幾位村民大起膽子，趁夜丟幾枚甜薯給她。周群就這樣又撐了兩星期，來自她老家的一隊民兵終於趕到，救出了她。

＊＊＊

第二天，我們訪問了周群。她在事件過後再婚，有一個女兒，女兒不讓媽媽重提這段往事。但在我們到訪這一天，她只有獨自一人，我們於是請她談談這些事。在我們訪問道縣期間，大多數受訪人不願重提當年這段舊事。他們常說，這些事重提無益，且共產黨仍舊統治中國，這類話題仍是禁忌。一位在事件中家人被殺、本人也遭兇手輪暴的婦人，甚至直接告訴譚合成，說他寫這段歷史根本沒有意義。至於下一代人的態度就比較模稜兩可。有人歡迎譚合成揭發歷史真相，但也有許多人，像是周顯亮，希望忘了這段往事。他們還有日子要過，要送子女上大學，買房子，或出國旅遊。中國這一代有錢了，重提這段往事只會為今天的繁榮蒙上陰影，讓人想起這些繁榮構築在血腥暴力上。

但周群不一樣。如今已屆八一高齡的她，身材仍然高挑，走起路來腰桿挺直。她兩眼深陷，五官輪廓清晰細緻。她毫不隱藏地談著這段往事，講到激動處，譚合成總會緊張地站在她身邊，深怕她再受創傷。但她堅持要說下去，要讓大家知道當年發生了什麼。

「我在電視上看到小朋友，看到自己的孫子孫女，我就想到我那死在地洞裡的三個孩子。天天我都想到。」

「現在五十幾年過去了，妳也有家庭了。妳應該也得到一些安慰吧？」

「沒有，從來沒有。」

我們在道縣各處奔走採訪，四天下來我已經頭昏腦脹。我們開車上山，看了那座發電機被屍塊堵塞的雙牌水壩。我們訪問了當年被丟進河裡、但大難不死的兩兄弟。我們感嘆法理無存。共產黨的調查難道沒有一點結果嗎？譚合成告訴我，結果確實有，只不過完全不當。「根據調查委員會的報告，包括道縣的半數黨幹部與黨員在內，共有一萬五千零五十人直接涉入這場大屠殺。但只有五十四人因這些犯行被判刑，九百四十八名黨員遭黨紀處分。此外，每被害一人，死難者家屬只領到一百五十元人民幣賠償。以今天的幣值換算，這筆錢相當於五、六千元人民幣。」

我們談到今天想真正重揭歷史真相比過去更難了。習近平統治下的政府也有對過去的懷舊情節，要他們批判毛澤東時代根本不可能。但譚合成認為，這只是暫時的。這個體制已經腐爛，政府也心知肚明，他們不斷推出為過去洗白、一點意義也沒有的各種運動就是佐證。讀了司馬遷、蘇東坡等古人的事蹟，讓譚合成相信，歷史真相終有大白的一天。記錄歷史絕非不切實際的異想天開。它是一種實事求是的估算，終有一天會有回報，且不是對譚合成個人，而是對他的國家。

這一次訪談已近尾聲，我又一次問譚合成，請他解釋那幅殺人凶手放不下沾血屠刀的圖像。這幅圖像談的是一句話：放下屠刀，立地成佛。字面意義就是「只要放下你的殺人刀，就可以立即得道成佛。」根據佛家說法，這句話的意思是，只要戒除惡行，你可以立即成為一個更好的人。我問譚合成，他所謂「放下屠刀」指的是什麼？

「我這麼說就三個意思。一個呢，就是佛說的，人哪，要放下屠刀，才能夠立地成佛。第二個意思呢，我希望呢，中國共產黨真正地能夠放下屠刀，走上一條真正地邁向民主的道路。這樣的話，對黨好，對人民好。第三層意思是什麼呢？放下手中的刀，還有心中的刀。王陽明曾說，破心中賊比破山中賊難啊。這個是對我們整個民族而言的，不是對共產黨而言的。就是我們心中的刀要放下。一定要走上一個民主的、轉型的道路。這樣的話，整個民族將來有任何問題就不會用屠殺的方法來解決，也不會用誰的拳頭衝，誰的力量大來解決。這就是我這話的意思。」

不過今天的共產黨當局一定不會再像當年那樣暴力了吧？

「因為你都是靠屠刀。你整個政權，你說白了，槍桿子裡出政權。你就靠這個？實際上共產黨現在連騙都不行了。連騙都騙不上了。因為他們破產了。原來都是靠欺騙與暴力兩個。現在基本上全靠暴力。想想所有那些抓捕、拘禁就明白了。這是它統治的唯一方式。放下屠刀，立地成佛！」

位於北京的中國傳媒大學，是中國版的「哥倫比亞新聞學院」（Columbia Journalism School），是未來新聞人才的菁英訓練學府。傳媒大學位於北京東郊的校園原本距離市區好幾公里（把那些惹人嫌的作家、記者隔得遠遠的只有好處），不過多年來不斷膨脹的北京都會區早已吞噬了這段距離，而且無論使用地鐵或公路，從北京進出傳媒大學也很便捷。

傳媒大學有一所學院，以二〇一二年在該校執教的中國中央電視著名主持人的名字命名，叫做「崔永元口述歷史研究中心」。崔永元言語幽默詼諧，善於自嘲，是央視最受歡迎的人物之一，在央視主持過幾個節目，其中他在一九九六到二〇〇二年間主持的脫口秀節目《實話實說》尤其受民眾歡迎。他後來因抑鬱症離開《實話實說》，之後回央視主持另一節目，隨即又負責策劃抗日戰爭紀錄片影集《我的抗戰》。他最後退出電視圈，在中國傳媒大學教書。

從黨的觀點看來，在一開始，以崔永元作為這所學院的名義領導人似乎不會有問題。崔永元製作的二次大戰紀錄片影集，給了他無懈可擊的資歷。他是記錄這場對日生死鬥爭的記者，找他當領導哪能出錯？而且他出於愛國動機而要教授口述歷史的理由同樣無懈可擊。在為攝製《我的抗戰》而展開的研究過程中，崔永元發現，日本學者對中國老兵進行的口述歷史訪談，比中國學者進行的訪談還多。他認為，口述歷史是不能輕忽的議題，特別是如果可以用它來榮耀中華民族，尤其必須重視。黨同意他的看法。就這樣，崔永元口述歷史研究中心以幾個研討會為核心而成立，研討會的設計目標就在於訓練平民百姓，讓他們訪問社區裡的老人前輩。

但崔永元不是簡單角色。生於一九六三年的他，不滿足身為國家電視台頂尖人物，也不滿足於主持大學研究中心。他開始在社群媒體發聲，揭發中國社會的問題，往往還因此惹來巨大爭議。他對中國多年來熱中的基因改造玉米提出質疑，問中國為什麼不研究基因改造食品對人類以及生態的長遠影響。他原擬製作一個有關這個議題的電視劇集，還旅行到西方國家，了解有關「基因改造生物」（genetically modified organism, GMO）的辯論。但這個劇集還沒進入製作階段就遭封殺，崔永元於是訴諸社群媒體。他在社群媒體上與方舟子展開冗長的論戰。方舟子是住在美國的科普作家，以揭發迷信著名，是基因改造生物的死忠信徒。政府對這場辯論感到不滿，於是禁止崔永元在社群媒體發聲。

他也報導眾多中國演員逃稅問題，中國最著名影星之一的范冰冰因此遭到禁演處分。這樣的報導雖尚能與政府步調唱和，但也暴露出中國窮人與富人的雙標。每隔兩三年，崔永元總會推出一種新運動，有時會得到政府容忍，有時他會因此遭到警告。

崔永元主持的口述歷史研究中心，也同樣為政府帶來一些始料未及的煩惱。中心的研討會以協助平民百姓深入社會大眾、尋求口述歷史為宗旨。政府原本指望這類歷史都是一些正面故事，諸如現在比過去好了多少，或黨如何領導國家，讓國力愈來愈強。但平民百姓如何學得這項新技巧，或當他們開始訪問其他民眾，探討人民共和國成立七十年來的歷史時，他們會發現什麼，卻都不是政府所能控制的。

＊＊＊

二〇一六年，我參加了口述歷史研究中心主辦的一場研討會，與來自幾乎中國每一省的八十一人共度了一星期。參加這場研討會的人數比預定計畫多了一倍，反映研討議題的大受歡迎。

崔永元本人沒有在會中發言，這次三天研討會的最主要活動，是與中國紀錄片著名製作人吳文光共度一個下午。譚合成或胡杰等製片人幾乎完全在體制外工作，而吳文光卻有辦法將一腳踏在體制內。吳文光所以能辦到這點，就因為他把自己定位為藝術家，而不是帶有政治色彩的紀錄片製片人，這麼做讓他更有探討中國爭議性過去的空間。

一九五六年出生於中國雲南省的吳文光，七〇年代末期在雲南大學攻讀文學，之後在地方電視台工作。當時紀錄片人稱「專題片」，內容都經過精心編寫、控制。吳文光於一九八八年辭職遷往北京，開始投入中國萌芽中的地下藝術運動。

天安門大屠殺就在這段期間爆發，不過吳文光的影片不直接觸及當時的政治事件。他的影片探討一種更深層的社會趨勢：改革開放下的中國人有了辭工的能力。在過去，人們只能接受政府指派的工作，但改革開放催生了自由企業。像吳文光這樣的人因此可以掙脫束縛，追逐自己的興趣。

就這樣，他在一九九〇年推出紀錄片《流浪北京：最後的夢想者》，開啟了中國獨立製片紀元。與政府主導、精心編製的「專題片」不一樣的是，吳文光標榜手持攝影機與脫稿採訪。他這部《流浪北京》的節奏迂迴、冗長，鏡頭幾乎是刻意地忽停忽動，彷彿是在告訴觀眾，這不是政府製作的影片一樣。

吳文光稱這種風格為「紀實片」，紀實片可以解讀為「紀錄片」，但根據字面意義解讀，就是「記錄現實的影片」，這與紀錄片的標準略有不同。紀錄片強調「製作一個紀錄」，或許意指記錄過去是一種具有道德說教意義的工作，而現實比這工作雜亂、骯髒得多。

在針對紅衛兵、農民工和自由開放的九〇年代等各項主題製作了十幾部紀實片之後，吳文光感到就連他的獨立製片也開始碰壁了。在他二〇〇五年拍的《操他媽的電影》中，他與一位導演談話，這位導演指出，就算你可以攝製一些東西，製作公司也可能因為害怕被政府審查而不敢發片。

拜廉價數位科技普及之賜，吳文光與其他紀錄片製片人得以逃過一劫。由於這種科技問世，製片人不再需要昂貴的設備與外部製作人員（如印片商）。你只需拍攝影片，拍完了就大功告成，你可以立即在你的攝影機或電腦上重播。

就在那一年，吳文光啟動「村民影像計畫」。他在北京招收了十名外來民工，訓練他們使用數位攝影機，然後送他們返鄉，講述他們老家的故事。

五年後，他於二〇一〇年推出他最有影響力的「民間記憶計畫」，將幾十名青年送回他們老家，調查大饑荒，勾起人們對死難者的記憶。在這項計畫實施的十年之間，他的學生訪問了二百四十六個村落，與一千三百多人訪談，製作了幾十部影片。這些影片為杜克大學（Duke University）收藏。杜克大學從劇情長片到訪談短片，共收藏六百五十七部影片。[8]

吳文光的計畫以北京「草場地藝術村」為中心。在吳文光當年合夥人、舞蹈編導文慧的指導下，參與計畫的人往往不僅吃在這裡、睡在這裡，還一起在這裡跳舞。這些做法將民間記憶計畫包裝成一項藝術計畫，一種民間記憶運動，使吳文光免於揭發中國黑歷史的指控。

吳文光本人看起來有些像個僧人。六十歲的他剃了光頭，一撮邋遢的鬍子，戴一副玳瑁殼眼鏡，寬鬆的工裝褲，踏著一雙傳統黑色棉布鞋，身穿一件黑色T恤，上面寫著「100% Life, Zero% Art」（百分百的生活，百分之零的藝術）字樣。

他身材結實，神色自若，午後陽光讓他更增精神。他聲音低沉，坐在窄小塑料椅中的我們得弓著上身仔細聆聽。他會在學生描述他們的計畫時與學生搭話，引導他們，而且總不忘問他們一個中心問題：你們的意圖是什麼？

一位來自西安、戴一副銀框鑲寶石眼鏡、體型胖乎乎的學生，想錄製他的村子的衰亡。

一位來自山東、神情緊張的男子說，他要描述鄉下地區精神疾病的狀況。

一位女士播了一段她母親談文革期間暴力的影片。

吳文光為他們一一提供建言，加入了一句讓我們在腦中深深咀嚼的話：

「你得知道自己為什麼做這件事。為什麼要做這個口述史？做這個口述史是幹什麼用的？世上沒有單純的記錄歷史這回事，一定要問一個理由。」

吳文光強調的另一重點是你得投入時間。他播了隨他一起來到班上、他的得意門生兼助理章夢奇拍的一支影片。這支影片攝於華南，對於說普通話的人來說，當地人講的方言就像外國話一樣，根本聽不懂。一名男學生於是提問，想知道章夢奇是否原本就能說這種方言。吳文光沒等他問完，就堵了他的嘴。

「你得學這方言。你以為學生們本來就會說他們的方言嗎？學生們不會說。但他們在折返當地，待了幾年後學會了它。」

那名男生倒吸了一口大氣。「哦，哦，我沒想到……」

還有人問這種工作與新聞工作的差異。

「時間。我們花時間。我們不惜花費幾週、幾個月時間。我們會一再回頭。」

吳文光在表達這種強硬訊息時也不忘幽默。

「你們必須說話，說話，說話！你們喜歡說話嗎？」

大家都笑了，鼓起掌來。

「好了，你們懂了。要說也要聽，要聽也要說，不過大多數時間都在聽。」

吳文光把他的攝影機架在他眼前的三角架上。

「那是一種基於對等的對話。我們是對等的。我們不比我們訪問的人好一些。這攝影機是你的臉孔或你的膽子的延伸。」

助理章夢奇取了攝影機，擺在他後面，將影像播在大螢幕上。螢幕上顯示吳文光與學生交談，批評他們的作品。有人問應該買什麼樣的攝影機，吳文光建議買一種很暢銷、不昂貴的數位攝影機。「要買外接麥克風。音效品質一定要好。」

有人問到有關歷史學家楊奎松，以及楊奎松與夾邊溝勞改營倖存者訪談的事。

「你需要檔案。你需要準備。要做好家庭作業。不要將人們告訴你的話照單全收。這不是一種一連串隨機對話。它可能看起來很像，但它不是。」

這類影片讓人嗅到政治氣息。吳文光的處理手法很敏捷。他問那位二十五歲的助理，問她為什麼要攝製有關大饑荒的歷史。

「我從爺爺的故事裡知道我是從什麼地方過來的，為什麼我的父親現在的生活是這樣，然後我為什麼現在會在做這件事情。其實最後是想了解自己的故事，想讓自己成為一個有歷史的人。」

「過去所以重要，原因就在這裡。歷史或許早在你出生以前就已經發生，但仍然影響著你。你只是沒有察覺，因為你對它一無所知。」

為說明他的觀點，吳文光播放了一段影片。片中那位老人是個聾子。他可能是任何一位不了解我們、而我們也不了解的老人，是那種我們可能懶得理會的老人。訪談者問他，在一九六〇年他吃的是什麼。

「我聽不見你。我聾了。」

「你吃的是什麼？」

大家看了都在笑。

「你吃的是什麼？」

老人終於聽清了問題。他的答覆讓在場所有人都靜了下來。

「我們什麼都沒得吃。我弟弟就這樣餓死了。」

影片就此結束。人聲開始吵雜。隨即有人問道，這樣的問話會不會錯了。這麼問，會不會惹惱那些想遺忘過去的人？

吳文光的答案很堅定。

「不存在干擾，這就是個工作項目。他們是參與者。你不是領導人，你也是參與者。他們講的是他們的故事，是中國的故事。」

第三部

未來

僕……所以隱忍苟活，幽於糞土之中而不辭者，
恨私心有所不盡，鄙陋沒世，而文采不表於後世也。①

——司馬遷，《報任安書》，西元前九〇年

① 白話翻譯：我……之所以忍受屈辱苟延殘喘活下來，困在又髒又臭的牢獄中卻不肯死，原因是我內心有志未伸，不甘就這樣死去，文章不能流傳於後世。

12 病毒

就像北歐青翠的森林一樣，自古以來，中國的濕地也一直是神祕與記憶的避難所。這些農田與城鎮環繞的濕地，就是所謂「江湖」。江湖既是強徒、盜匪隱身之所，但同時也是遊俠、義士為公理、正義奮戰的神祕世界。每在民生困苦達於鼎沸之際，江湖人往往能透過鬥爭發揮中華文化價值，為社會帶來韌性。

在武漢周遭地區，這類鬥爭因一種生態失衡而更凸顯。在古代，人們發現，春天漲潮造成的濕土能使稻米長得更好。先民於是想辦法，以一種較能預測的方式複製這種生態系統：他們小心翼翼地在長江與長江支流的滾滾洪流邊定居下來，建水壩與堤壩擋水，創建許多作為稻田的迷你濕地。政府當局也鼓勵這種安定的生活方式，因為它能帶來富裕的人口，無論就控制、徵兵與課稅而言都方便得多，當然，除非人民逃入江湖與政府作對，則又另當別論。

但二百五十年來，隨著中國人口不斷增長，這種脆弱的平衡保不住了。大批人口湧進更接近河流的地區，在作為天然海綿之用的濕地上蓋房子，於是引發更大的洪水、難民潮與霍亂瘟疫，也就是中國水文學家克里斯・寇尼（Chris Courtney）所謂「現代災難規則」。[1]經濟繁榮了，但根據江湖規則而生活的下層階級人數也愈來愈多。

現代工程制約了這些洪水，但人類不斷找出新招壓倒白然。全世界最大的一場公共衛生危機（寇尼這項政治─生態災難規則的當代版）源出於武漢就是最佳例證。

一種流傳於動物的冠狀病毒於二〇一九年躍入人體，造成這場公衛危機。所以如此的確實原因不詳，或許是因為人類食用了從骯髒、規範不良市場取得的野生動物；也或許是因為研究人員在進行冠狀病毒研究時出了狀況，病毒從實驗室漏出。但關鍵是中國的政治系統助長了這場危機。這個系統過去鼓勵人們緊傍著不時鬧水患的河流生活，現在又對公衛最佳做法置若罔聞。幾近二十年前，類似狀況曾造成一種冠狀病毒從動物擴散到人體。那場「嚴重急性呼吸道症候群」，即SARS，讓世人更加重視一系列可以解決的問題，例如限制野生動物買賣，改善市場衛生，改善公衛結構等等。

但到了最後，中國學到的教訓很有限。政府確實也建了幾個新官僚機構以監管公衛，還造了幾間擁有高科技設備的實驗室。但在骨子裡，政府仍然僅僅聚焦於一套狹隘的目標，基本上就是經濟成長和政治管控。就這樣，中國欠缺改善市場衛生狀況（或中國醫院髒兮兮的狀況）的能力。中國也沒有勇氣阻止人們食用珍禽異獸，在中國的中產與上流階級人群，食用珍禽異獸依舊蔚為風氣。當新冠疫情爆發時，政府不僅不作為而已，它還逮捕警告大疫將至的吹哨人，發布誤導聲明，讓情勢更加惡化。當政府終於採取因應行動時，四個星期已經過去，病毒也有了立足點。

在政府處置新冠疫情失當的同時，一波俠客也重出江湖。這波俠客有反歷史學者，有記者，還有製片人，他們無視政府的鐵腕控制，記錄下當局如何製造又一場政治—生態危機的過程。他們迫使政府認錯，並且昭告世人，儘管政府揚言掃蕩江湖，他們仍然存活在今日中國的陋街小巷，伺機而動。

***

二〇二〇年一月十六日，艾曉明在往訪廣州會見老友之後回到武漢。[2]第二天，她聽說武漢在鬧流感，不過沒當回事。這是冬天，病毒感染是常有的事。她最擔心的是她高齡九五，已經臥床的老父。原本負責照料她父親的看護走了，所以她造訪了幾家醫院，替父親物色一位新看護。一切事情照舊，沒什麼異狀。十九日那天，她聽說武漢出現一種新型肺炎，但仍然沒有很在意。第二天，突然間，大家都在談論這種正在擴散的怪病。但政府媒體對此隻字不提。武漢開始陷入恐慌。

三天後，在一月二十三日，政府突然實施嚴厲的封城措施。生活在武漢與周邊十五個城市的約五千七百萬人民，必須關在自己家裡，不能出門，直到四月八日為止。世界衛生組織稱這項措施「公共衛生史上前所未有」。[3]民眾就這樣在無預警狀況下被關在家裡，許多人既缺少食物，也沒有足夠必備民生用品。武漢迅速淪為一座鬼城。許多人惶恐不安，封城令什麼時候才能解除？當局打算怎麼做？

就像數以百萬計的其他武漢居民一樣，艾曉明首先顧慮的也是她的家人。她趕到藥房，採購棉花棒、消毒劑與瀉藥等等照顧父親的基本用品。由於人們認為病毒很容易透過接觸傳染（後來發現實情並非如此），消毒劑已經缺貨。就像在全球其他地區的情形一樣，口罩迅速賣光，藥房開始哄抬價格。兩天以後的一月二十五日就是農曆新年，但龐大的返鄉過年人潮被擋了下來。武漢商業區漢口火車站自通車一個多世紀以來，第一次關閘停運。

艾曉明立即加入地方義工組織。在二十九日那天，她加入的一個團隊向醫院和社區中心分發了六千五百套個人防護裝備，還募集了六十萬元人民幣捐款。艾曉明穿了白色防護服，戴上雙層

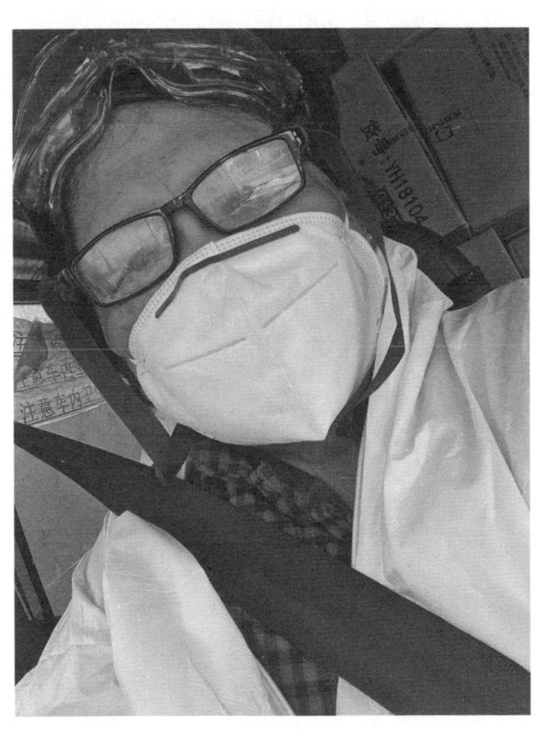

面罩，隨同工作人員檢視情勢。

眼前的景象令她震驚。她的團隊將裝備交給除了棉布口罩別無防護裝備的社區中心工作人員。防護服很受歡迎，但不夠用，根據她聽到的資訊，工作人員得重複使用這些只能用一次就應該丟棄的防護服。

艾曉明不知道應該怎麼處理這些資訊。換成在過去，她一定會帶著她的數位攝影機，一五一十地記錄這場災難。但現在想這麼做，她至少需要一位助理，而且得冒著讓助理感染的危險。此外，她還得考慮她的父親。如果出門做進一步調查，她可能把病毒帶回家。於是，艾曉明做了成千上萬其他中國人做的事：她在網路上發表她的想法。讓她大感意外的是，她這篇文章竟未遭到審查。艾曉明於是繼續動筆寫第二篇、第三篇，加入批判政府的洪流。

＊＊＊

艾曉明的第一篇文章談的是一位名不見經傳、名叫李文亮的眼科醫師。談到民眾對政府的憤怒，李文亮怎麼看也不像會成為焦點人物，不過或許這就是重點所在。他一直是個極為普通且與政治無涉的人。但在二〇一九年十二月底，他在武漢中央醫院的友人將幾名似乎是一種新型ＳＡＲＳ病患的資料交給他。這些病患已經隔離，但病毒似乎已然擴散。

李文亮採取了許多中國人會採取的做法：他沒有在公共社群媒體上發文示警；他沒有在武漢市中心區舉布條，也沒有寫公開信給當局。只有異議分子才會這麼做。李文亮採取的做法是，用他的微信聯絡一個朋友圈，警告他們新病毒要來了。為證明他所言不假，他還在警告中附上病患資料與一名病患的胸部斷層掃描圖。

李文亮寫道，七名染上這種神祕疾病的病患已經「在急診室隔離」，「家屬與親戚應採取預防措施」。[4]

但即使是這樣的警告，也惹來了就連私人微信群組對話也不放過的中國公安當局。就在十二月二十九日當天，公安把他找去問話。三天後，他們強迫他簽一項聲明，承認他的行為「違法」。他被迫在聲明上寫下「明白了」幾個字，還用大拇指蘸紅印在聲明上畫押。

政府隨於十二月三十一日發表一篇誤導民眾的聲明，說野生動物市場爆發一種肺炎，但這種肺炎「可預防，可治療」。[5]這篇聲明之後被官方刪除（但可以在網路檔案上找到）。

早在那段時間已有許多人對新疫情的爆發示警，李文亮的警告只是其中之一。同一時間另有七人遭警方拘留，罪名都是散播謠言。全國各地的電視新聞廣播在一月三日重複這項說法：造謠生事、誤導民眾的人將遭嚴懲。

事件確切過程究竟如何，將成為今後許多年辯論的焦點，但很顯然，武漢地方領導人將病毒存在的事實蒙蔽了約一個月。他們或許擔心承認疫情爆發會毀了他們的前程。一項重要的政府會議即將於一月間舉行，而且春節假期將至，當局因此封鎖這個新聞，希望這波疫情沒那麼嚴重，而且能很快過去。

但一旦每個人都知道事實真相，審查的效力很有限。武漢的情況就是這樣，成千上萬的人染疫，數以百計的人病逝。武漢確實很大，但有關染疫與醫院爆滿的消息已經傳得盡人皆知。封城令下達後，政府不得不承認出了亂子。就這樣，前後數週、甚至數月之間，政府的審查顯得參差不齊、漫無章法。「江湖記者」發表影片、進行調查的機會來了。

李文亮醫生所以成為關鍵人物，是因為江湖記者發現，身為醫生、而且握有具體證據的他，也被當局定了造謠生事之罪。不僅如此，李文亮還在二月一日的微博公眾號上發文說他染了新冠。他自一月起就因發燒、肺部感染和其他症狀而住院。到發文第三天，他已經開始輸氧。儘管病情如此嚴重，他在一月二十七日匿名接受中國媒體訪問，描述他如何因為發聲示警而遭當局指斥。現在他決定透露自己身分，並且與外國媒體接觸。他發現大疫將興，設法向民眾示警，但遭當局制止。他是一位垂死的吹哨人。

負責治療李文亮的醫院察覺，他的病逝會造成一場公關大災難，於是開始發表有關他病情進展的報告。但他的病情持續惡化。他開始接受中外媒體訪問。他在社群媒體上貼了自拍照，照片中的他眉角和髮際汗漬斑斑，氧氣罩掛在臉上，兩眼凝望鏡頭。突然間，中國政府面對自二〇〇八年四川大地震以來最嚴重的一場公關大災難。[6]

＊＊＊

當李文亮醫生於二月七日病逝時，社群媒體炸鍋。艾曉明等著名公知人物紛紛在網路上發文哀悼。艾曉明寫了一幅字，先只是重複四次寫了同一個字：「訓，訓，訓，訓」。「訓」

有「教訓」、「訓練」或「訓斥」之意。艾曉明這幅字或許指的是李文亮被迫簽字認罪的「訓戒書」，但也可能意指李文亮為中國帶來一個教訓，要中國人謹記說真話的道德準則。之後，她又用紅墨寫上這時已經出名的「明白了」三個字，就是李文亮在「訓戒書」上寫的那三個字。在將這幅字貼在網路上時，艾曉明解釋說，這三個字指的不僅僅是李文亮醫生被迫含冤認罪而已。身為一個有政治意識的人，所謂「明白」意指了解中國政治情勢真相，而且願意坦白說出這些真相。

其他許多人也在李文亮的微博帳號上發貼文。微博是一種類似Twitter的社群媒體平台，無論是誰都可以在任何他人的帳號上發貼文，評論他人發的貼文。特別是在二月一日李文亮貼文宣布他病了那天，好幾百萬人在他的微博帳號上留言。「武漢政府欠李文亮醫生一個公道」與「我們要言論自由」這類標籤開始爆紅。他的微博帳號成為讓大家可以放心在裡面宣洩焦慮、情緒的避風港。春天來了，他們告訴他櫻花開了。許多人唸唸有詞，對他表示懷念。[7]

政治漫畫家為他畫了一張全國瘋傳的漫畫照，漫畫中的李文亮戴著外科手術口罩，但口罩上淨是鐵刺。有人為他的勇敢向他致謝，還有人為他遭到的當局的對待向他致歉。許多人重複引用他在接受中國媒體訪問時說的一句名言：「一個健康的社會不應該只有一種聲音。」[8]

***

對艾曉明來說，這場公衛危機於一月底因她父親發燒而燒到她家。在正常狀況下，她會招救護車把父親直接送往醫院。但現在醫院裡危機四伏，病毒正在病患和醫護人員間迅速擴散。她做了一個理性但痛苦的決定，讓父親待在家裡。她知道這個決定意味父親會病逝，但至少他會在親友環繞下病逝在自己家裡，而不是獨自一人在一間閃著燈光的房裡斷氣。

她為父親冷敷，每兩個小時為他翻一次身，用鼻管為他餵食，幫他洗澡。三天後的二月二日，他斷了氣。第二天，他的遺體送往火化，家人辦了一場小小的佛家告別儀式。事後回想，家人感到幸運；二月五日，武漢宣布禁止舉行喪葬儀式。根據官方數字，這時已有一千七百七十人死於新冠疫情。像她父親一樣的死者都是無辜冤死的「附帶損失」。

除了照顧父親以外，艾曉明還要處理許多家務工作。身為女權主義學者的她，知道有人會認為這樣不公平，不過她另有見解。如果能把家照顧好，她就能讓她心愛的弟弟全力運用他公司的資源協助民眾。她的兒子也在為她弟弟工作，而且一連幾個月來，她弟弟領導的集團已經重新部署人力，協助補充醫院資源，為社區中心進行再補給，為有需要的人提供食物。儘管每天讓自己忙得不可開交，但她認為這樣的分工很公平。她曾希望自己能外出購物，像其他人一樣排著長隊。她眼見這一切種種小小的問題已經在龐大的武漢發酵，導致公共精神的崩潰。現在父親走了，她有時間發表她的想法了。

> 我認為目前恐慌帶來的問題和危機，比疫病更凶險，因為恐慌造成的人和人之間的

隔離，也迅速而廣泛地調動了人的私欲。我們看到各地的自私、自保、以鄰為壑……恐慌激發出野蠻的行為，導致人道危機，它是危害更大的病毒。

由於一開始過於嚴厲地控制訊息流動，使得病毒的傳播無可避免。而事後採取的很多措施又沒有經過充分的公眾討論，突然就走到另一個凍結點：一下凍結交通，凍結人員流動，來了個急煞車。這種情況造成的社會心理後果就是恐慌。極度的恐慌帶來一些極端的社會應對行為。例如隔絕，包括人和人的隔絕，省和省的隔絕，村和村的隔絕。這種行為是互相模仿的，很多標語都把這種隔絕的必要性強調到荒誕不經的地步。[9]

像許多經歷過二〇二〇年年初那些事件的人一樣，艾曉明也立即發現政府瀆職在事件中扮演了巨大角色。她沒有深究政府反應如果快一些，能不能阻止疫情擴散的問題，這個問題得留待後世討論。但她與其他億萬中國人都很清楚，政府將病毒存在的實情隱瞞了約一個月。直到疫情擴散，情勢失控後，政府才開始實施封城，但封城手段又過於凶狠，造成的恐怖幾不下於病毒。

艾曉明寫道：「一開始對訊息的嚴控使疫情擴散難以避免。許多事後採取的措施都是強加的，未經充分公開辯論。」

其他人也有同感，批判政府之聲與有關這場危機的報導在公領域掀起滔天巨浪。有些人效法半世紀前的地下歷史學家，開始探討這場危機。本書前文提到的遇羅克就是他們效法的對象之一。因為血統不好（遇羅克的雙親曾在國民黨主政期間在政府擔任小官），遇家人在毛澤東統治期間的中國淪為賤民，遇羅克也因此成績雖好但進不了大學。文化大革命展開以後，遇羅克寫了一篇〈出身論〉，大獲好評，在街頭巷尾賣了好幾萬份。他在一九七〇年遭到處決。

武漢封城正逢遇羅克處決五十週年。艾曉明等人在微信貼文，討論遇羅克的事蹟。遇羅克的弟弟遇羅文二〇一六年發表的一篇紀念哥哥下獄五十週年的文章也在微信上爆紅。在三年清零鎖國之初，政府肆意濫權顯然是引起熱議的議題。

還有人複製地下歷史學家用了多年的辦法，翻到中國防火牆外，在YouTube

與Twitter上發文。像許多人一樣，他們想方設法取得必要VPN（虛擬私人網路，即翻牆軟體），說明中國人一直不缺翻牆能力。這種中國國境內、境外異議分子互通聲息的做法，將成為日後抗議的標記。

影音製作人陳秋實的抗議堪稱最大膽，也最短命。陳秋實早在二〇一九年就自掏腰包前往香港，報導當地的抗議。他在自己的微博帳號上發文，談他見證到的這次和平抗議，駁斥官方媒體有關抗議如何暴力的敘述。陳秋實在一月二十三日抵達武漢，開始錄影。這時，他的微博與微信帳號已經被封，所以他在YouTube與Twitter上發文。

一月三十日，他前往武漢一家擠滿病患的醫院。陳秋實就在這裡播了一段來自封城區的最著名的感言。他說：「我是害怕。我前面是病毒，我後面是中國的法律與行政力量。但只要我還活著，我會繼續做我的報導，我只說我看見的，我聽見的，我要把我所見所聞講出來……我連死都不怕，我還怕你共產黨嗎？」[10]

儘管大多數中國人沒能見到這些報導，他僅僅工作了兩星期就遭到監禁的事實仍然激起民眾排山倒海般的義憤。他遭到監禁也說明，中國知識分子比一般認為的更能輕易接觸YouTube與Twitter。這意味相關影像可以在中國社群媒體轉貼。當然，它們可能被封，但它們也可以轉換為難以審查的格式貼出。

三十六歲的前律師、公民記者張展的影響力甚至比陳秋實還大。張展在發表兩個月影音作品後遭到監禁。她原是律師，因處理人權案而遭註銷律師執照。像陳秋實一樣，張展也因支持香港民主運動抗議示威而於二〇一九年被捕。

她於二月一日離開家鄉上海，往訪武漢。她的第一站是會晤艾曉明。艾曉明聽說過張展，知道張展曾是維權律師。像過去一樣，艾曉明接待了張展，留張展住在她在艾家小區外那間小公寓裡。艾曉明為張展做了一番武漢城簡介，之後張展搬進一家旅店。張展借了輛自行車，在武漢各處晃蕩，帶了一部廉價攝影機進入這波疫情的關鍵地點。

空曠的市街、炙熱的火葬場、人潮洶湧的醫院，以及武漢病毒研究所（有人認為這裡就是這波病毒的起源地）都在張展拍的影片中入鏡。影片中有段拍的是一處社區衛生所，談到儘管政府宣稱新冠檢測免費，但這間衛生所仍向一名男子收取新冠檢測費用。她指控政府隱瞞真實死亡數字，審查新聞。她還指控當局禁止一切公開集會，讓許多失去親人的武漢人無法悼念親友。

「這是晚上十二點四十殯儀館裡焚燒爐的聲音，」她在已經成為她商標、鏡頭抖動不已的紀錄片中說道，「他們確實是在徹夜工作。」[11]

這些報導完全稱不上「調查新聞」大師之作。所有調查新聞的記者都明白表示，他們只會描述眼見之實。有趣的是，大多數記者在報導尺度上都會退縮一些，以迎合政府觀點，彷彿是希望這麼做以後，他們的報導就能出現在中國社群媒體上一樣。以張展為例，在談到市民們指責政府，說政府應該開放市內空曠的旅館收容病患時，張展就替政府辯解說，旅館的空調系統會傳播病毒，不宜收容病患。記者們的力量在於揭發日常生活現實，這與政府所說、一切都在掌控中的說法大相逕庭。

這是來自最前線的新聞報導。官方媒體只會發表官員接受訪問、醫院裡秩序井然的報導和影像，調查新聞的記者要揭發事實真相。他們的報導很快就遭到審查，但他們讓人憶起不很久以前，當江雪這類人士還為國家媒體工作的那段日子。他們也說明了一件事：在這場全國性危機中，除了政府傳聲筒以外，還有其他聲音。

＊＊＊

或許更令人震驚的是，就連防火牆內的社群媒體，也遭到各種投訴與報導洗版。當時最普遍的一種表達這類意見的方式就是發表日記。住在美國的學者楊國斌不厭其煩地分析了二百多篇線上日記，描述二〇二〇年初席捲武漢的恐怖。楊國斌在研究這些日記後寫道：「武漢封城史無先例的性質令人怵目驚心，寫這些日記的人自視為歷史見證人，決心透過日記留下個人紀錄。」[12]

調查新聞記者中，最著名的人物除艾曉明以外還有武漢作家、以筆名「方方」著名的汪芳。方方以善於用寫實手法描繪武漢碼頭工人、地痞流氓和工廠工人生活而著稱。這種社會主義寫實手法語帶批判，但尚能獲得政府接受。方方是中國作家協會會員，在中國頗具影響力。

但這位六十四歲的作家近年來逐漸成為惹議的人物。她在二〇一六年出版一本名為《軟埋》的小說，描述一九四〇與五〇年代的土地改革，用主角的失憶，暗諷中國人已經忘了中共開國初期那段充滿血腥暴力的歲月。現在她以她特有審慎而簡樸的手法，描繪病毒擴散為她帶來的震驚。

方方的日記所以造成重大影響，部分原因是她反映了許多生活在體制內中國人的生活實況。她不是艾曉明之類的異議分子。她擁有政府給她的一套公寓。由於她是地方名流，共產黨官員每年新年前夕都會帶著禮物上她家賀歲。沒有人能指控她激進。

所以她對武漢近況的描述極具公信力。她描述武漢「極度恐慌」的五天：在封城前三天，每個人都知道一種可怕的病毒正在擴散，但政府什麼也沒做，封城之後的兩天，地方政府也沒能針對封城做法提出任何解釋。武漢得靠自己嗎？有沒有人會過來幫助武漢？她在微博貼出的日記開始湧入數以萬計點閱和留言。

直到一月二十五日，一組專家從上海抵達武漢，方方才在當天的日記上寫道，武漢人終於知道他們的國家沒有拋棄他們。但事情怎麼會鬧到如此田地？方方在一月二十六日發表的日記上寫道，武漢的官員並不比中國其他官員更差。事實上，病毒爆發只是中國專制獨裁政府體制的典型後果而已。

> 官場逆淘汰的惡果，空講政治正確而不實事求是的惡果，不讓人講真話，不准媒體報導真相的惡果，我們都會一一品嘗到。武漢搶前爭先，只不過先吃了一個大的而已。[13]

方方運用她的地位讓人知道艾芬醫生的事。艾芬是武漢中心醫院急診室主任，因為洩漏有關病毒的消息遭到審查，並且被控意圖破壞武漢的發展。艾芬因此被迫保持沉默，直到三月間她才終於發聲，接受官營雜誌《人物》訪問。在這篇名為「發哨人」的專訪中，艾芬說，李文亮貼在社群媒體上的資料，是她提供的。她不是吹哨人，而是發哨人。

這篇訪問反映了艾芬醫生難以抑制的怒火。她甚至在接受訪問時破口大罵：「早知事情會搞到這個地步，我根本不會在乎屁個審查，我會到處宣揚，對吧？」[14]

這篇文章立即被刪，但方方又把它貼了出來。其他人紛紛加入，用表情符號、摩斯碼和漢語拼音逃避審查。讀者們用所謂「線上接力」的方式保住這篇文章，讓當局怎麼也刪不了。方方在三月十一日那篇獲得一萬個留言的日記上寫道：

> 網路封殺已經引發民怨。人們像接力賽一樣，刪一次，再發一次。一棒接著一棒……在刪了發，發了刪的對抗過程中，保留下這篇文章變成人們心中一個神聖職責。這種神聖感幾乎來自於一種潛意識的覺悟：保護它，就是保護我們自己。事情一旦走到這一步，我得請教網管，你還刪得過來嗎？[15]

＊＊＊

就一種層次而言，方方所提這個問題的答案是肯定的，「網管」（網路審查當局）當然刪得過來。而且網管確實也以許多各式各樣的方式辦到了。想讓方方這樣的人閉嘴，運用本土民族主義大舉聲討是個特別有效的辦法。在貼文挺艾芬醫生之後，方方發現自己成為「極左」與民族主義者的眾矢之的。

批判她的人指出，其他許多國家都在因應病毒的問題上搞砸了。相形之下，中國政府就算手段略重，但至少保住了許多命，不是嗎？在中國，官方數字顯示，只有五千二百二十六人死於病毒。就算真正死亡數字是這個數字的兩倍，人均死亡數仍然遠比幾乎世上任何其他國家少得多。在封城解除後，中國兒童恢復上學，餐館和酒吧大體重開，生活也一般而言重歸正常。至少在疫情爆發過後第一年，政府採取重手段對抗病毒合情合理。

在爆發過後第二年，對大多數中國人而言，封城清零已經成為一種生活方式：政府立場堅定，甚至嚴厲，但人民安全了。義大利停屍間人滿為患、美國將有一百萬人遭病毒奪命、全球各地的教室整個學年空置。在來自世上其他地區排山倒海般惡耗的衝擊下，政府為什麼容許野生動物市場存在，為什麼在十二月間毫無作為等議題，也消聲匿跡了。

就這樣，一開始對政府不滿的批判聲浪逐漸退潮。方方這類人成了一些只會亂叫的怪胎或西方傀儡。她的許多篇日記緩緩被刪。

一些更放言無忌的人成為政府階下囚。陳秋實已遭拘捕，直到六百天後，他才露面在Twitter上貼了一篇引人遐思的貼文：「在過去一年八個月，我經歷了許多事。其中有些可以說，有些不能說。你們懂的。」[16]

五月間，張展被拘留，進行絕食抗議，隨於二〇二〇年十二月因「尋釁滋事」罪名被判刑四年。艾曉明沒有忘記她的朋友。這時，由於她的微信帳號再次被封，艾曉明將一張自拍照貼到Twitter上，照片中的她戴著口罩，口罩上寫著「張展無罪，必須釋放！」

艾曉明並且寫了一封信給負責張展案的上海法院。她複製了林昭，就是那位因為替《星火》雜誌供稿，而於一九六八年被處決的上海詩人，當年在一封致法官的信中的文字，寫道：

> 向你們，
> 我的檢察官閣下，
> 恭敬地獻上一朵玫瑰花。
> 這是最有禮貌的抗議，
> 無聲無息，
> 溫和而又文雅。

在一封隨附的信件中，艾曉明寫道：

> 人血不是水，滔滔流成河。
> 敬錄林昭獄中遺詩，向上海浦東新區檢察院張展案檢察官，與法院主審法官：

張展無罪，應該釋放！

學者，獨立紀錄片製片人
武漢市民，艾曉明
二〇二〇年十二月二十七日夜

這一切都是中國專制獨裁權勢薰天的證據。公民或許能在短期間闖出一點空間，但最後終必以失敗收場。但它同時也顯示中國地下歷史學家們的韌性。更仔細地觀察事件演變，就能明顯看出，政府已經失去如何撰寫病毒爆發過程史的主控權。即使到現在，政府想完全拾回主控似乎也永遠不可能。

以李文亮為例。李文亮去世後，政府忌諱他的名氣過響，對他改採拉攏的手段，將他塑造成一位對抗病毒的烈士。事實上，李文亮當然是位因遭到眼疾病患病毒感染而喪生的眼科醫師。他的名氣與他對抗病毒無關。實際上，他有名是因為他是位吹哨人。

這是太明顯不過的事，就連中國最熱門的線上百科全書「百度百科」，也承認政府對李文亮一案的處理手法拙劣。百度百科在有關李文亮的介紹中正確指出，政府後來撤回對李文亮的控告，還因地方警局不實指控李文亮散播謠言，而懲處了地方警局。[17]中共當局每在處理無法掩飾的錯誤時，就會採取這種「少數幾顆壞蘋果誤事」的標準做法，這一次也不例外。不過這麼做也明白顯示，李文亮是犧牲者。中國公民記者揭發了事實真相，這是中國公民記者的勝利。

李文亮代表的意義歷久不衰，政府直到今天仍然沒有下架他的微博頁面。兩年後，許多人仍然不斷在上面留言，彷彿找上李文亮就能解決中國今天的問題一樣。

「建築業出現大舉解雇潮」，一位擔心自己工作不保的男子寫道。其他許多貼文政治意味更加露骨。有人在留言上引用李文亮醫生在遭警方訓斥後被迫簽署的道歉書。還有人提到最近引發公憤的幾起新聞事件，包括一位精神病女患者被鐵鍊鎖在陋室裡的鐵鍊女事件。「他們不顧民怨」，有網友寫道。

或許最重要的是，武漢發生的事說明中國人潛浮在表面下的怨恨、不滿與批判思考。艾曉明、江雪、張世和、譚合成這些人代表的只是中國人的少數。但他們在情在理的論述能讓昏睡的中國人如夢初醒。觀察武漢疫情爆發過程，固然可以讓人見識到中國政府權勢之大，但更具說服力的解釋是，這個事件已經成為之後發生的一連串反政府抗議事件的範本。

憶往事：軟埋

時間是二〇一五年，一位老婦開始沉入回憶中。她八十五歲，但六十五年來卻始終想不起自己二十歲以前的遭遇。二十歲那年，她差點溺死，被河水沖上岸邊，撿回一命。從那以後，她努力過日子，但總揮不去些微焦慮之情，擔心有什麼禍事即將到來。

她是位寡婦，兒子原在中國東岸一座繁華的城市謀生，不過現已回到武漢老家工作。他很成功，在一處高級小區買了一套房，母子兩人住在一起。能在分離這麼多年後與兒子重聚令老婦欣喜不已，只是這新房子令她感到不安。那種寬敞。那幾幅風景畫。床罩的顏色。兒子擁有的財富。終於有錢了，她發現年輕時的往事開始點滴回到記憶裡。

「他們會來把它帶走。」她對著兒子喃喃說道。她兒子向她保證，這些都是正當掙來的財富，不用擔任何心。一堆名字開始湧現，她脫口說了出來，但不確定它們意指什麼。

她慢慢靜下來。腦海中見到十八個台階，她發現它們代表的是佛教所說十八層地獄。她開始沿階而下，不斷拾回過去的點點滴滴：她的第一個孩子被淹死，她的家人被殺，她用雙手埋葬他們，是一種沒有棺木，只能匆匆把屍體丟入坑裡，蓋上土的「軟」埋。

以上就是方方二〇一六年小說《軟埋》的大致情節。這本小說的故事像一連串環環相扣的謎團一樣展開，寧靜得出奇，卻讓人看得欲罷不能。老婦丁子桃的記憶，配合她兒子吳青林的努力，調查她因失憶而埋葬了的一生。

吳青林是學建築的，隨一位友人在湖北西部地區旅行，研究中國鄉間荒廢了的莊園別墅。這些莊園過去住著地主階級，但這些地主卻在上世紀中葉神祕消失。吳青林慢慢發現，自己的家庭原來也是這個階級，在一九四九年共產黨建政那段期間遭共產黨抹殺。

《軟埋》由人民文學出版社出版，人民文學出版社是中國最大、最商業導向的出版業者。審查人員（在中國，大多數審查是內部審查）或許認為這本書談的是無足輕重的陳年往事。而且，方方還是中國最有名的作家。一九五五年出生的方方是中國作家協會會員，而且在《軟埋》出版時，她還是作協執行委員，湖北省作協主席。此外在一開始，人民文學出版社發行這本書似乎頗具眼光，《軟埋》隨即成為暢銷書。二〇一七年四月，《軟埋》獲頒「路遙文學獎」，這是以已故作家路遙之名命名的一個獨立中國文學獎項。[18]

也就在這時，方方有生以來第一次察覺挑戰政府歷史必須付出的代價。就在她贏得路遙文學獎當天，一個自稱「武漢工農兵讀書會」的團體譴責《軟埋》，說它是一株「反共產黨的毒草」。[19]到二〇一七年年初，一些退休的高階共產黨官員開始攻擊這本小說。五月二十五日，人民文學出版社斷了這本書的發行，網路書店也停止出售。之後，《軟埋》成為禁書。[20]一年以後，方方辭去湖北省作協主席職位，並於二〇二一年遭全國作協除名。

方方犯的錯，是她暴露了人民共和國的原罪：一九四〇年代末期到五〇年代初期的暴力土地改革運動。在這項運動中，數以百萬計農民只因擁有一小塊土地就被打成邪惡的地主，被鬥爭致死。

當時的中國需要土地改革，這是不爭的事實，億萬農民沒有土地，而少數大地主卻擁有巨量土地。包括聯合國派到中國的觀察員在內，許多國際人士都說中國農業如果想現代化，就急需進行土改。事實上，國民黨在一九四九年撤退到台灣以後，採取的第一波行動就包括實施土地改革。

但共產黨推動土改的主要目標不是社會正義，而是要毀了在共產黨統治以前，構成中國社會骨幹的那群人，那些在鄉間興學鋪路，祭祖信教，招募民兵對抗土匪，而且納稅的人。誠如郭于華在調查「馬氏新院」的過程中發現的那樣，共產黨為了建立對中國社會的極權控制，必須毀了那些人。

土改期間出現太多說明這種現象的例子：農民有了土地當然欣喜，但並不憎恨地主。許多地主對農民很照顧，或至少對農民無害。有些地主帶有一種社會良知，甚至支持共產革命。正因為這樣，共產黨不得不派遣工作人員到鄉間煽動農民，要農民起來譴責地主，起來用暴力懲罰地主。數以百萬計的人就這樣遇害，而且往往在他們自己的所謂非法擁有的土地上慘遭活埋。《軟埋》生動描繪了這種現象：丁子桃的家族支持共產革命，但在共產黨黨工煽動後，地方農民對他們恩將仇報。

土改直到今天在中國仍是禁忌議題。網信辦在二〇二一年發表十大不能接受的「涉歷史虛無主義」有害訊息。[21]其中一項就是許多地主其實是好人，土改（至少推動土改的暴力方式）是一大錯誤的說法。

這個議題直到今天仍然引人熱議的原因之一是，共產黨為土改開脫的手法過於拙劣。它依賴丁玲、周立波這類官方作家，讓他們寫一些粗淺的小說，描繪善良農民如何對抗惡霸地主。此外，它還找來一些左派外國作家，如韓丁（William Hinton）等等，為土改洗白。韓丁的《翻身》將土改描繪成一種雖說嚴厲、但不失公允的財富再分配運動，是中國的暢銷讀物。

對方方而言，《軟埋》這本小說是一種新嘗試。她過去的小說一直以一種超寫實手法，描述改革開放期間的武漢。但她在成長期間聽到的一個故事始終讓她無法忘懷：她的母親有位友人，在得了老年痴呆症之後依然整天活在緊張恐懼中，擔心自己會像那些被打成地主階級的親戚一樣，被家人「軟埋」。所謂軟埋就是沒有棺木護身，肉體直接埋在泥土下，被泥土壓擠搗碎，這樣的死者永遠不能往生輪迴。隨著年事愈長，方方決定探討這個議題。她開始廣讀有關土改的書，還走訪湖北西部和四川進行相關研究。她無法取得檔案，但她做了許多訪談，參考了高華等地下歷史學家的著作。她用這些資料為基礎，填補了檔案的空隙。

「軟埋」以描寫田野綺麗風光，與富有農民一度生活的那些精緻莊園而著稱。跟她寫的其他幾本小說不一樣的是，這本小說筆調緩慢、含蓄，讓讀者一步步捲入女主角身世之謎——她是誰？她有什麼可怕的祕密？

像胡杰的木刻版畫與油畫一樣，這本小說意在為被剝削的人發聲，意在用藝術填補檔案漏洞。但方方沒有在大饑荒上著墨太多，而是深入探討更可怕的土地改革。

當然，這本小說同時也影射了中國自身對過去的軟埋。雖說丁子桃太老、太迷糊，無法面對過去，但她的兒子吳青林有選擇能力。在與友人結伴往訪鄉間的過程中，他接觸到更多關於家族莊園的線索。友人勸他循著這些線索摸索，了解更多，但青林拒絕了。他得活在這個社會。他不敢知道太多。

之後那位友人告訴青林，說自己要投入記錄老莊園的工作，說自己要將這些老莊園和住在裡面的人的真實遭遇寫出來。那位友人選擇了記憶。青林在與那位友人談話時發現，他原本認為他可以選擇的那條路，那條遺忘的路已經不再是選項。只要有人記住，其他人就不再能遺忘。只要一絲記憶尚存，就足以挑戰失憶。

> 青林自顧自不斷想著。我選擇遺忘，而你選擇記憶。不過由於你選擇記錄這些案例，我現在又怎能忘了它們？

13 帝國

在源遠流長的中國歷史與出現在今天是中華人民共和國這片土地上的許多政權中，清帝國堪稱是最強大的帝國。由游牧民族滿洲人於西元一六三六年建立的清帝國，在建國八年後征服了漢人的大明帝國。清帝國憑藉本身的軍事力量，再加上中國的經濟與文化實力，建了一個國土面積比明帝國大一倍，比中國歷朝歷代都更龐大的帝國。[1]

清帝國開疆拓土非常成功，將過去幾乎從不曾在漢人控制下的土地，包括西藏、新疆、蒙古與滿洲都納入版圖。之後清帝國於一九一一年覆滅，代之而興的民族國家中華民國，除了外蒙古（即今天的獨立國蒙古）還有部分西伯利亞以外，承繼了清帝國大多數疆土。當中華人民共和國於一九四九年建國時，接管的正是這些疆土。

有些人因這樣的歷史傳承，而將今天的中國視為一個現代帝國。但這種觀點忽略了一個關鍵性差異。帝國是由一個核心和殖民地組成，「核心」就是殖民研究所謂的 metropole，帝國的核心通常會透過殖民地政府統治殖民地，以英帝國為例，大不列顛是核心，印度就是殖民地。殖民地幾乎永遠不可能被視為帝國核心的一部分。但相形之下，中國沒有所謂漢人省分與被征服異族居住的殖民地之分。中國將清帝國征服的土地納入一個現代民族國家疆界內，使它們都成為中國的一部分。

這一點很重要，因為現代民族國家將邊界視為硬性、固定、永恆的事物。它們是神聖而不可侵犯的。如果一片國土因為戰爭或一場大動亂而喪失，國家認同就遭到重創。對中國而言，這意味中國永遠不能放棄清帝國征服的土地，中國必須以神話般的方式將這些土地視為中國一部分，就好像中國人（無論所謂中國人的定義是什麼）自古以來就生活在這些土地上一樣，就好像所有自古以來就生活在這些土地上的人都是中國人一樣。於是，中國將蒙古大汗成吉思汗尊為「中華民族的偉人」[2]；少數民族學童就像學習自己的文化傳承一樣，學習中國詩詞。

就這樣，在今天的北京當局心目中，整個地區與地區內所有的民族都屬於中國。儘管根據歷史考證，許多世紀以來，西藏與中國一直是兩個分治、互動的政治實體，但自二〇一一年起，中國政府宣稱西藏「自古以來」就是中國一部分。[3]同樣地，儘管台灣與香港在歷史上時而由中國控制，時而非中國控制，但北京宣稱這兩塊土地一直是祖國不可侵犯的一部分。最重要的是，北京只是一味宣揚這種主張，完全無視於今天生活在西藏、香港或台灣的人民主張的自決。在中國自稱擁有的土地上，民族自決是不可能存在的。

北京的做法是，將這種國土主張視為沒有談判餘地的核心利益。為謀求這種核心利益，北京並不採取民主手段，例如說舉行公民投票，以決定維吾爾人、西藏人、香港人是否願意成為中華人民共和國的一部分。根據宗教史教授麥克．瓦希（Michael J. Walsh）的論點，北京採取的做法是建立「一種領土與神聖之間的關聯，從而引用不可侵犯的論述。」[4]中國領土是神聖的，無論基於任何理由，或在任何狀況下都不容挑戰。中國的領土一直是，而且永遠是中國的。

儘管清帝國已經垮了一百多年，它征服的那些土地仍然讓中共領導人煩惱不已。中共領導人表面上也遵從國際慣例，將許多這類地區稱為「自治區」，或保證給予這類地區一些自治。但實際上這些地區都在北京統治下。其結果是，幾近半數中國國土，包括大多數邊界地區都駐有重兵，由小群漢人官員治理。其中新疆、西藏與香港等地，幾十年來始終動盪不安，最後都靠鎮壓才能敉平騷亂。面對新疆與西藏的騷亂，中共採取的做法是強迫同化，迫使當地少數民族接受漢人文化與習俗。面對香港騷亂，北京毀了之前許下的讓香港自治到二〇四七年、五十年不變的承諾。

今後幾十年間，這些地區隨時可能爆發讓中國困擾的亂子。而所有這些地區都是中國地下歷史學家，及包括許多在今天的中國幾乎沒有話語權的少數族裔的聚焦點。

＊＊＊

西藏作家茨仁唯色（Tsering Woeser，漢名程文薩）在漢人學校受教育，用中文寫作，而且生活在北京。她的作品透過一個叫做「高峰淨土」（High Peaks Pure Earth）的外國網站翻譯成英文。[5]這使她成為外國媒體心目中的關鍵人物，有些人認為她多少有些不真實，是文化同化與異國幻想的產物。

但她的故事是國內流亡的典型。唯色遭軟禁在北京，但仍能寫一些批判體制、筆鋒銳利的文章。對許多生活在漢文化主控一切的環境中的少數族裔而言，她的命運並不陌生。儘管她必須為了生存而妥協，但她仍能保有她的誠信與尊嚴。

許多人主要因為她的線上作品而知道她，但他們多半不知道唯色還寫過一本極為重要的、有關西藏歷史的地下史。這本在中國被禁的書，記錄西藏在文革期間如何被摧殘得面目全非，為西藏的持續動亂做了說明。

我曾幾次與她交談，但在整個二〇一〇年代，想進入她在北京東郊的寓所愈來愈難。她與她丈夫王力雄生活在一起的這間公寓，已經遭到全天二十四小時監控。獨立製片人朱日坤在二〇一四年的電影《檔案》中，就描繪了唯色這些荒謬的遭遇。朱日坤的這部影片，以唯色用自己的聲音唸自己的警察檔案為開場白，講述自己的故事。

有一次，我繞了幾個公安局懶得監控的後門（唯色不斷緊盯著警察，在最後一刻指示我，要我從哪扇門進入），終於潛進她的公寓。我利用那次好不容易得來的機會，在唯色夫婦裝飾得多姿多采的寓所中泡了整個下午，除了討論唯色所著、挑戰共產黨西藏史的作品以外，也進一步了解王力雄關於西藏與新疆政策反思的作品。[6]

唯色獨特的身分來自她的家族史。她的父親茨仁多吉（Tsering Dorje）在一九五〇年、年僅十三歲時加入解放軍，之後不斷晉升，成為高級將領，也成就了他家人的特權生活。唯色因此可以接受中文教育。她與家人住在西藏城市達爾澤多（Darzedo，漢名康定）的一座陸軍基地附近。她念的是專為中國占領軍與她父親這類特殊藏人的子弟所設、只講中文的高中。「在學校，我從小就是接受『共產主義接班人』『毛主席萬歲』的教育，所以對西藏的歷史基本上是無知的狀態。學校裡面也不會講藏族有什麼歷史人物。我們知道的就只有中國的這些歷史人物，像是屈原（西元前三世紀詩人，中共奉為愛國英雄）。」

在搬到四川省會成都後，她的意識漸長。她在成都進了「西南民族大學」研究中國文學。西南民族大學成立於一九五〇年代，專為訓練少數民族進入中國政府任官而設。但也就在這所大學，她發現中國還有其他五十五個少數民族，而且中國人對所有這些少數民族都有個共同點，就是歧視。「於是，突然間……我有了身為少數民族的認知。」

＊＊＊

唯色在畢業後搬回西藏，在康定住了一年，擔任新聞記者。當時她接到一本地下出版社發行、約翰・阿維登（John F. Avedon）寫的《從雪國出亡》（*In Exile from the Land of Snows*）。這本一九八四年出版的書記述了達賴喇嘛當年從西藏出亡的經過。唯色說，她相信，中方所以將這本書翻譯成中文，原本用意一定是要批判這本書，之後察覺這本書內容太驚爆，當局迅速將書收回。但已經太遲了，因為西藏人已經將這本書影印、流傳。

這本書對她所知有關西藏的一切提出挑戰。它解釋解放軍如何於一九五〇年代違反與達賴喇嘛的協議而入侵西藏。數以千計藏人被殺，許多藏人逃往印度，包括達賴喇嘛在內。唯色不知道書中這些說法是否屬實，於是把書交給父親。

> 我爸爸也是說話比較謹慎的人，他平時也不愛誇張，但他說書裡有百分之七十是事實。他說百分之七十，對我來說就像百分之百一樣。我就想，哇，原來是這樣，原來解放軍殺了這麼多藏人。我記得那本書我看過很多遍。

離開康定後，她搬到老家拉薩，擔任官媒《西藏文藝》的編輯和作者。她在拉薩見證到藏人遭受的歧視，就連那些努力融入漢人社會的藏人也不能倖免。在拉薩期間，她與她舅舅住在一起。她舅舅年輕時就加入共產黨，但每次只要走出大門，就連他這樣的資深黨員也得向門警出示身分證。「這件事觸到他內心深處。他一個中年男子卻得忍受十來歲小兵的騷擾。」

唯色由於皮膚白皙，外表比較像漢人，沒有受到類似歧視。她的父親於一九九〇年搬回拉薩，一年後在他五十四歲那年去世，她的人生也改觀了。

> 我已經覺悟我是個藏人，但父親去世後，我到寺廟尋求慰藉。我在那裡遇到僧人。他們在信任我以後，開始告訴我事情真相。他們談到（一九八九年三月在一次暴動期間）對付藏人的暴力。我開始想到我得將它寫下來。我就從這時起開始寫文章，寫他們的故事。

她開始寫一些比較沒有政治色彩的文章，例如談佛寺生活，在中文藝文雜誌發表。她還用中文寫詩，點滴探討西藏的符號與圖像。作為一位作家，唯色愈來愈像藏人，但她饒富異國風情的作品當時深獲中國讀者喜愛，他們也因此接受了她的轉變。

但她父親為她留下一些絕對是政治的遺產。他在世時很愛照相，唯色記得，他常在公餘之暇整理底片盒。他去世後，這些底片都留了給她。唯色原本以為父親的照相只是種嗜好，留下來的無非是業餘玩家之作。但直到她將這些底片對著燈光細看，她才發現它們其實都是文化大革命期間攝下的殘酷影像。有遭到羞辱與毆打的無辜百姓，有摧毀西藏寺廟的狂熱分子。她父親用的是「蔡司—伊康」（Zeiss Ikon），這在當年是頂級照相器材，而且這些照片顯然出於專業之手。在那個年代，有照相機的人寥寥無幾。而且誰能在光天化日下照這些照片，並且還為它們附上注記？她逐漸發現，父親當時一定是官方指派、記錄西藏毀滅過程的攝影師。

她該怎麼處理這些底片？她不能在中國發表它們，而且它們也讓她有些膽戰心驚。直到她讀到王力雄的《天葬：西藏的命運》以前，這些底片就一直藏在她在拉薩的公寓裡。當時她與王力雄彼此互不相識，但王力雄立即打動了她。王力雄是位用十年時間研究西藏的漢人，達賴喇嘛還對他寫的《天葬》這本書讚譽有加，說這本書對西藏、對中共統治下的西藏前景都有公允的描繪。《天葬》出版於一九九八年，當時對北京的一些領導人而言，與達賴喇嘛和解似乎仍是種選項。她想，王力雄一定知道該怎麼處理父親留下的這些底片。她把底片盒郵寄給王力雄。王力雄後來寫道：

> 我戴上手套，在燈光下審視這些底片。幾乎就在那一瞬間，我發現我不能接受她的禮物。這些底片太珍貴了。[7]

王力雄回信給唯色，說他願意幫忙，但他不是藏人，而這件事主要應該由藏人來做，必須由她來做。就這樣，唯色作為地下歷史學家的新生命展開了。

＊＊＊

這些盒子裡藏了四百多張底片，是已知有關文革期間西藏影像最大的一筆收藏。政府檔案或許藏有更多照片，但就算有，也不能公開。在一個幾乎沒有人擁有照相機的年代，這些照片是文革十年極關鍵的證物。

更重要的是，這些照片讓我們更深刻了解中國對西藏的摧殘。這一方面由於它們數量驚人，但也由於唯色父親精心製作的那些注解，記錄了攻擊發生日期等等具體資料。這些照片珍貴異常，因為有關文革期間西藏狀況的文獻紀錄幾乎付之闕如。駐加州的史學家宋永毅主編的數位檔案《中國文化大革命文庫》，蒐集了一萬多件文獻紀錄，但其中有關西藏的部分只得八件。[8]同樣地，《新編紅衛兵資料》發表了三千一百封信件，其中來自西藏的只有四件。[9]

但這些照片是數以千計寺廟、數以萬計書籍被毀的實錄，它們說明一件事：與內地相比，文革暴力對西藏的摧殘更凶更猛，而且新疆與內蒙的情況也是如此。這是因為文革同時也是種族鬥爭，一種漢人宣洩其種族偏見情緒的運動。共產黨對中華文化都提出質疑，對生活在邊陲地區半開化民族的文化又怎可能稍有尊重？正是基於這些理由，文革對邊陲地區傳統文化與菁英的摧殘，尤勝於對內地的破壞。我們在第十章談到的地下歷史學家吳迪，也在內蒙發現這種現象。

從一九九九到二〇〇六年，唯色全力投入這項填補歷史缺口的工作。她進行了七十次口述歷史訪談，將它們納入她在台灣出版的書《殺劫——鏡頭下的西藏文革》。這本書的藏文書名意為「革命」，但中文書名有「殺戮與劫掠」之意。這本書載有她父親拍攝的三百張照片，還附有口述歷史作為說明。她還出版了一本相關作品《西藏記憶》，完整收錄了口述歷史文檔。

這些都是珍貴的資料。當她的書上市時，有關文革期間西藏的唯一學術研究資料，是茨仁夏加（Tsering Shakya）有關一九五〇年後四十年間西藏狀況的英文書《龍在雪域》（*The Dragon in the Land of Snows*）中的一章。[10] 之後，梅爾文・高斯坦（Melvyn Goldstein）、班佼（Ban Jiao）與唐曾宏德（Tanzen Lhundup）等三位海外學者以英文發表了一本有關文革期間西藏的專題。

二〇二〇年，《殺

劫》英文版出版，書名「*Forbidden Memory*」（被封禁的記憶）。書中納入唯色在她父親當年拍照同一地點進行的訪談與拍下的新照片。這些照片往往呈現強烈對比：在一張她父親當年拍下的照片中，年輕的紅衛兵聚在一座西藏佛寺前。在唯色拍的照片中，中國觀光客站在同一地點，低頭看著他們的手機。

另一張照片中，一名藏族少婦揮著一把鋤頭破壞拉薩大昭寺包金的屋檐。[11]唯色指出這少婦的

身分，並寫道：

> 照片中的她看來很年輕，好似被一種巨大熱情附體，讓她採取這種讓今天的藏人震驚不已的行動一樣。是什麼事讓她這樣激情？為什麼這樣的地方（這些滿溢著宗教活力、歷史意義與藏族藝術靈感的修院和廟宇），在她的心目中，卻成了一堆垃圾，必須除之而後快的「四舊」？為什麼她似乎認定毀了這些舊東西，就能迎來一個明亮的新世界？[12]

這些照片引人許多疑問，例如為什麼她父親拍下它們。當局或許認為搗毀可憎的政府形式與落伍的文化習俗是正向行動，而她父親是在為這些行動做紀錄。或許這也是她父親當時的意向，不過或許他只是一個奉命行事的軍人罷了。他沒有為這些照片留下任何評述，但從他向女兒承認漢人犯下的暴行，以及他花這麼多時間整理這些底片的事實可以看出，他拍這些照片的情緒並不單純。

對今人來說，這些冷冰冰的照片折射的是絕對恐怖。對一些家屬而言，它們是撫平傷慟的淨化經驗。唯色在文中寫道，她在二〇一二年向一位中年男子出示一張他的父親在文革期間受辱、被打的照片。這位男子盯視照片良久，然後開始無聲飲泣，全身戰慄，抱著身邊的人。站在一旁的唯色也不禁熱淚盈眶。

那位男子終於哽咽地開了口：「父親曾經對我說，當年他在奮力掙扎時見到有人在拍照。我那時不在拉薩。沒想到有一天我竟能眼見當年這一幕。」13

唯色原打算以匿名方式在台灣出版這本書。但在二〇〇三年，她在中國出版了一本名為《西藏筆記》的散文集。這本書迅速遭禁，早幾年可以出版的內容，現在已經變得過於敏感。唯色突然成為異議分子。有時她覺得整個拉薩公安都瞄準了她。

於是她在那一年遷往北京，北京池子大，她也比較不那麼引人注意。翌年她與王力雄結婚，搬進他們的公寓。她開始在網路上寫有關西藏的文章，主要在外國網站上發表。這項決定切斷了她與西藏的關係。像獨立製片人朱日坤在《檔案》中所說的那樣，唯色甚至沒辦法進入西藏。有一次唯色與中國友人分乘兩輛車打算入藏，他們的車子在邊界被檢查哨攔下來。之後，包括她丈夫在內的其他七位漢人都獲准入藏，唯一的藏人唯色卻不得進入。

＊＊＊

學者奧蘭多・費吉斯（Orlando Figes）在探討史達林統治期間蘇聯公民生活的《耳語者》（*The Whisperers*）中，提出一個引起普遍迴響的構想：在一個嚴密管控的社會，人民除了「低聲耳語」，訴說他們的回憶，其他什麼事也做不了。在中國大多數地區，情況並非如此，因為數位科技使若干形式的對話有其可能，但在中國邊區，事實正是如此。就連唯色這樣受過良好教育、享有特權的人，也全靠運氣和不懈的努力才能發現自己家鄉當年的浩劫。這種幾乎沒有歷史記憶的現象意味著，由於欠缺傳統第一手的見證形式（例如書本、證詞、文件），我們今天視為共產黨建政初期記憶的復甦，其實更像一種「後記憶」（postmemory）。[14]在這種情況下，小說就成為回憶過去創傷的一種重要方式。

這類小說最常講述的主題是一九五八到一九五九年間發生的事。在藏東邊區安多（Amdo），一場一九五八年展開的暴亂於翌年延燒到拉薩。中國於是發動全面入侵，屠殺數以萬計藏人，達賴喇嘛隨後逃入印度。在主要是漢人居住的內地，包括「大躍進」與「文化大革命」等當年發生的事件都還可以討論（只不過尺度愈來愈嚴）。但在西藏高原，所謂「五八」事件幾乎完全是禁忌。直到今天，它仍是歷史紀錄中的一處空白。

涉及這個時代的言論空間愈來愈壓縮，往往只能透過海外學者和在海外保有西藏聲音的刊物才能發聲。由羅伯．巴奈（Robert Barnett）、班諾．韋納（Benno Weiner）與法蘭哥．羅賓（Françoise Robin）等三位西方學者合力編撰的巨著《相互衝突的記憶：毛澤東統治期間西藏史重述》（*Conflicting Memories: Tibetan History under Mao Retold*）就是一個例子。他們匯集了有關西藏的新研究成果，以及首次翻譯成英文的藏文文本。這些研究和文本都在中國被禁。

仁青亞波（Alo Rinchen Gyalpo）寫的短篇小說《旅途》（*The Traveling Path*）是另一個例子。他於一九六〇年代生在當時一個富裕之家。八〇年代初期，他進了上海戲劇學院，鑽研傳統藏劇場景設計。《旅途》的故事情節，穿插於八〇年代的一場審判、一九五八年暴動與之後幾年發生的文化大革命等事件之間。

或許其中最重要的一本小說，是茨仁東魯（Tsering Dondru）寫的《呼嘯的紅風》（*The Red Howling Wind*）。《呼嘯的紅風》是一本跨越巨大歷史規模的作品，或許有天能翻譯成英文。它以一九五八年村裡大多數男子或被殺、被捕的那個「可怕的日子」為開場，而以毛澤東於一九七六年過世為結尾。政府事後發給每一位村民兩塊乾茶磚，作為對受害人的補償，村民像「連擦屁股都不能擦的石頭一樣把它們丟了」。

***

有人或許會說，有清一代中國邊界地區所以充滿爭議，是因為住在那裡的人主要不是漢族，例如藏人、維吾爾人或蒙古人。事實上，在漢人生活的邊區，問題往往也同樣嚴重。在香港，中國採取的「一刀切」式做法造成持續二十年的抗議，直到二〇一九年港人暴亂、翌年通過嚴厲的國家安全法之後，才將抗議強行鎮壓。香港旅美學者李靜君說，中國的統治將「一個購物者與資本主義者天堂，變成一座位於全球反中國前線的抗議之都。」[15]

當中國與英國於一九八〇年代初期展開香港問題談判時，中國曾保證香港自治。為控制這塊一百五十年來一直不在中國控制下的土地，中國提出一種叫做「一國兩制」的辦法。從一九九七年交還中國起，直到二〇四七年為止，香港可以保有它的法律與生活方式。這似乎與中國境內任何地區都應該與內地地位等同的構想相牴觸。

事實上，一國兩制的概念並不新。在一九五〇年代，為了將西藏納入版圖，中國談判代表也提出同樣名為「一國兩制」的建議。根據這項於一九五一年實施的協議，西藏可以保有它的體制，包括達賴喇嘛等等，但得將國防和外交事務這類議題交由中國處置。[16]當時中方主持這項談判的負責人，是時任共產黨中央西南局的鄧小平書記。在與英國談判香港問題時，鄧小平已是中國最高領導人。

這兩次談判的主要差異在於中國給香港的迴轉餘裕。西藏自治只維繫了八年就遭到鎮壓，香港自治延續了二十多年。所以如此，或許這是因為住在香港的也是漢人，也或許香港暫時享有中英條約的保護。但更可能的原因是，香港原是全球金融中心，對中國將公司推上國際金融市場的戰略而言，至少直到大約二〇二〇年為止，地位至關重要。無論如何，香港就在一種灰色地帶生存了二十年。一種戰鬥色彩濃厚的抗議文化就這樣應運而生，要求更多民主（中國在與英國的條約中，保證給香港民主）與更好的公民權益保障。

英國從來沒有給予香港完全的民主，但為香港留下一個部分民選的立法會，一個相當自由的報界，與一個獨立司法體系。許多香港人擔心，一旦沒了這些體制，香港會像中國內地一樣，居民得生活在審查、任意拘捕與政府肆意濫權的恐怖陰影中。企業界也憂心忡忡，擔心一旦喪失民權，香港的繁榮與世界級金融業將因商業爭議政治化而受損。

爭民主的抗議能在香港擁有如此廣大群眾的支持，原因就在這裡。在二〇一九年，大多數遭到拘捕的抗議人都是青年，但走在第一線的抗議群眾還有醫生、航空公司機師和會計師。民意調查顯示，儘管政府發動鋪天蓋地般的宣傳指責抗議人，但香港人始終指責政府升高衝突。

為迫使香港屈服，北京用了社會學家孔誥烽所謂「種族民族主義」（racialist nationalism）手段，這是北京犯的一項最大的錯誤。[17]清帝國為了控制它在十八世紀征服的龐大江山，基本上用的就是這種手段。清帝國鼓勵漢人移民，並且在新征服的土地引進中華文化，使中華文化成為正確同化的準則。但香港與這些地區不一樣，因為根據現代種族論述，就歷史而言，香港居民就像北京或上海居民一樣，同屬中華文化世界的一部分。

不過香港長久以來一直處於主流中華文化邊陲，屬於那種避難和抵抗區，在精神上比較偏離固有的華夏文明中心，而更接近亡命不法的江湖世界。香港人使用的語言，不是中共作為官方語言的華北方言（普通話）。此外，受英國統治一百五十年的香港，當然有不同的文化與政治期待。許多香港人並不熱中所謂「回歸祖國的神聖使命」，這些都是主要原因。

有鑑於以上這些因素，北京只剩下一個辦法可以解釋香港那些抗議分子：他們都是反華分子。香港最著名的公共人物之一，曾任港府官員，後來成為立法會直選議員的陳方安生，就被中共當局指為「漢奸」與「數典忘祖」。[18]一旦被扣上反華的帽子，你就不可能成為祖國一部分，就必須逐出權力系統。就這樣，北京有系統地將試圖保有若干自治的香港菁英一一剷除。

***

直到二〇一〇年代中期，香港一直憑著它的特殊地位而成為中國地下歷史運動重鎮。我們在這本書裡見到的人，許多都知道如果他們的作品在中國被禁，他們可以在香港發表它們。我們在本書第十一章見到的譚合成，就將他有關湖南集體屠殺事件的報導在香港發表。第三章談到的譚蟬雪有關《星火》的文章在香港發表，艾曉明拍的夾邊溝紀錄片也在香港獲獎。

香港也是「大學服務中心」的所在地。大學服務中心創辦於一九六三年，專為由海外前來香港、研究中國問題的學者服務。在創辦初期，這個中心的學者的主要工作就是訪問潮湧而來、逃避共產黨統治的難民。自一九六四年起，大學服務中心對來自全球各地、有意進入中國的學者開放。從一九八〇年代以降，許多外國學者不再透過香港，直接往訪中國，使用邀請他們的學術機構的圖書館。

但由於許多中國學者為接觸未經審查的中國歷史檔案，設法往訪海外，大學服務中心的地位仍然重要。在南京常遭專業騷擾的史學家高華，就借助大學服務中心提供的物質支援與喘息機會，完成史學巨著《紅太陽是怎樣升起的》。還有《記憶》期刊共同創辦人何蜀，與著名社會學家于建嶸等等，也都寫了他們在停留香港期間的往事，在大學服務中心的「民間歷史檔案」發表。這個檔案收納約五百篇文章，撰稿人多是地下歷史學家與自由派思想家。[19]

在共產黨於一九四九年掌控中國之後不久，中國學者與物資開始湧進香港。其中最著名的學者是司馬璐。司馬璐在中共困守延安期間擔任圖書館館長，之後做過《新華日報》延安分社社長。在離開延安後，他在重慶與香港經營倡導民主的刊物。不過，他最重要的作品首推他於一九七三年在香港出版的十四冊《中共黨史暨文獻選粹》。[20]

被罷黜的中共黨書記趙紫陽，在遭軟禁期間寫的回憶錄，就是在香港出版的。就連趙紫陽的接班人李鵬（或李鵬的家屬）也在香港出版了李鵬的日記。還有許多在香港出版的回憶錄記述他們在擔任政府領導要職期間的往事，政治學者分析中共何以不斷退回專制獨裁老路，文學家也描繪共產黨統治對個人造成的創傷。一本在香港出版的書，講的是不願在勞改營老死、走上流亡之路的情侶的愛情故事。

＊＊＊

這個生氣蓬勃的出版世界，在二〇一〇年開始式微。一個主要原因是，中國政府發現中國人民遭到地下歷史學家「毒害」。

這樣的憂慮在中國百姓於二〇〇三年獲許往訪香港之後不久出現。到二〇一〇年，每年往訪香港的大陸人數已高達三千六百萬。[21]許多大陸訪客在返回內地時，帶回遭內地查禁的書刊。就在那一年，中共當局發動一項叫做「南山」的行動，意指在南疆山上建一個想像中的瞭望塔，監視紛擾多事的香港。[22]從香港返回內地的中國旅客得接受X光行李檢驗。許多旅客攜帶的書刊被沒收，還被罰款。導遊接到指示，要他們警告大陸遊客，不得在香港書店買書。全國各地地方政府也開始提出報告，說明他們如何查禁來自香港的書。[23]

這項行動於二〇一〇年代中期進入新階段，住在香港的書商與出版商開始消聲匿跡。第一個被「消失」的人是七十二歲的出版商姚文田。[24]他在二〇一三年前往內地小停後不見蹤影。[25]姚文田的晨鐘出版社出版許多自由派思想家與作家的作品，而且即將出版余杰所著《中國教父習近平傳》。翌年，姚文田被判刑十年。[26]

繼那項嚴懲之後，中共又使出一連串拘禁和綁架伎倆。二〇一四年，兩位經營兩本政治事務雜誌、曾經對習近平掌權提出質疑的香港新聞人在訪問深圳時被捕。在被監禁一年多以後，兩人都俯首認罪，承認自己經營不法生意，將雜誌分送大陸親友。[27]

其中尤以「巨流傳媒」以及它旗下「銅鑼灣書店」的五位相關人士的案子最為轟動。中國特工綁架了他們，將他們帶過邊界，迫使他們認罪。所有五位人士都在全國性電視上公開認罪。[28]其中一人桂民海，是瑞典公民，被中國特工從他位於泰國的公寓綁架。二〇二〇年，在依「向海外提供情報」罪名受審後，桂民海被判刑十年。[29]

從中國媒體將銅鑼灣書店視為一項對國家安全的威脅，可以看出北京當局的思考。一家黨營報紙說，這家書店靠著「在內地社會惹是生非生存。在香港歸還之後，它利用大批內地人士進出香港之便，讓自己成為為內地提供『禁書』的重要源頭。必須說，它戴著假面具干預了內地事務，損害了內地維護和諧與安定的重大利益。」[30]

直到二〇二〇年為止，這類措施的效應大體上只是自我審查。出版事業風險雖高，但合法。但隨著新的國家安全法出爐，現在私人出版不再合法了。

大學也受到壓力。特別是作為中國地下歷史學家聖地的香港中文大學大學服務中心尤其備受壓力。香港中文大學基本上已經關了這個服務中心，不過服務中心藏書仍藏在圖書館內一個單獨部門。演說、論壇和獨立研究項目已經無疾而終。民間歷史檔案是個特別惱人的問題。它收藏了數以百計訪談報導和文章，包括中國最著名公知人士撰寫的備忘錄和回憶錄。

二〇二二年，香港中文大學宣布不再經營這個網站，有人因此認為這個網站隨時可能走入歷史。[31]

出版商面對一個更具體的問題：如何處理他們已經出版的成千上萬的書籍。即使書店已經關門，許多書仍然藏在倉庫裡，或者暗地出售，或者希望有一天政府政策轉變。突然間，這許多書似乎必須拿去壓成漿才能解決問題了。

憶往事：失落的倉庫

二〇二二年二月，一位友人用加密訊息軟體傳給我一個緊急通知。[32]這位友人是鮑樸，是香港著名的非官方歷史出版商。他的「新世紀出版社」一度經常出版中國最重要異議人士、思想家、民運人士的回憶錄，經常出版針對關鍵性事件政府說詞提出挑戰的圖片集和官方文件檔案。自二〇一九年起，他的出版業務陷於困境，部分原因是印刷廠不敢承接他提供的稿件。他曾經試著在台灣印刷，然後把書運回香港，但海關通關成了難題。在新國安法於二〇二〇年通過以後，他幾乎已經徹底放棄出版，打算另起爐灶，甚或移民海外。

現在一個更緊急的問題來了，鮑樸與其他幾家出版商囤書的倉庫要將這些書清空。這些書由於太敏感，就連囤積它們都有潛在的違法

風險。倉庫老闆已經下了最後通牒：立即將它們搬走，否則要將它們壓成漿。鮑樸發了一張照片給我，讓我知道這些書的規模。

他的要求簡單，但很急。我能不能立即運走這些禁書？一位本地企業主會付運費，所以運費不是問題。關鍵是得為這些書找個像樣的藏身之處。我跟研究圖書館有交情，但我能幫忙嗎？

我一口答應了。六週以後，我的辦公室裡裝滿三百八十冊禁書，內容從政治改革與回憶錄，到大饑荒紀實與遭政治迫害家庭的愛情故事，共有七十九本，每本約印有五冊。我的同事黃可欣和我立即將它們開箱，放進我們特別為它們訂購的新書架。

這一排排書就擺在那裡，不發一語，卻一五一十地向世人展示中國人為了探討本國歷史花了多少工夫。這些書的作者，大多數只能利用公餘之暇，或在夜晚，或在獄中，在流亡中，在二十四小時不斷遭到監視的軟禁處所寫稿。他們竭盡所能記錄、推斷、思考、書寫。這麼做賺不了錢，但他們認為他們必須用文字一一道出國家面對的問題。

在談到香港的政治書時，有些人愛談為數不多的幾本有關習近平的妻子，或江澤民的情人，那些生動刺激的書，不過這類書並非主流。珍貴的回憶錄、分析中國政情或改寫禁史的書永遠占政治書大多數。這類書籍的作者有些是前高階政治顧問，有些是捲入政治動亂中、相對一般的教師或學生。在任何開放社會，這樣的人原本都是正常政治討論的一部分，他們的書原本都應該出現在週末書展，出現在電視脫口秀。

但眼前這些書讀來令人心痛，江棋生寫的《看守所雜記》就是例子。江棋生是一九八九年學運重要成員，後來成為民運老將。像許多這類型回憶錄一樣，《看守所雜記》也以照片選集打頭陣，有少年時代江棋生青澀的模樣，有他與友人的合照，有他年紀漸長的瘦削身影。書中最後一章名為「我在獄中的最後一天」，談到終於獲釋以前，看守所當局為了嚇唬他而故弄的玄虛。有些這類書籍的封面會用一些聳動的標題要讀者翻閱，就像小報首頁一樣。以《看守所雜記》為例，就在封面上打上「獄中記錄」與「祕密運出」等字樣。幾位在一九八九年天安門屠殺事件中喪生學生的母親為這本書寫序，包括王丹等幾位著名民運人士還為這本書寫了短評。

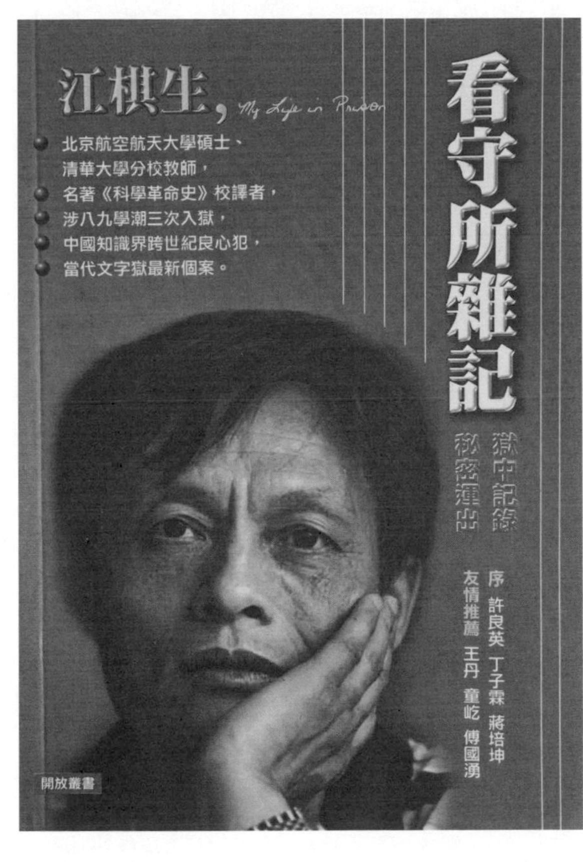

我一邊翻著書，一邊心想，怎能讓人將這樣的書壓成漿？這些脆弱的作品曾經遠征帝國邊陲，現在它們又一次後撤了。

我翻閱已故作家平措汪杰寫的書《平等團結路漫漫：對我國民族關係的反思》。平措汪杰是與政府鬧翻了的西藏共產黨員，曾寫公開信，呼籲當局對少數民族採取比較公平的政策。《平等團結路漫漫》曾由鮑樸發行中文版，由「卡瓦卡波西藏文化中心」（Khawa Karpo Tibet Culture Centre）發行藏文版。

有時，作品名稱與一則短評已經足以展現作者感受的色彩和神韻。陳破空在為他的書《中南海厚黑學》的書名解釋時說：「中國共產黨深諳傳統中國的厚黑學精要，其高層人物，個個都是厚黑高手。」又如在高耀潔所著《中國愛滋病氾濫實錄：血災一萬封信》中，這位中國愛滋病吹哨人談到她在出版中國第一本有關愛滋病的書之後，接到如雪片飛來的信件。東夫寫的《麥苗青菜花黃：大饑荒川西記事》是另一個例子。在川西長大的作家東夫，用這本書詳細記錄了川西大饑荒慘狀。此外，還有一本傳記，討論毛澤東第三任妻子江青與她的丈夫們；有一本編撰書，名叫《遭遇警察》，討論人民與公安人員打交道的經驗；還有一本一九八〇年代中國最有影響力經濟改革家陳一諮的紀念文集。陳一諮之後因反對一九八九年對學生的軍事鎮壓而遭邊緣化。

為盡快將書送往圖書館，我匆匆翻閱其中許多書，但《右派情踪——七十二賢人的婚姻故事》這本書讓我一整天沉醉其中，不忍釋手。這本書講述一九五〇年代反右運動期間，七十二對遭拆散夫婦的愛情故事。我想到艾曉明拍攝的影片《夾邊溝祭事》，想到當年多少婦女為了救夫，或至少為了安葬亡夫而千里奔波。《右派情踪》由周素子編撰，周素子是中國古典文學學者，她的丈夫曾被送往勞改，在勞改營裡待了二十年。

周素子本人的故事就是書中那許多離散夫婦遭遇的典型。她帶著三個女兒徒步從華南走到河西走廊，希望能見到她的夫婿。之後，母女四人被趕出河西走廊，走到黃土高原，以為可以在那裡獲得一塊耕地。隨後這個耕作之夢化為泡影，她們輾轉回到距周素子老家不遠的杭州，與親戚住在一起。隨即警察又把她們趕出杭州，迫使她們長途跋涉千餘公里，又徒步走回勞改營。經過二十年離散折騰，周素子一家人終於團圓。

鑑於這些書的品質，要為它們尋找容身之地不難。我找上萊比錫大學（Leipzig University）博士生指導教授，與福萊堡大學（Freiburg University）一位負責毛澤東主義研究項目的教授。兩人同意各取一套。另有幾家大學也很快加入這個行列。剩下最後一套，我決定收為己有。

我們隨即開始將書打包，送往世界其他幾個角落，讓更多的人可以讀它們，發掘它們，直到或許有一天，它們能回到它們原本預定露面的地方：中國。

14 隱士之士

終南山古時有中國人世界盡頭之稱。「終南」意即「南方之極」，而終南山山頂草木蒼翠，更曾經為人視為天、地的銜接，視為華夏文明的軸心。千年來，佛家與道家隱士將這裡作為逃避宮廷陰謀、追求天人合一境界的聖地，原因就在這裡。但由於緊鄰帝都西安南郊地利之便，住在山裡的隱士總能在適當時機重返塵世。

像地下歷史學家一樣，隱士也往往遭到誤解，成為人們眼中的孤狼。許多人認為，隱士一定都離群索居，住在與世隔絕的高山頂上。隱士確實各自獨居，但一般而言彼此不會相隔過遠，以便一旦發生緊急狀況可以相互照應。而且，他們也會與外界互動，購買米、油和難以在山裡種植的生活必需品。隱士確實獨居，但彼此互通聲息，而且在中國社會，他們一直代表一個對抗政府政治世界的最重要的反制點。

一天，我與江雪一起前往終南山。[1]我原本打算自己租車開上路，但她說有一位友人願意代勞。在逐漸了解江雪後，我發現許多中國中產階級因為她勇於揭發真相的文風而願意支持她，願意用許多小小方式幫助她。那位自告奮勇、願為我們開車的男子就是這樣的人。他是國家鐵路公司的一位資深工程師，也是位虔誠的佛教徒。就這樣，一天早晨七點，我們坐上他的休旅車離開西安，他的汽車音響放著麥爾．戴維斯（Miles Davis）的〈淡淡憂傷〉（Kind of Blue），一串佛珠掛在他的後照鏡上不斷搖晃。

獨立思考來自許多源泉，不過在中國，學校幾乎不可能是這樣的地方。在中國，它一般來自第一手經驗，來自一種親身遭遇或讓人如夢初醒的事件。江雪就

因她的祖父之死而覺醒。我們坐在朝南急駛的休旅車後座，又一次談了他的故事，然後默然無語，望著迎面而來、愈來愈高的山勢。沒多久，我們已經置身山巒疊翠、溪水潺潺的世界。我們駛離公路走上蜿蜒小徑，氣溫降了，眼前霧氣漸濃。

江雪說的家庭故事顯然感動了我們那位司機，他也為共產黨搞的那些現代烏托邦運動添了一段故事。他說，他負責在山區建高速鐵路，就是讓「老虎廟」張世和與他那一代人受盡折磨的那種山區鐵路的高速版。他說，中國的高鐵路網有三萬七千公里，這數字雖說讓世人驚豔，但這些鐵路網的營運大多慘虧。他說，如果能用這些錢改善一般鐵路服務，效益難道不會更好嗎？

「只要能讓江雪這樣的記者多發聲，」他說，「我們就能公開討論我們國家需要什麼。」

＊＊＊

二〇二一年年底，西安成了繼武漢之後，遭到封城的最大的中國城市。在二〇二〇年初讓病毒在武漢肆意散播之後，共產黨走上另一極端，無論哪個中國城市，哪怕只有極少數病毒案例，也要實施封城。在一開始，這種做法並非絕無僅有，其他國家，例如紐西蘭與澳洲，也在條件許可的情況下採取了同樣行動。這麼做的原因是擔心病毒擴散，一發不可收拾。踩下緊急煞車總比病毒大舉爆發，醫院人滿為患、老弱人口死亡率暴漲好得多。但隨著有效疫苗在二〇二一年逐漸普及，大多數國家放棄這種政策。

但中國不肯放棄，一開始這麼做也有道理。由於二〇二〇與二〇二一年初實施的封城，美國等等沒有採取嚴厲措施的國家出現的集體死亡慘劇，沒有在中國出現。但隨著疫苗普及，世上其他國家逐一開放，永無止境的封城讓人難以忍受。這項所謂「清零」政策出自習近平手筆，這讓政府很難放棄。整個二〇二一年年底與二〇二二年年初，共產黨維持一貫宣傳口徑：世上其他國家都鬆懈了，只有中國為照顧人民而堅持強硬。

北京的問題是，病毒不斷變異，封城與邊界關閉手段愈來愈難控制，疫情擴散情勢也不斷復發。到二〇二二年年底，中國十四億人已經集體封閉了將近兩年，國外旅遊基本被禁；大多數重要航線取消；商業、文化與教育交流也受到限制。許多外界人士注意到上海從二〇二二年三月延續到六月的封城。所以如此的部分原因是它封了幾個月，但也因為上海是中國最國際化的大都會。西安封城始於二〇二一年十二月二十二日，比上海早幾個月，但就若干方面來說更加典型：西安城內沒有外國媒體報導有關消息，一千三百萬西安市民只能無聲地忍受，只有中國地下歷史學家發聲。[2]

像過去一樣，政府使出它最拿手的軍管手段：在小區大門前駐警，建立核酸檢驗亭（以西安為例，僅僅在一個月封城期間就建了一萬二千個檢驗亭），還在大街小巷噴灑巨量消毒劑，但這種做法毫無意義（甚至可能有害），因為這些病毒不是經由表面散播的。

但就像一再重演的劇情一樣，中國政府又一次在處理人性導向的問題上大敗慘輸。或許這是因為在他們眼中，擊敗病毒的政治考量才是第一優先，人民受點罪算不得什麼。許多人抱怨找不到吃的，也無法取得基本醫療服務。有人開始騎著單車或徒步走向終南山區，希望翻山越嶺突破封鎖，前往武漢。[3]

江雪做了她最擅長的事：寫。她寫了一篇約五千字的長文，取名「長安十日」，描述封城頭十天的景象。[4]她寫道，她在封城前幾小時接到即將封城的警告，匆匆趕到商場，卻發現商場裡早已擠滿聞訊趕來搶購的人潮。她寫道網購停擺，許多人只能靠親友與關係購買食物。她用許多時間訪問外來民工，這些民工一般住在陋室和宿舍裡，現在這些地方都已經封閉。過去他們還能靠廉價外賣餐食填肚子，現在這條路也斷了。

就像艾曉明的父親因疫情拖累而死在武漢一樣，江雪也寫道，有人因心臟病發送院，卻因遭到院方拒收而死。「在這荒謬的城市，只要不是死於病毒，就不算死亡。」

這篇長文中，最引起共鳴，但或許也是為她惹來最多政治麻煩的文字，是她對一位友人的描述。這位友人寫了張紙條給她，上面重複一句政府標語「西安只能勝利！」江雪起先只回了他短短幾句，說有人心臟病發卻遭醫院拒收而送命。但之後她忍不住，說了幾句重話：

> 「西安只能勝利」，這是正確的大話，套話，也是空話。與之類似的，還有「我們要不惜一切代價」。這句話是不錯，但具體到每一個普通人，我們可能要想一想，在這裡，我們是「我們」，還是要必須被付出的「代價」？

＊＊＊

「長安十日」造成巨大衝擊。二〇二二年一月三日貼出的這篇文章，在存活五天後遭審查當局刪除。在這五天期間，我眼見這篇文章引來二十萬人次閱讀。[5]部分由於它筆調溫和，有人將它與方方的《武漢日記》相比。她在文中字裡行間，處處流露對民眾與民眾苦難的同情，對政府只做了一些間接批判。

在文章引發熱議時，曾任官媒《環球時報》總編輯的博主胡錫進說，他不贊同江雪在文中提出的一切觀點，但政府應該讓她陳述她的觀點。[6]這篇文章的影響力大到足以納入中文版維基百科（在中國被禁）。[7]江雪告訴我，由於這篇文章，她之後被召去公安局，開了三次會。她開始想到，不知道自己作為獨立記者的身分還能堅持多久。她的女兒在加拿大念中學，她開始想到前往加拿大看女兒，離開中國一段時間。

江雪把這篇文章貼在她取名「默存格物」的微信公眾號上。「默存格物」即「無聲觀察家」之意，這個名字本身就有一點表達異議的含意。[8]「默存」可以翻譯成「沉默」，不過它有更著名的一層意義，意指靈魂出竅，優游物外的一種經驗。這個意義典出道家經典《列子》。[9]根據《列子》所述，周穆王有一次在參加酒宴時，一名道士把他帶到另外一處天地。在似乎遊歷了許多年後，周穆王重返酒宴醒了過來。他有些摸不著頭腦，於是問身邊侍從發生了什麼事，侍從們告訴他，他只是無聲無息、動也不動在位子上「默存」了片刻。所以「默存」一詞意即無聲無息坐著，神遊遠方——即中國社會。「長安十日」發表後，江雪的「默存格物」帳號立即因違反網路規定被封。但在短短幾小時後，它以「新默存」的名字重新上架，刊出著名作家鄭世平的一篇文章。鄭世平筆名野夫，寫過無數散文與短篇，描繪共產黨統治初期發生在湖南省西部的殘酷野蠻事件，現在在泰國城市清邁流亡。野夫的文章令人想到藏身山林水澤、在中國人心目中已經成為良心同義詞的江湖俠義。

野夫指出，要將「江湖」一詞翻成英文很難，但根據他自己的看法，所謂「江湖」指的是「兄弟們所在之處」。[10]野夫這裡所謂「兄弟」泛指所有團結一致、對抗既有強權的人，無分男女。這樣的人不會成天把他們的工作放在嘴上；他們只會去做。在需要幫助時，他們會向盟友求援，而盟友也會毫不遲疑、伸出援手。想想看，張展在疫情爆發時趕到武漢。她來武漢先找誰？她先找上艾曉明。艾曉明幫助張展立腳，讓張展能夠發揮。這就是「江湖」。

野夫又說，在今天的中國，就連江湖也陷於重重圍困中。在過去，小廟的自助會還能幫人結合在一起，換言之，還有公民社會。

「但在今天的中國，廟堂要的是五岳獨尊，公民社會則必須碎沙化。所謂有形的江湖早已無存，但世道人心中的江湖，依舊是綿延不絕的。」

＊＊＊

我們在山區一座寺廟前停下車來。一下車，首先映入眼簾的是一株已有一千四百年樹齡的銀杏，每逢秋天，這株古樹會將金色落葉鋪滿整個庭院。我們與寺廟方丈共進午餐。這位方丈十分好客，為我們準備了一套十個菜的素席，還搭配本地產的茶葉。

政府一直在終南山山區各處進行拆除，對象包括非法的別墅、隱士小屋和寺廟加蓋違建。這些拆除作業，是政府打擊貪腐建築陋規運動的一部分，但進一步掌控一切宗教行為也是一個目的。這項運動主要對象是伊斯蘭教與基督教，因為在政府眼中，這兩大宗教最愛惹政治事端。但問題是所有信仰都離不開一種社會或政治元素。舉例說，一個世紀以來，一個名為「人間佛教」的運動就鼓勵信徒積極參與社會事務，而不是只知禮佛，不問世事。

方丈證實確有拆除作業正在進行。為了向政府當局示好，他已下令將寺內新建的盥洗室拆除。方丈很友善，但也很圓滑，通曉人情世故。他領導的是一所政府寺廟，與政府槓能有什麼好結果？他的盥洗室真的違法嗎？並不違法。他申請了建築許可，而且也取得大多數審批公文，但就像中國境內的審批案一樣，其中不免缺了幾張公文。所以他將相關公文交給當局，讓當局拆了這些盥洗室以息事寧人。花一點小工夫取悅高層，打安全牌絕計錯不了。

在一般情況下，沒有人在乎隱士小屋與寺廟盥洗室，但這件事涉及政治權鬥。這項拆除運動其實是衝著即將垮台的省黨書記而來的。方丈在這種情況下表示願意配合拆除，自是明智。他可以等到日後重新申請更多許可，再建盥洗室。沒有人能怪他。

應付政府，還有其他方式。用完午餐後，我們開了兩小時車，來到一條水流湍急的小溪邊。在跨過一座簡單的鋼架橋後，眼前出現一個似乎是廢棄伐木場的遺址。伐木場入口處有一塊巨石，上面刻了一個一百八十公分高、漆了紅漆的大字：「悟」。旁邊有四個較小的字：「佛護茅棚」，意指保護這處隱士之家。小路的對面另有一塊大石，上面刻了「阿彌陀佛」四個字。能將門面造得如此氣派，說明住在這裡的隱士很有辦法。或許更可能的是，擁有虔誠的信眾。

開進入口以後，隱士生活質樸景觀逐漸顯明。我們順一條小路駛下，兩旁散落著幾間破棚子和簡陋的磚房。其中一間還沒壞的磚房就住著這位我們此行探訪的隱士。他站在濕冷寒風中，身穿暗黃色補釘棉袍，腳踏用棉墊製成、腳趾有塑膠帽防護、可以踩入泥濘的軍靴。他七十歲，剃了光頭，笑得很燦爛。他已經在終南山裡生活十年，在這間小屋也住了五年。

他的正規教育只念到中學，但他博讀廣記，而且喜歡討論哲學。一週以前，中國最有名的兩所大學，北大與清華，還組了一隊學生前來這裡，與他一起生活了一週，聽他談話，還爬了山。

美國翻譯家、作家與佛學學者比爾・波特（Bill Porter），寫了一本終南山隱士的書，翻譯成中文（譯按：即《空谷幽蘭》），並因此在中國成為名人。[11]根據波特在書中對隱士的重要理解，隱士得出身「精神研究所」。只有已經在寺廟生活過，知道基本規則的人才能做隱士。只有經過這類鍛鍊，才能取得常識能力與精神素養，熬過終南山的隆冬。

江雪主導大多數談話，不時將這位隱士濃厚的山西腔翻譯成普通話。我們談到他的人生選擇。

「寺廟裡有許多規矩：該做些什麼，什麼時候該祈禱。這沒什麼，但環境很吵雜。就算沒有觀光客，寺廟裡人也太多。當你得尋找你自己的食物，找你自己的柴火時，情況不一樣了。而這也是一種精神耕耘。在宣誓出家以後，你應該先生活在廟裡，學習一切。你需要知道規則與儀式。在學會以後，你才可以進入山裡當隱士。」

他說，許多人總想知道當個出家隱士像什麼樣子，這讓我想到常聽人問，像江雪或艾曉明這樣、當個置身社會外

的地下歷史學家像什麼樣子？隨時可能激怒他人，經常得與親友疏離，會像什麼樣子？艾曉明的弟弟雖說支持她，但與她走得很遠。我想到江雪的父親。他雖說以她為榮，但也懇求她，要她避開政治議題。出家人還得面對一個類似的問題，就是如何在財務上生存，這也是江雪始終揮之不去的憂慮。

「要了解隱士那可不容易。實質上要跟出家人住上個三冬兩夏才能了解。你看到的表面不現實，表面是虛偽的，關起門來看不出什麼東西。要進去門裡面，進這個圈裡，你才知道是怎麼回事。」

＊＊＊

那天早先，我問江雪，佛教給她的啟發是什麼。她拿起我的筆記本，寫下幾句話：

地藏菩薩大願
地藏不空
誓不成佛
眾生盡度
方證菩提

「這意思就是，」她說，「地藏菩薩許下大願，除非地獄清空，否則自己永不得道成佛，但地獄永遠也不會空。儘管不可能辦到，但地藏菩薩要不斷嘗試。這有些像是薛西弗斯的神話一樣。」

她的生命這麼絕望嗎？江雪深吸了一口氣，想到在西安與她共事的那些人。

「比如像湛洪果，他做『知無知』有什麼希望呢？也不能馬上對這個社會有什麼樣的幫助。也許哪天就被關門了，甚至把他抓起來，像老虎廟那樣。但他們還是願意去付出他們的努力，去做一些看起來沒有希望的事兒。在我眼裡，今天中國這些朋友們，不管是劉曉波（已故的諾貝爾和平獎得主）還是七〇九的律師（指二〇一五年七月九日被捕的一群民權運動律師），他們的精神就是一種菩薩精神。他們知道結果會怎麼樣，但還是願意去做。」

寺廟之行，迫使我們駛離切穿終南山、將終南山從華夏世界中心轉化成中國又一無邊無際山區的橋梁與隧道。我們沿著下方小路緩緩而行，上方是被來回西安的車輛擠得水洩不通的公路，一種迷失感油然而生，似乎是中國正不斷往前衝，將江雪這樣的人拋在後頭。

她告訴我，她經常聽到這種論調：她做的事很浪漫、有趣，但沒有意義。不久前，一位曾是華南新聞界重要人物的友人又對她重複這個論點。這位友人曾經直言無諱、鼓吹公民社會，曾發表充滿激情的社論，還主辦會議倡導公民社會。

隨後他被找去問話，隨即下獄。他的獄友要不是毒販就是重罪犯。這個經歷讓他有了「悟」，在精神上覺醒了。「悟」能讓人膽戰心驚，但很有效。他在關了幾個月獲釋後逃到香港，然後輾轉到了美國。現在他經營一家餐館，過小日子。

江雪在往訪紐約時與這位友人會面。他言語委婉，但對她的工作表示質疑。他告訴她，她的作為或許有道德價值，但實際上只是白忙一場。最好的做法是先求生存，準備日後一戰。江雪對我靜靜訴說這件事，聲音愈來愈低，然後停下來。她振作精神，以無比堅決的語氣說道：

> 但我不同意。只要嘗試了就有意義。我想在一個不正常的社會裡做一個正常的人。我要能說出真實的事，表達我心裡想的。

15 結論：學會地遁

對一本討論二十一世紀中國的書來說，以漢娜・鄂蘭的一段名言作為開場白或許有些奇怪——只不過江雪在她的一篇文章裡也引用了這句話。[1] 江雪這篇講述幾位人權律師妻子遭遇的文章，也以鄂蘭這段話為開頭。這話能否適用所有今天在中國謀求改革的任何一位男女？他們的努力只是一場徒勞，還是會有開拓性成果？他們的光是搖曳的燭光還是灼熱的陽光？

鄂蘭這段話所以特別中肯，正因為它不設限。它並不強調善良終將戰勝邪惡，它沒有以一些令人狐疑的老套為由，表示在黑暗的時代奮力改革的人定能取勝。它也沒有為我們帶來簡單的答案。但它的意義很明確：在黑暗的時代，光明很寶貴，光明總是不可或缺的。

中國的專制獨裁已經病入膏肓，而且直到目前為止，這是今天全球各地許多國家的主流看法，這本書裡談到的許多人的遭遇就是見證。抱持這種觀點的人會指出，艾曉明被禁止離開中國，而當我二〇二三年寫這本書的結論時，江雪已經離開中國到加拿大看望女兒，而且可能以後就得在海外寫作了。香港幾家出版商已經倒店，他們印好的書散布全球。在新冠封城期間，中國各地，包括武漢、西安、上海、北京在內，有二十幾座城市爆發抗議示威，參與人群包括年輕人、工人與老人。在他們的壓力下，政府終於被迫放棄嚴厲的清零政策。但到頭來，習近平仍然以鐵腕統治著中國，許多示威者遭到拘禁。利維坦（leviathan）已經取勝的說法，看來無懈可擊。

但這種說法，只是對書中這些人物，與中國七十五年來地下歷史運動的一種選擇性解讀。艾曉明遭到嚴厲監控，但仍在寫作。西安「知無知」的老虎廟、湛洪果也仍在發表線上演說。《記憶》雜誌仍定期出刊，發行也很廣。江雪仍在寫作，而且她的文章在中國仍有廣大讀者。人們總能不斷找到機會繞過審查，發表對中國獨裁體制的批判。他們寫的日記與文章吸引大批讀者。他們遭到當局查封，但就像他們那些中國地下歷史運動前輩七十五年來不斷做的一樣，他們一再重返戰場。

我寫這本書，不是要宣揚一種樂觀假象，但自一九八〇年代中期起，包括習近平掌權，開始推動強國夢的整個二〇一〇年代，我在中國待了二十幾年，我要說出我親歷的現實。至少自一九七〇年代起，中國就沒有出現像今天這樣的嚴控。今天的中國確實暗無天日。

但這本書要彰顯的，是一項打不垮的運動。中國的新威權獨裁當局卯足全力打擊這些團體。當局火力全開，關閉雜誌社，封殺出版商，追捕製片人，監禁思想家，還將數不盡的人置於沉悶得可怕的軟禁。

但現在中國的領導人逐漸老邁，它的經濟放緩，它的對手卻都是能征慣戰、將失敗視為兵家常事的老將。艾曉明、江雪、湛洪果、譚合成、吳迪，這群人將自己視為古來非官方「野」史家的傳人，視為江湖拜把的兄弟姐妹，他們知道許多人會倒下，但兄弟姐妹會前仆後繼。他們知道他們會贏，或許他們不能立即取勝，或許他們個人不能嘗到勝利果實，但勝利終有一天會到來。就本質而言，中國共產黨的敵人不是他們這些人，而是華夏文明歷久彌新的價值：正義、忠誠與思想自由。共產黨就算再強，怎能強過數千年來深植中國人心的這些信念？

這不僅適用於習近平統治期間，也適用於中共建政七十五年歷史。中國人仍在抗拒，而且以較過去任何時間更協調的方式抗拒著。相較於威權政權如何威權專制的那些陳腔濫調，這樣的事實顯然更有意義。事實是，獨立思考仍活在中國。它沒有被共產黨打垮。

但兩個基本問題出現了：根據這個事實觀察，中國今後發展的可能軌跡是什麼？對於觀察中國的局外人，它又代表什麼意義？

＊＊＊

就中國前途軌跡而言，最明確的意義是國家管控確有其侷限。中國當局布下的監視網雖說無所不在，但無法全面鎮壓能使用數位科技的獨立活躍人士。這不是因為中共當局礙於法律或良心，無法全力施為，而是因為它沒有剷除地下歷史運動的能力。

這也不是因為中共當局沒有嘗試。控制歷史一直就是習近平自二〇一二年掌權以來的最高施政優先。他在上台後立即走訪國家歷史博物館，一年後，他發表聲明強調必須遵從黨版歷史，並一再表示能否掌控歷史攸關黨的生死存亡。他在二〇二一年提出黨史決議，對中國共產黨神話般的歷史做了一次意義極其重大的講述。中國共產黨自建黨百年來，感到必須像這樣大張旗鼓宣揚黨史，這還只是第三次。二〇二二年，習近平在第二十次全國代表大會打破慣例，成為連任三屆的總書記之後，第一個走訪的地方是中共老巢延安。

這些事實都證明中共非常想壟斷歷史論述，而且不惜採取具體措施維護它的歷史神話。了不起的地下史雜誌《炎黃春秋》就是例證。這是討論中華人民共和國真正歷史的一本最具影響力的刊物。它在解放軍一名自由派將領支持下，創辦於一九九一年，獲得毛澤東私人祕書李銳，與習近平父親習仲勛的公開支持。但它在二〇一六年關了門。北京當局若不是感受到威脅，怎可能勞師動眾、關了習近平父親支持的刊物？

但想歸想，能不能是另一回事。套一句商業世界的老生常談，中共能關了《炎黃春秋》，是因為這家雜誌社是一種傳統實體組織。它有員工，有辦公室，有檔案，而且它透過合法管道銷售。你可以透過郵局，甚至可以在省城的報攤上買到它。這使它銷路極廣，但也同時成為它的罩門所在。一旦執照被吊銷，辦公室被查封，它也死路一條。同樣地，政府能關了香港出版商，因為它們也都是傳統企業。

但面對中國大多數地下歷史學家，這類做法的效力就大打折扣了。不斷騷擾一個人，確實可以讓這人無法工作。如果有人夜以繼日在譚合成身後盯梢，盯上三十年，他不可能有精神研究共產黨當年在湖南進行的屠殺。胡杰、艾曉明、江雪等人的情況也一樣。但如果讓他們這樣的人稍有一點自由，他們會開始訪談，而且只需一部電腦與發動挑戰的數據連接，他們就能工作。意在使中國成為數位超級強國的網路革命，同時也使地下歷史學家能負隅頑抗。

要讓這些地下歷史學家無法工作得投入幾乎毫無節制的資源。這與關閉一家雜誌社必須採取的措施不是同等級的事。要讓一個人放棄工作，你得每週七天、一天二十四小時、隨時隨地派一堆警察監視這個人。在全國代表大會召開期間這類敏感時刻，你可以這麼做。你也可以專門針對幾百人，無限期地這麼做。但中國有成千上萬的人投入地下歷史運動，想同時針對這許多人進行這樣的監控根本辦不到。而且一旦不滿情緒高漲，更多、更廣的人動員，政府只會疲於奔命，難以招架。

這場對付地下歷史學家的戰鬥已經讓政府付出高昂代價。根據大多數估計，中國花在國內維穩情治工作上的經費約與國防預算相當，各占政府預算百分之十。[2]像大多數國家一樣，這類預算屬於非自由支配開支，巨額的國內維穩情治開支使中國無力投資其他攸關人民福祉與中國崛起全球舞台的項目。

而且這只是財務成本而已。鎮壓異議分子與改寫歷史，已經成為從習近平到縣級領導、每一階層政府官員的優先要務。他們針對這類議題召開數不清的會議，並且指示官僚系統全力動員（不只是安全機構）投入維穩。這種時間資源的巨大浪擲，使中國當局無力投入其他更緊迫的要務。

新冠疫情是一個例子。它證明中國欠缺醫院病床、鄉村診所與備用醫藥，在農村教育、失業保險和老年照護等重要項目上也經費短缺。中國看起來已經不再像那個所向無敵的強權，而更像當年被「國安局」（Stasi）巨額開支拖垮的東德。[3]

有人問，這個運動是否可以比擬為蘇聯歷史團體「紀念」（Memorial）。「紀念」因揭發史達林統治時代的濫權、削弱蘇聯統治而贏得諾貝爾和平獎。就目前而言，我認為並非如此，因為中國今天的發展，或許更正確的說法是，北京政權今天的衰敗，與一九八〇年代的蘇聯不一樣。中國共產黨仍然威猛，中國經濟仍然夠強，足以讓當局封殺中國地下歷史學家。

但繁榮不是必然的。無論哪一個國家，想繁榮就得不斷自我反思，就得擁有想出新辦法、解決新問題的能力。特別有鑑於它十年來不肯採取有意義的經濟改革，不能為非菁英打造一流教育系統的事實，中國共產黨是否有這種能力很讓人懷疑。

隨著這類緊張衝突開始影響到一般百姓，開始影響到職務升遷、薪水調漲，開始讓中國在世界上的排名不斷落後，緊張衝突會創造條件，讓另類觀點更受歡迎。經由這種走勢推波助瀾，新冠疫情封城期間出現的亂象將不再是異數，而是今後幾十年情勢發展的先聲。就這樣，今天的中國雖說不是一九八〇年代的蘇聯，但就非常寬廣的意義來說，它或許更近似一九六〇年代的蘇聯——當時的蘇聯狀似穩定、強大，但政權硬化症的種子已經播下。果真如此，我們在這本書裡見到的人物將在中國未來扮演更大角色。

＊＊＊

談到局外人應該如何探討中國的問題，風生水起的中國地下歷史運動，應能迫使我們拋開某些觀察中國的老套。例如說，許多人總認為中國問題充其量不過是一個失控獨裁政權的例子而已。用這句話描述中國共產黨或許沒錯，但中國的地下歷史學家其實是一種全球對話的一部分。這項全球對話的內容就是：我們如何探討我們的過去，創造我們的未來。

舉例說，在美國，黑奴的後裔必須面對有關奴役期間歷史紀錄極度缺乏的事實。檔案資料裡聽不到奴隸的聲音。哥倫比亞大學教授賽蒂亞・哈特曼（Saidiya Hartman）因填補這些空檔而成為學術界超級巨星。[4]哈特曼採取的方法是用事實為基礎，編織故事，以敘述這段被抹去的過去。她憑藉這種做法，從說唱藝人到政界人士，觸及大不相同的各式各樣社會群體。

在中國，基本議題也大同小異，出現在生活中的巨大空隙使人難以感受到過去發生的那些危機。一九五〇年代初期遇害的那些地主，幾乎沒有留給我們什麼紀錄。同樣地，我們對一九五〇年代中國大饑荒的慘狀也幾乎沒有印象。使中國的情勢更走上極端的是，有關檔案不僅稀疏零落而已，它根本就被下架了。

就是在這種情勢下，方方與胡杰這類作家和藝術家挺身而出，透過深度研究的小說與藝術，填補這個空隙。我們在方方的《軟埋》中，可以見到哈特曼所謂「批判性虛構」（critical fabulation）的影子：它們都是以歷史研究為根據，對記憶進行一種恢復。

歷史學家高華弄了一套自己的對立檔案文件、資料，提出處理歷史抹殺問題的另一種方法。憑藉這套龐大的資料庫，高華能歷歷如繪、寫出中國共產黨第一次大整肅的過程，挑戰共產黨延安創黨時期的那些神話。

呈現在中國的另一與世上其他地方相呼應的趨勢是，它也有越裔美籍作家阮越清（Việt Thanh Nguyen）所謂「公正記憶」（just memory）。所謂「公正記憶」意思是說，歷史應包括多種觀點，而不能只有勝利者的觀點。[5]納入多種聲音正是中國地下歷史學家們努力做到的成就。

最後，中國地下歷史學家們還發現了一個全球各地史學者愈來愈重視的概念。這概念就是，即使當記憶遭到鎮壓時，創傷依舊存在。德裔英籍作家瑟巴德（W. G. Sebald）稱這種記憶為「二手記憶」（second hand memories）[6]，這種概念與瑪麗安·赫希（Marianne Hirsch）的「後記憶」（postmemory）[7]有些類似。這種記憶在中國少數民族地區特別顯著。我在第十三章「帝國」中，與幾位中國少數民族人士探討了這種概念。

中國的地下歷史學家們，與他們在海外那些著名同行之間的唯一重大差異就是，中國史家們大體上避開學術語言。艾曉明與郭于華這類人士都熟悉西方學者專家們的相關作品，以郭于華為例，她的人類學著作受有關苦難的學術討論影響甚深。但大體上，與那些主要在學術領域運作的西方學者相比之下，中國史家們的作品更直接，也更具體。

所以如此的一個理由是，在中國，風險較高。若干西方學者，例如哈特曼和阮越清，擁有廣大讀者群。但大體而言，他們一般寫作的對象只是其他專家，而且他們的構想也只在狹隘的圈內流傳。而中國的地下歷史學家們刻意以群眾為講述的對象。他們在歷史紀錄上添加新資訊與論述，但他們的目標是行動——他們絕對是謀求改變社會的行動派。西方學者或許也有同樣的自我反思，但對中國公知而言，這是個生死存亡的問題。西方學者如果失敗，了不起他們的聲音沒有人理會。但中國的思想家如果失敗，他們會有牢獄之災，甚至死在獄中。

＊＊＊

將中國地下歷史學家視為我們知識世界一分子，還能幫我們想辦法，將他們納入我們的生活。今天在許多國家，都有一個引起熱議的話題：我們應該與中國牆內的哪些人對話？這個問題的一個答案就是，會見這本書裡描述的人物。我們應該邀請他們前來，在我們的影展、智庫、大學、圖書館、書店與其他公共論壇演說。我們應該透過贊助、獎助金方式邀他們來訪。

但事實是，我們很少這麼做。部分原因是無知，部分原因是語言障礙，還有部分原因是政治。這前兩個原因是相互關連的：中國的地下歷史學家們能說英語的寥寥無幾，這表示只有最不典型，或最傑出的中國思想家才能名揚海外。他們寫的書籍、文章很少在海外發表，他們大多數人不通英語。也就是說，著名大學與智庫一般不會邀請他們以訪問學者身分到訪，他們也幾乎沒有在書展發言的機會。

就商業角度而言，要讓人相信這些中國地下歷史學家的作品能吸引廣大關注很難。這些作品中，以譚合成與楊繼繩的作品為例，之所以能在市面發行，完全是因為基金會出資、承擔了翻譯成本。此外，例如胡發雲和野夫的作品，則由於Ragged Banner出版社的克拉克（A. E. Clark）對其有「愛」而翻譯，才能發行。蒙特婁大學（University of Montréal）的王大為（David Ownby）建了「Reading the China Dream」（閱讀中國之夢）網站，翻譯了許多公知的作品，其中大多數是王大為用自己的時間翻譯的，直到成為終身教授之後，他才能投入更多時間，翻譯這些很難得到學術界認可的作品。不幸的是，這些都還只是少數例外。

一個解決之道是，鼓勵更多民營基金會翻譯中文非小說類作品。但帶動基金會的是一種市場式的信條，根據這種信條，基金會必須有一種能改變風氣、造成影響的、相當程度的「產出」，換句話說，基金會資助的項目，要能夠培養一定數目公民社會領導人或律師，要能夠建立非政府組織等等。在絕大多數人心目中，將一本中文書翻譯成英文不是適當的「產出」。或許對這些自我挫敗的優先選項提出質疑的時機已至。

影片的問題更難纏。大多數影片附有字幕，但許多中國地下紀錄片並不以傳統方式發行，例如說會選定特定年分或特定季節發行，以吸引影展獎項。以胡杰為例，他經常將他的作品上傳到YouTube，然後用幾年時間不斷修改、剪輯。在這種情況下，影片的確切發行日期很難確定，影展主辦方能不能將它視為當季作品也有困難。胡杰與其他中國製片人還希望他們的影片能讓中國人民免費下載。這類目標與影展賣票圖利的做法進一步發生衝突。儘管有這許多問題，艾曉明和胡杰這類人士竟能推出好幾十部紀錄片，在我看來簡直稱得上是奇蹟。他們的作品能夠與觀眾見面，全拜dGenerate Films與它的夥伴Icarus Films之賜。

美學考量或許是一個理由。身為某家法國藝廊代表的《夾邊溝》導演王兵，是一位公認的藝術電影導演。但我在這本書裡談到的其他幾位，卻無緣進入這難以進入的小圈。或許這純屬運氣不佳，不過或許這也是因為他們的作品過於「新聞性」，因為大多數影展評審比較青睞那些處理西方熱門議題（例如說「認同」）而經過美學化的影片。

當然，政治也是一個議題。在過去許多年，外國影展一直是非主流中國製片人贏得一席之地的管道。但對於地下製片人來說，這些機會不僅難得一見，近年來還不斷縮水。若干研究顯示，一些外國影展主辦方不願邀請中國紀錄片獨立製片，因為影展的生存得靠中國製作、或中國資助製作的影片。[8]

久而久之，這種與中國關鍵性思想家漸行漸遠的現象，傷害到西方社會自己的成長。我們經常感嘆，說年輕人對中國愈來愈興趣缺缺，研究中文或前往中國留學的人愈來愈少。但我們得讓有理想、有抱負的中國人前來講學、研究，而不是像收容難民一樣，只是收容那些走投無路的中國知識分子，唯能如此才能讓我們的社會接觸華夏文明生機盎然的傳統。

***

我將這本書的結構組建為從過去走到現在，再到未來三個階段。最後幾章（有關病毒、邊區與隱士生存術）討論這個動向可能的發展。特別也因為它們昭示了未來的變化，且容我在此稍加詳細地討論這個動向。

一個重要的變化是，它的重心已經局部移向海外。由於香港作為避險天堂的地位已經蕩然無存，台灣似乎合情合理，是中國公知人士下一個大本營。台灣島的居民主要是漢人，絕大多數台灣人都能說中文。台灣同時也是傳統中國文化與價值觀的堡壘，有欣欣向榮的宗教社團，充滿生氣的新聞界，還有獨立的出版發行體系。

但台灣的重要性有限。雖說來自中國大陸的國民黨官員一度統治台灣，但如今幾代已經過去。由於中國愈來愈獨裁專制，許多年輕人希望切斷與中國的關係，對中國內部的鬥爭失去興趣。這些年輕人不再遙望海峽對岸，開始在島內尋找認同。其中有些人夢想掙脫中國束縛，正式獨立。還有些人認為自己與日本、菲律賓，以及印尼等隣近地區島國更有共同之處。有些台灣政客似乎為了怕惹怒中國，不敢為中國知識分子提供簽證或難民身分。這種情勢可能轉變，但直到目前為止，中國思想家與異議人士在尋求海外落腳處時，台灣不是他們的首選。

事實上，他們的首選是北美與歐洲，因為北美與歐洲的在地僑社、基金會與大學更可能支持他們的工作。在過去，這種流亡代表的是不再能發聲，不再有分量。眼見諸如魏京生這類重要異議人士一旦離開中國就遭到邊緣化，真令人唏噓不已。還有些人執著於極端構想，終於變得怪里怪氣。

對一些大半輩子留在中國，對抗專制獨裁，突然來到歐美，置身於無拘無束社會的人來說，這是一種必然出現的文化衝擊。但早先幾代流亡海外的異議人士或許已經無力把力量投射回中國，新一代批判思想家更能運用數位科技，與中國牆內的人士對話。在新冠疫情封城期間，中國牆內人士就將影片貼上YouTube與Twitter，以保存他們創造的作品，讓中國牆內其他人下載、轉發，貼在中國社群媒體上。

在二〇二二年年底「白紙」抗議運動（抗議者手持白紙，以示對審查的抗議）期間，這種現象達於鼎沸。在這場怒火與義憤洪流大噴發的過程中，Twitter與Instagram成為數位抵抗運動的集結地，讓中國牆內人士可以一方面在上面貼文，一方面從上面汲取資料訊息。它再次顯示，儘管中國牆內擁有VPN翻牆技術的人士相對稀少，但只要有少數人能使用未經審查的網際網路，已經足以形成洶湧浪潮，衝擊中國內部。

江雪能繼續在中國找到讀者，靠的就是網路。她那篇「二〇二三年第一天」貼在一個在中國遭禁的網站（www.ngocn2.org），但讀者只需用它的檔案名「suffix, jpeg」將它轉換成圖片就能解決問題。在中國社群媒體貼文比這更方便，因為它們像貼圖片一樣，讓攔截軟體難以閱讀檔案，挑出敏感字詞。或許這種技術有一天也會老舊過時，不再是迴避審查的萬靈丹，但值此全國辯論的關鍵時刻，消息靈通的中國生活觀察家如何不斷發掘讀者，確實是不容小覷的事實。

就一種方式而言，地下歷史學家堪稱中國各地民眾在危機期間所用翻牆技術的先驅。地下歷史學家用VPN貼影片，在海外發表作品，在二〇二二年新冠疫情封城期間，多得驚人的抗議群眾也用了這一招。這麼多民眾能使用VPN，說明翻牆技術不是少數擁有特殊手段人們的專利，而是一種可以輕鬆做到的事——只要民眾認為有必要。

＊＊＊

地下歷史學家運動同時出現的另一變化，是內向導向色彩更濃，更多地下歷史學家將他們的作品視為「時光膠囊」。老虎廟與艾曉明這類人士知道，他們的作品或許在他們有生之年都不可能在中國境內通行無阻，但他們還是繼續創作，因為他們相信有一天他們的作品能發揮影響力。他們希望日後的中國人知道，在二〇二〇年代那段最黑暗的日子，中國境內的中國人沒有向安逸或恐懼屈服。他們不斷進行訪談，至少要讓共產黨統治下的受害者在去世之前留下紀錄，同時也要讓日後的中國人知道，即使在星月無光的暗夜，中國境內仍不乏司馬遷、蘇東坡這類氣節之士。並非每個人都屈服於共產黨淫威之下。

我們不妨退一步，從更寬廣的歷史角度進行觀察。中國共產黨在入主中國之初，以高壓恐怖手段進行統治。以一九六〇年在天水的那群學生為例。他們自視為可以燎原的星火。他們就以「星火」為名，創辦他們的雜誌，但在之後幾十年間，就像遭地穴埋葬一樣，這星星之火幾乎滅絕。

四十年後，地下歷史學家發掘了《星火》，將其數位化，在線上發表。如我們在第七章所述，這使《星火》從「儲存記憶」成為「功能記憶」。換言之，使它從存放在貯藏室裡的東西，成為出現在展示間、啟發今人靈感的作品。

當然，這些地下歷史學家有一天會老、會死，也可能會被捕或消聲匿跡。但如果說這種地下歷史運動能為我們帶來什麼教訓，這教訓就是，就算遭到各種挫敗，它會隨著時間不斷成長。觀察個別戰役，我們見到他們的挫敗。但我們同時也發現一種沒有止境的創造循環，歷史火石每一次撞擊總能擦出新的星火。

＊＊＊

或許用習近平統治下最具影響力的一位地下史記者的故事作為本書結尾會很合適。在二〇一三年習近平剛剛掌權後不久，我初遇《記憶》的編輯們。從那時起，許多重要雜誌期刊一一被禁，但《記憶》繼續發行。部分原因是它將生產作業移往海外。《記憶》現在有附國際標準書號號碼、可以賣給圖書館與有興趣人士的印刷版本，但它的作者與幾位編輯仍然住在中國。這使《記憶》成為二〇二二年新冠疫情抗議運動中又一個相互影響的例子：相關材料在中國蒐集，送到位於海外、中共無法審查，但中國境內相當多民眾仍能觸及的平台。

我想知道《記憶》那些編輯們心裡做何感想。那時我已經不再生活在中國，不能搭個地鐵就到天通苑見吳迪。我也擔心直接寫信給他會給他添麻煩，所以我寫信給在美國的出版商。幾週以後，我接到回信，信上還附了一個標題為「煩交餃子張」的PDF檔。我被逗樂了：我的中國姓氏是「張」，在我訪問《記憶》編輯部期間，我們經常包餃子，由吳迪擔任我的技術指導。這封信沒有署名，但用的是吳迪典型的幽默筆法，日期為二〇二二年二月二十日。

信中說，過去幾年來，歷史作品的出版愈來愈難。所以雜誌社有一項政策：「為了走得更長更遠，不要大，不要強。」換句話說，為了生存，《記憶》不要設法擴大規模。特別是，雜誌社經過重新規劃，決定只鑽研文化大革命舊事，避開較新的議題。其次，刊出的文章必須經過精心編輯，以免誤闖禁忌領域。第三，雜誌絕不收費，以免像「鐵流」一樣，因「從事非法經濟活動」而遭到封禁。

繼編輯政策聲明之後，信中不忘模仿中國章回小說利用篇章之末吊讀者胃口的筆法，以一段話作為結尾：

> 經過十幾年歷練，《記憶》學會了好多本領，首先，它會燕子李三①的縮身法。十幾年來，它時隱時現，時大時小。遇到危險情況，它就縮起來逃走（假裝停刊，只發給極少述鐵粉）。等危機過去，它就捲土重來，大發特發。

後來，它還學會地行術，這是跟《封神演義》②中的哪吒學的。有了這個法術，再高的防火牆也攔不住它，因為它會從牆下面鑽過去。這很讓官方頭疼，但拿它沒辦法。因為它在海外，當局抓不到它。即使那些海外的文化間諜、紅色臥底也摸不到它的蹤影。而且它的保密工作做得很好（中共在白區的地下黨給它提供了很多經驗）。

欲知後事如何，請聽下回分解。

---

① 作者注：燕子李三是中國民間傳說中劫富濟貧的英雄。他能縮身遁形，只留下一個白紙疊成的小小燕子。

② 作者注：《封神演義》是中國神魔小說，羅列數百位神魔的故事，哪吒是其中要角，他能地遁，還能分身在多處現身，讓對手摸不著頭腦。

附錄　探討中國的地下歷史

為方便有意閱讀原始資料的讀者，我將我在這本書的寫作過程中積累的資料蒐集在一起，建了一個網站，網址是www.minjian-danganguan.com，意思是中國「民間檔案館」。這個網站是一項持續進行中的項目，目標是將中國地下歷史運動從開始到現在的原始資料一站備齊。這些資料包括文章、開放資源書籍、影片與短影片。我將其中許多資料加上了介紹，如果可能，還附上了連結。

一、影片與短影片

想觀看本書討論的許多影片，可以上兩大來源尋找。一是透過商業發行公司，另一是透過YouTube，中國導演們就經常用YouTube作為影片發行管道。

1. dGenerate Films與Icarus Films

dGenerate Films是中國獨立電影最著名的發行商。而最容易找到的，是它的發行夥伴Icarus Films已經發行的影片。與這本書相關的大多是胡杰拍的影片，本書參考資料中列有一張完整清單。換成是我，會從他那部經典的三部曲：《尋找林昭的靈魂》、《我雖死去》、《星火》著手。

2. YouTube

其他許多製片人也使用YouTube。參考資料中列有艾曉明與老虎廟（張世和）利用YouTube這個平台發行的影片。有時影片會下架，或者網址會改變。如果碰上這種狀況，我建議用影片名進行搜尋。我若發現影片消失了，會考慮在中國「民間檔案館」上放這些影片。

在起步時，我建議先看艾曉明的《中原紀事》與《夾邊溝祭事》，與張世和的短片《追逐一絲星火》。

此外，為了解這個運動的故事與規模，我強烈建議讀者造訪「中國獨立電影檔案」（網址為https://www.chinaindiefilm.org）。你可以在這個網站看到紐卡索大學（Newcastle University）收藏的中國獨立影片，這可能是中國獨立影片最重要的檔案了。

二、書籍

1. 《武漢日記》：方方發自封城武漢的日記。有關武漢封城事件的經典記事。
2. 《紅太陽是怎樣升起的：延安整風運動的來龍去脈》。這本書巨細靡遺、詳述毛澤東如何以暴力手段運用歷史，是還原延安整風運動的標準參考資料。作者高華在前言中解釋了他寫這本書的原因。
3. 高爾泰的《尋找家園》。對夾邊溝勞改營與毛澤東統治期間世界文化遺產敦煌石窟中的生活有生動地描繪。
4. 《血書：林昭的信仰、抗爭與殉道之旅》，作者為連曦。想了解這位一九六〇年《星火》雜誌供稿人的讀者，《血書》是必讀的經典之作。林昭的生命故事無比感人，而連教授這本書把這個故事講述得淋漓盡致。
5. 《血的神話：公元一九六七年湖南道縣文革大屠殺紀實》，作者為譚合成。經毛雪萍與郭建妙筆翻成英文的這本書（英文書名為《殺戮風》，*The Killing Wind*），洋洋灑灑，極具挑戰性。但就像《紅太陽是怎樣升起的》一樣，這本書讓我們認識到中國地下歷史學家們的抱負、規模與專業精神。
6. 《沉默的大多數》，作者王小波，譯者為艾瑞克・亞伯拉漢森（Eric Abrahamsen）。這是了解地下史運動的絕對重要讀物。讀者可以在https://media.paper-republic.org/files/09/04/

7. The_Silent_Majority_Wang_Xiaobo.pdf線上免費閱讀。

8. 《黃金時代》，作者王小波。這是一本言詞猥褻、極盡滑稽能事的小說。作者以圈外人身分挑戰政治系統與它的文化走狗。這是以文學魅力考驗當權派說詞的一本證言。

9. 《軟埋》，作者方方。這是一本考證歷歷，可讀性極高的好書，它證明我們可以用歷史小說填補中國當局審查下檔案的漏洞。這本書正在翻譯成英文，可望在近年內出版。值得期待！

10. 《艱辛歸鄉路》，作者野夫。野夫是中國少數民族「土家族」一員，這本書是他的短篇小說選集，由紐約州地下小說出版商Ragged Banner出版（http://www.raggedbanner.com/index.html）。野夫是中國著名地下刊物作者，在泰國流亡。他的作品經常觸及發生在中國偏遠地區，已經為人遺忘、或遭人抹殺的歷史，他運用這些歷史材料，針對殘暴與正義這類大議題進行反思。

11. 《如焉》，作者胡發雲。同樣由Ragged Banner出版的這本書，以小說筆法將ＳＡＲＳ疫情期間事蹟描繪得入木三分，在網路上引起好一陣騷動。如今讀來，這本書的主題似乎更加貼切。胡發雲目前與他的第二任妻子住在維也納，但在武漢還保有一套房。

楊繼繩的《墓碑：一九五八至一九六二年中國大饑荒紀實》與《天地翻覆：中國文化大革命史》。像高華的《紅太陽是怎樣升起的》一樣，楊繼繩著的這兩本書也由毛雪萍與郭建編輯、翻譯。這兩本書也都運用原始檔案和訪談資料，解釋中華人民共和國建國以來最惡名昭彰的兩次事件。不幸的是，這些檔案現已關閉，而楊繼繩也大體上封筆。不過有鑑於這兩本書奇大的抱負與影響力，我不能將它們排出書單。

三、文章

本書引用的文章幾乎全是中文。對於新上手的讀者，我建議可以閱讀參考資料中列舉的江雪的幾篇文章。用瀏覽器的翻譯功能（例如Google Translate）翻譯效果遠遠談不上理想，但可以讓你知道它在講些什麼。

謝詞

這本書是我用了二十多年、思考與寫作中國問題達成的結晶，也因此要對每一位為這個過程提供助益的人表達謝意，其實不太可能。不過，還是讓我先對幾位惠我良多的人致敬。

首先我要感謝「國家人文基金會」（National Endowment for the Humanities）授予我「公共學者」（Public Scholar）身分。這個項目的獎助非常優渥，而它的申請過程也讓我的想法更加精進。就在我二〇二〇年被逐出中國，突然間需要尋找新收入來源時，國家人文基金會給了我這個機會，救了我一命。我也要感謝「羅伯・希佛斯基金會」（Robert B. Silvers Foundation）在二〇一九年將基金會首創第一個獎助項目給了我。這個獎項對我意義非比尋常，因為在二〇一七年去世以前一直擔任《紐約時報書評》（*New York Review of Books*）主編的羅伯・希佛斯始終是我的大靠山。我還要感謝給我幾項旅遊資助的「普立茲危機報導中心」（Pulitzer Center on Crisis Reporting）。

身為住在中國的自由投稿作者，若沒了例行作品發表管道，我不可能存活。在這裡我要再次感謝《紐約時報書評》，特別要感謝羅伯，感謝羅伯的接班人伊恩．布魯瑪（Ian Buruma），以及伊恩的接班人艾蜜莉．葛林豪斯（Emily Greenhouse）。麥克．夏伊（Michael Shae）也是一位心思周到、經常與我切磋的編輯。《紐約時報書評》的另一位編輯休斯．艾金（Hugh Eakin）創辦了當時人稱《紐約時報書評》「部落格」，休斯與他的接班人麥特．希登（Matt Seaton）將這個部落格發展成《紐約時報書評》的一個重要部分。二〇一〇年，休斯授權我啟動一個現已發展成一套共三十集與中國思想家問答的對話集（它至今仍在《紐約時報書評》網站上享有專頁）。這個對話集播下寫這本書的種子，讓我認清歷史對中國公知的重要性，也引薦我結識了中國幾位最了不起的人物。

我在二〇一〇到二〇二〇年間擔任《紐約時報》記者，為這家報紙供稿也使我獲益匪淺。與我共事的同事與編輯人數眾多，不能在此一一列舉，不過我要特別向《紐約時報》前國際新聞主編、現任總編輯喬．卡恩（Joe Kahn），前亞洲局主任費爾．潘恩（Phil Pan），分社負責人黃安偉（Edward Wong），詹．培里茲（Jane Perlez），與史蒂芬．李．梅爾斯（Steven Lee Myers），以及在這十年間在中國工作的許多記者致謝，特別是政治記者儲百亮（Chris Buckley），原為編輯、之後成為專欄作家的袁莉，中文網總編輯倪青青，視訊師喬納．凱瑟（Jonah Kessel），上海分社社長凱斯．布拉榭（Keith Bradsher），記者出身改行當餐廳老闆的喬納森．安斯菲德（Jonathan Ansfield），以及我一路看著她從研究員到自由投稿記者、再成為幕僚的秦穎。此外，我也要向在許多報導上幫過我的無數新聞助理與研究員表達感謝。在中國當局於二〇二〇年關閉《紐約時報》北京站，他們都轉任其他工作或轉換跑道，不過容我特別提出其中幾人，有吳亞當（Adam Wu，譯音）、劉葛雷絲（Grace Liu，譯音）、陳杰浩（Chen Jiehao，譯音）、亞當・森特里（Adam Century）、貝基・戴維斯（Becky Davis）與高海倫（Helen Gao，譯音）。

在北京的多場討論也讓我受教。除了出現在這本書的人物以及問答對話集的許多受訪人以外，前《紐約時報》中國局主任艾德・賈根（Ed Gargan）、《華爾街日報》的查爾斯・胡茲勒（Charles Hutzler），原在《紐約時報》、現在為「國家公共電台」（National Public Radio）工作的馮哲芸，前《紐約時報》編輯珍妮・穆爾（Jeanne Moore）與她的丈夫、人類學家景軍，也為我帶來許多教益。我也曾與許多中國記者討論問題，經過與他們的磋商，我們覺得還是不透露他們的姓名比較好，不過我很感激他們撥冗與我談話，給我建議。

我要特別向原本任職《紐約時報》，幫助我進行中國境內後續報導工作的趙琪琪（Kiki Zhao，譯音）致謝。她不辭辛勞走訪幾個地方，為我蒐集有待更新的資料。

承蒙幾所大學贊助，我發表了幾場有關地下歷史的演說，在此一併表達感謝，特別要感謝普林斯頓大學的史蒂芬・泰瑟（Stephen F. Teiser），芝加哥大學的蘇源熙（Haun Saussy），以及夏威夷「東西方中心」（East-West Center）的「亞洲研發研討會」（Asian Studies Development Workshop）。胡佛研究所（Hoover Institution）館藏主任林孝庭，與小組成員李南央、夏偉（Orville Schell）和阿明達・史密斯（Aminda M. Smith）主辦的一場有關李銳的研討會，讓我獲益頗深。由梅飛虎（Maximilian Mayer）與福漢德（Frederik Schmitz）主辦的波昂大學（University of Bonn）「中國記憶數位化」（Digitization of Memory in China）研討會，讓我了解阿蕾達・阿斯曼與楊・阿斯曼的文化記憶理論，對《星火》這本書的一些關鍵立論很有助益。

在那次會議以及其他幾次會議中，我從中國網際網路先父楊國斌教授處學得很多東西。我還要感謝杜克大學神學院（Duke Divinity School）教授連曦，以及他有關林昭的作品；感謝倫敦博客邵江以及他有關非官方出版品的作品；感謝蒙特婁大學王大為教授的「閱讀中國夢」網站，這個網站將習近平統治下中國知性生活的豐富表現得淋漓盡致；還要感謝巴黎社會科學高等學院（EHESS）魏簡教授有關民間知識分子的研究。

在我遭到驅逐後，新加坡「亞洲研究所」（Asia Research Institute）的丁荷生（Kenneth Dean），幫我於二〇二〇到二〇二一學年在新加坡棲身，讓我在疫情高峰期間仍能享有冷眼觀察的優勢。像往常一樣，每當我碰上有關公民社會的各種疑問，我在萊比錫大學的博士生指導教授菲利浦・克拉（Philip Clart）總能幫我釋疑。菲利浦，我保證我會完成我的博士論文。現在就要完成了！

二〇二一年，我有幸加入「外交關係協會」（Council on Foreign Relations），《星火》的最後寫作階段就在這個協會令人激勵的環境中完成。外交關係協會有三十幾位全職研究員，定期出席午餐研討會，互相評論彼此的作品。這樣的機會為我帶來非常重要的反饋，這本書的序就是這樣寫成的，我也因此更能深思我的立論。外交關係協會的研究主任詹姆斯・林賽（James M. Lindsay）與前主席理查・哈斯（Richard Haass）兩人都曾讀過這本書的初稿，為我提供重要的建議與批評。我要特別感謝研究員黃可欣，他幫我查證事實、數字與連結——有鑑於地下歷史多變的特性，這是非常艱巨的工作。

我的經紀人是懷利經紀公司（Wylie）的莎菈・夏爾方（Sarah Chalfant），從頭至尾，她一直給我許多明智的建議。我特別記得二〇二〇年初我剛遭中國驅逐出境時，在杳無人跡的倫敦見她的情景，她當時給了我信心，讓我繼續撐下去。透過她的引薦，我得以結識牛津大學出版社（Oxford University Press）的頂級團隊，包括大衛・麥克布萊德（David McBride）、莎菈・艾貝爾（Sarah Ebel）與妮柯・普芬（Niko Pfund）等，他們都是絕佳專業人士，儘管我誤了幾次截稿期限，但都對我非常支持。

我要向前北京中國研究中心學術事務負責人、現駐南京的研究員墨儒思（Russell Leigh Moses）教授特別致謝。我曾在中國研究中心教了十年書。墨儒思讀了這本書的初稿，不斷給我很好的建言。他鼓勵我申請國家人文基金會獎助，在申請過程上幫了我大忙。

最要感謝的人是我的愛妻沈綺穎。她曾擔任ＶＩＩ攝影通訊社和馬格蘭攝影通訊社（Magnum）的攝影師，隨我一起參與幾次關鍵性報導旅行，特別是隨我上武漢，訪問艾曉明與胡發雲，上西安訪問江雪、張世和、湛洪果與「知無知」觀眾，上湖南山區訪問譚合成。她拍攝的照片為這本書增色，但如果說這本書能發人深省，她的構想居功厥偉。

poem “Hai’ou”], undated.

頁 126 Black and white woodblock print. Hu Jie, “Let there be light #16,” 2015.

頁 128 Hu Jie in his documentary *Searching for Lin Zhao's Soul. d*Generate Films Collection, “Searching for Lin Zhao’s Soul: Xun Zhao Lin Zhao De Ling Hun,” 2004.

頁 182 Wang Xiaobo and Li Yinhe. Mark Leong, 1996.

頁 194 Tiger Temple (Zhang Shihe). Sim Chi Yin, 2018.

頁 202 Chen Hongguo at the reading room “Zhiwuzhi.” Sim Chi Yin, 2018.

頁 210 Xiang Chengjian in an interview with Jiang Xue. Jiang Xue, 2016.

頁 217 Ai Xiaoming. Sim Chi Yin, 2016.

頁 256 a cartoon of Song Binbin’s apology. BADIUCAO, “道歉 SO SORRY,” 2014.

頁 274 Widow’s Bridge, Sim Chi Yin, 2016.

頁 276 Tan Hecheng, Sim Chi Yin, 2016.

頁 282 Zhou Qun. Sim Chi Yin, 2016.

頁 297 Ai Xiaoming in protective gear. Ai Xiaoming, 2020.

頁 304 Ai Xiaoming in her apartment. Ai Xiaoming, 2020.

頁 328 destruction in Tibet during the Cultural Revolution. Tsering Woeser, “*Forbidden Memory,*” 2020.

頁 329 a woman wielding a hoe. Tsering Woeser, “*Forbidden Memory*,” 2020.

頁 330 Kashopa being struggled against. Tsering Woeser, “*Forbidden Memory*,” 2020.

頁 341 New Century Press book warehouse in Hong Kong. Bao Pu, 2022.

頁 343 Book cover of *My Life in Prison* by Jiang Qisheng, 2012.

頁 347 a river in the Zhongnan Mountains, Shaanxi. Ian Johnson, 2018.

頁 355 two boulders in the Zhongnan Mountains, Shaanxi. Ian Johnson, 2018.

圖片出處

in China Journal (February 2019): 131–141. Translated by Isabella Zhao. https://press-files.anu.edu.au/downloads/press/n6874/pdf/jiabiangou_elegy.pdf.

Zeng, Jinyan. "The Genesis of Citizen Intelligentsia in Digital China: Ai Xiaoming's Practice of Identify and Activist." PhD diss., University of Hong Kong, 2017.

Zeng, Zhijun 曾芷筠. "Bei fengzhu de ren fanwaipian: jiangjun de nü'er" 被封住的人番外篇：將軍的女兒 [The isolated person's other story: The general's daughter] *Mirror Media,* February 17, 2020. https://www.mirrormedia.mg/premium/20200217pol006.

Zhang, Danhua 張丹華. "Huang tudi shang de hongse jiyi" 黃土地上的紅色記憶 [Red memories on the Loess Plateau]. *People's Daily*, March 23, 2022. https://web.archive.org/web/20230106212100/http://dangshi.people.com.cn/n1/2022/0323/c436975-32381640.html.

Zhang, Shihe (Laohu Miao). "zhuixun xinghuo zhi yi: Xiang Chenjian" 追尋星火之一：向承鑑 [Pursuing One of the Sparks: Xiang Chenjian]. YouTube Video, 35:29, April 17, 2016. https://www.youtube.com/watch?v=oDpADWHFCj0&list=PL0on9OuQeeDPMQjCxElkBO10tfgKTugpm&index=16&t=357s.

Zhang, Zhan 張展. "Wuhan Huozangchang de hongmingsheng 20200218 00455 武漢_火葬場深夜的轟鳴聲 20200218 004553" [Explosions sounding in the middle of the night from the Wuhan Crematorium 20200218 00455]. YouTube Video, 2:23, February 17, 2020. https://www.youtube.com/watch?v=C09WCm0wMDo.

"Zhonggong dangshi zhuanjia Sima Lu 102sui niuyue shishi" 中共黨史專家司馬璐102歲紐約逝世 [Chinese Communist Party historian Sima Lu dies at 102 in New York]. *Voice of America,* March 30, 2021. https://www.voachinese.com/a/Sima-Lu-expert-ccp-history-passed-away-102/5832909.html.

Zhou Yuan 周原. *Xinbian hongweishi ziliao* 新編紅衛兵資料 [A new collection of Red Guard publications. Part I, Newspapers]. Oakton, VA: Center for Chinese Research Materials, 1999. https://www.google.com/books/edition/New_collection_of_Red_Guard_publictions/gLwFwgEACAAJ?hl=enl.

October 6, 2022. https://www.nytimes.com/2022/10/06/world/asia/covid-china-doctor-li-wenliang.html?smid=nytcore-ios-share&referringSource=articleShare.

Yang, Lina 楊麗娜, and Zhao Jing 趙晶. "Xi Jinping: Zai fazhan zhongguo tese shehui zhuyi shijianzhong buduan faxian, chuangzao, qianjing" 習近平：在發展中國特色社會主義實踐中不斷發現、創造、前進 [Xi Jinping: Continue to discover, innovate, and progress in the process of developing socialist society with Chinese characteristics]. CPC News, January 6, 2013. https://web.archive.org/web/20221201210745/http://cpc.people.com.cn/n/2013/0106/c64094-20101215-2.html.

"Yangjiagou 'xinyuan' de 'jiuzhuren'—s ha'anganning bianqu zhuming aiguo minzhu renshi ma xingmin jishi" 楊家溝"新院"的"舊主人"——陝甘寧邊區著名愛國民主人士馬醒民紀事 " [Yangjiagou "Xinyuan's" old owner: Shanganning district famous patriotic democrat Ma Xingmin memo], Zhongguo wenmin wang 中國人民網. Accessed May 20, 2022, https://web.archive.org/web/20221202184304/http://shx.wenming.cn/xwdt/201602/t20160226_3171394.htm.

Yang, Su. *Collective Killings in Rural China During the Cultural Revolution*. Cambridge: Cambridge University Press, 2011.

Yang, Xianhui. *The Woman from Shanghai*. New York: Anchor Books, 2010.

"Yan'an zhengfeng yundong" 延安整風運動 [Yan'an rectification campaign], *Baidu Baike*. Accessed January 10, 2023, https://web.archive.org/web/20221125202408/https://baike.baidu.com/item/%E5%BB%B6%E5%AE%89%E6%95%B4%E9%A3%8E%E8%BF%90%E5%8A%A8/4416458.

Yu, Luowen 遇羅文. "Jinwan ruyou baofengzhouyu—jinian jiaxiong Yu Luoke jiuyi sishi zhounian 今夜有如暴風驟雨——紀今夜有如暴風驟雨——紀念家兄遇羅克就義四十六週年" [Tonight like a hurri-cane: Commemorating the sixtieth anniversary of the martyrdom of my brother Yu Luoke]. Wanwei Blog, last modified March 15, 2016. https://web.archive.org/web/20220707195956/https://blog.creaders.net/u/5568/201603/250396.html.

Zeng, Jinyan. "Jiabiangou Elegy: A Conversation with Ai Xiaoming." *Made*

unpublished history." Edited and translated by Michael Schoenhals. *Occasional Paper*. Stockholm: Stockholm University, Center for Pacific Asia Studies, 1993.

"Xi'an xuowei yizhong chidu" 西安作為一種尺度 [Xi'an as a scale] Jiuwen Pinglun 舊聞評論, WeChat Subscription. Accessed August 20, 2022, https://web.archive.org/web/20220216095550/https://mp.weixin.qq.com/s/E74vG_NV0dBCBBY2IxzX6A.

Xi, Jinping 習近平. "Full Text: Xi's explanation of resolution on major achievements and historical experience of CPC over past century." *Xinhua Net*, November 16, 2021. https://web.archive.org/web/20221016091747/http://www.news.cn/english/2021-11/16/c_1310314613.htm.

Xi, Jinping 習近平. "Xi Jinping: chengqianqihou jiwangkailai jixu chaozhe zhonghuamenzu weidafuxin mubiao fengyongqianjin" 習近平：承前啟後　繼往開來　繼續朝著中華民族偉大復興目標奮勇前進 [Xi Jinping: Build on the past and open up the future; continue to advance towards the goal of the Great Nation Rejuvenation of China] Xinhua News, November 29, 2012. https://web.archive.org/web/20221205215653/http://www.xinhuanet.com/politics/2012-11/29/c_113852724.htm.

Xi, Jinping 習近平. "Xi Jinping: Zai fazhan Zhongguo tese shehui zhuyi Shijian Zhong bu duan faxian, chuangzhao, qianjin" 習近平：在發展中國特色社會主義實踐中不斷發現、創造、前進 [Xi Jinping: Continue to discover, innovate, and progress in the process of developing socialist society with Chinese characteristics.] CPC News. Accessed December 1, 2022, https://web.archive.org/web/20221201210745/http://cpc.people.com.cn/n/2013/0106/c64094-20101215-2.html.

Xiang, Chengjian 向承鑑. "Dajihuang rang women chedi qingxing" 大饑荒讓我們徹底清醒 [The Great Famine made us completely sober], *Caixin,* April 8, 2016. https://web.archive.org/web/20230110203621/https://jiangxue.blog.caixin.com/archives/144972.

Xiao, Muyi, Isabelle Qian, Tracy Wen Liu, and Chris Buckley. "How a Chinese Doctor Who Warned of Covid-19 Spent His Final Days." *New York Times,*

http://news.sina.com.cn/c/p/2014-02-01/142129388421.shtml.

Winter, Jay. *Remembering War: The Great War Between Historical Memory and History in the Twentieth Century*. New Haven, CT: Yale University Press, 2006.

"Writing on the Wall: Disappeared Booksellers and Free Expression in Hong Kong." Research & Resources, Pen America, last modified November 5, 2016. https://pen.org/research-resources/writing-on-the-wall-disappeared-booksellers-and-free-expression-in-hong-kong/.

Woeser, Tsering. *Forbidden Memory: Tibet During the Cultural Revolution*. Translated Sara T. Chen. Sterling, VA: Potomac Books, 2010.

"Wuhanshi weijianwei guanyu dangqian woshi feiyan yiqing de qingkuang tongbao" 武漢市衛健委關於當前我市肺炎疫情的情況通報 [Briefing by the Wuhan Municipal Health Commission on the current pneumonia epidemic in the city]. Wuhan Municipal Health Commission, published December 31, 2019. https://web.archive.org/web/20200430030406/http://wjw.wuhan.gov.cn/front/web/showDetail/2019123108989.

Wu, Di 吳迪. *Neimeng wenge shilu: "minzu fenlie" yu "wasu" yundong* 內蒙文革實錄："民族分裂"與"挖肅"運動 [Record of the Cultural Revolution in Inner Mongolia: "Ethnic Separatism" and the movement to "Weed out Counterrevolutionaries"]. Hong Kong: Mirror Books, 2000.

Wu, Di 吳迪. *Zhongxifeng maniu* 中西風馬牛 [China-West: Things completely unrelated]. Beijing: World Publishing, 2014.

Wu, Guoguang. *Anatomy of Political Power in China*. Singapore: National University of Singapore, 2005.

"Wuhanshi weijianwei guanyu dangqian woshi feiyan yiqing de qingkuang tongbao" 武漢市衛健委關於當前我市肺炎疫情的情況通報 [Briefing by the Wuhan Municipal Health Commission on the current pneumonia epidemic in the city] Wuhan Municipal Health Commission, December 31, 2019. https://web.archive.org/web/20200430030406/http://wjw.wuhan.gov.cn/front/web/showDetail/2019123108989.

W. Woody [Pseud.] "The Cultural Revolution in Inner Mongolia: Extracts for an

London: Routledge, 2010.

Walsh, Michael J. *Stating the Sacred: Religion, China, and the Formation of the Nation-State*. New York: Columbia University Press, 2020.

Wang, Keming 王克明. *"Wenge chanhui huiyilu"* 文革'懺悔回憶錄 [Cultural Revolution confession memoir] Huaxiazhiqing. Accessed February 11, 2022, https://web.archive.org/web/20220211091719/http://www.hxzq.net/aspshow/showarticle.asp?id=10201.

Wang, Vivian, and Joy Dong. "China, Holding to Its 'Zero Covid' Strategy, Keeps a city of 13 Million Locked Down." *New York Times*, December 30, 2021. https://www.nytimes.com/2021/12/30/world/asia/china-xian-lockdown-covid.html.

Wang, Xiaobo. Golden Age. Translated by Yan Yan. New York: Penguin Random House, 2022.

Wang, Xiaobo. *The Silent Majority.* Translated by Eric Abrahamsen. Vienna, Austria: Paper Republic, 1997.

Wang, Yu 王渝. "Fang Fang <Ruanmai> huo disanjie Lu Yao wenxuejiang 方方《軟埋》獲第三屆路遙文學獎" [Fang Fang's Soft Burial won the third Lu Yao literature award]. China Federation of Literary and Art Circles, April 24, 2014. https://web.archive.org/web/20221202191926/http://www.cflac.org.cn/ys/wx/wxjx/201711/t20171121_385173.html.

Wee, Sui-Lee, and Elsie Chen. "'Red Tourism Flourishes in China Ahead of Party Centennial." *New York Times*, June 25, 2021. https://www.nytimes.com/2021/06/25/business/china-centennial-red-tourism.html.

Weigelin-Schwiedrzik, Susanne. "In Search of a Master Narrative for 20th-Century Chinese History." *China Quarterly* 188 (December 2006): 1070–1091. https://doi.org/10.1017/S0305741006000555.

"Wenge shoushang xiaozhang zhangfu jushou daoqian Chize Song Binbin xuwei" 文革受害校長丈夫拒受道歉　斥責宋彬彬虛偽 [Cultural Revolution victim president's husband rejected apology, scolded Song Binbin as "hollow"]. Last modified February 1, 2014. https://web.archive.org/web/20230110184059/

Anti-R evolutionary Group Case at Lanzhou University]. Hong Kong: Hong Kong Tianma Publisher, 2017.

Tan, Hecheng. *The Killing Wind: A Chinese County's Descent into Madness During the Cultural Revolution*. Translated by Stacy Mosher and Guo Jian. New York: Oxford University Press, 2017.

Tan, Hecheng 譚合成. *Xue de shen hua: Gongyuan 1967 nian hunan daoxian wenge datusha jishi* 血的神話：西元1967年湖南道縣文革大屠殺紀實 [Blood myths: Chronicle of the Cultural Revolution massacre in Dao County, Hunan Province, 19671967年湖南道縣文革大屠殺紀實2010.

Tan, Zuoren 譚作人. "Longmenshan—Qing wei beishan haizi zuozheng" 龍門山—請為北川孩子作證 [Longmen Mountain: please testify for the Beichuan children]. *China Weekly Report*, April 4, 2009. https://web.archive.org/web/20220628223343/https://www.china-week.com/html/4894.htm.

Tan, Yvette. "Li Wenliang: 'Wailing Wall' for China's Virus Whistleblowing Doctor." *BBC News,* June 23, 2020. https://www.bbc.com/news/world-asia-china-53077072.

"Testimony, History and Ethics: From the Memory of Jiabiangou Prison Camp to a Reappraisal of the Anti-Rightist Movement in Present-Day China." Translated by Sebastian Veg. *China Quarterly* 218 (June 2014): 514–539. doi:10.1017/S0305741014000368.

"U.S. Family of Mao's General Assimilates, Votes for Obama." *Bloomberg News*, December 26, 2012. https://www.bloomberg.com/news/articles/2012-12-26/chinese-in-ann-arbor-voted-obama-in-elite-family-of-mao-s-rulers#xj4y7vzkg.

Veeck, Gregory, Clifton W. Pannell, Christopher J. Smith, and Youqin Huang. *China's Geography: Globalization and the Dynamics of Political, Economic, and Social Change*. Lanham, MD: Rowman and Littlefield, 2016.

Veg, Sebastian. *Minjian: The Rise of China's Grassroots Intellectuals*. New York: Columbia University Press, 2019.

Veg, Sebastian. "Wang Xiaobo and the No Longer Silent Majority." *The Impact of China's 1989 Tiananmen Massacre*. Edited by Jean-Philippe Béja.

Early Literati Landscape Painting. Ann Arbor: Regents of the University of Michigan, 1995.

"Sixty Years Since Peaceful Liberation of Tibet." Human Rights Basic Positions, Information Office of the State Council China, July 11, 2011. https://web.archive.org/web/20211015040928/https://www.fmprc.gov.cn/ce/cegv/eng/rqrd/jblc/t953962.htm#:~:text=Over%20the%2060%20years%20since,Autonomous%20Region%2C%20socialist%20construction%2C%20and.

Song, Binbin 宋彬彬. "Sishi duonian wo yizhi xiangshuo de hua" 四十多年來我一直想說的話 [Words I've wanted to speak for forty years]. *Remembrance*, January 31, 2012, 3–15. http://prchistory.org/wp-content/uploads/2014/05/REMEMBRANCE_No80.pdf.

Song, Yongyi 宋永毅, ed. "The Chinese Cultural Revolution Database (3rd ed.) 中國文化大革命文庫光碟（第三版）." Chinese University of Hong Kong Press. https://cup.cuhk.edu.hk/index.php?route=product/product&product_id=3050.

Strassberg, Richard E., ed. and trans. *Inscribed Landscapes: Travel Writing from Imperial China*. Berkeley: University of California Press, 1994.

Su, Lin 蘇琳. "Yangjiagou 'xinyuan' de 'jiuzhuren'—shanganning bianqu zhuming aiguo mingzhu renshi Ma Xingmin Jishi" 楊家溝"新院"的"舊主人"——陝甘寧邊區著名愛國民主人士馬醒民紀事 [Yangjiagou 'Xinyuan's' Old Owner: Shanganning district famous patriotic democrat Ma Xingmin Memo]. Shaanxi Wenming, May 24, 2016. https://web.archive.org/web/20221202184304/http://shx.wenming.cn/xwdt/201602/t20160226_3171394.htm.

Suettinger, Robert. *Negotiating History: The Chinese Communist Party's 1981*. Arlington, VA: Project 2049, 2017. https://project2049.net/wp-content/uploads/2017/07/P2049_Suettinger_Negotiating-History-CCP_071717.pdf.

Tager, James. *Made in Hollywood and Censored by Beijing*. New York: Pen America, 2020. https://pen.org/report/made-in-hollywood-censored-by-beijing/.

Tan, Chanxue 譚蟬雪. *bianzhu Qiusuo: lanzhoudaxue "youpai fangeming ji'an" jishi* 求索：蘭州大學「右派反革命集團案」紀實 [Seeking: The Rightist

Ringen, Stein. *The Perfect Dictatorship: China in the 21st Century*. Hong Kong: Hong Kong University Press, 2016.

Roberts, Margret E. *Censored: Distraction and Diversion Inside China's Great Firewall*. Princeton, NJ: Princeton University Press, 2018.

"A Roster of World Cities." GaWC Research Bulletin 5. Accessed April 15, 2022, https://web.archive.org/web/20220314234438/https://www.lboro.ac.uk/gawc/rb/rb5.html.

Rozelle, Scott, and Natalie Hell. *Invisible China: How the Urban-R ural Divide Threatens China's Future*. Chicago: University of Chicago Press, 2022.

"<Ruanmai> tingyin, Jingdong, Dangdang ye xiajia: Fang Fang hen 'wu nai' 《軟埋》停印，京東、當當也下架：方方很'無奈,' " [Soft Burial stopped printing, Jingdong, Dangdang took it down too: Fang Fang feels helpless]. wxhaowen.com, May 25, 2017. https://web.archive.org/web/20180104132526/http://www.wxhaowen.com/article_675f687981ef41359ffe313c8b786da5.shtml.

Sebald, W. G. *On the Natural History of Destruction*. New York: Modern Library, 2004.

Shan, Renping 單仁平. "Shao shu gangren buying dongzhe zhiyi 少數港人不應動輒質疑'一國兩制' " [The minority Hongkongers shouldn't doubt 'one nation two systems'] Huanqiu, last modified January 3, 2016. https://web.archive.org/web/20230107205552/https://m.huanqiu.com/article/9CaKrnJSR5H.

Shao, Jiang. *Citizen Publications in China Before the Internet*. New York: Palgrave Macmillan, 2015.

Shiraey, Eric, and Zi Yang. "The Gao-Rao Affair: A Case of Character Assassination in Chinese Politics in the 1950s." In *Character Assassination Throughout the Ages*. Edited by Martijn Icks and Eric Shiraey. New York: Palgrave Macmillan, 2014.

Snow, Edgar. *Red Star over China*. New York: Grove Press, 1968.

Silbergeld, Jerome. *Back to the Red Cliff: Reflection on the Narrative Mode in*

4&word=%E9%BB%98%E5%AD%98.

"Noteworthy Problems Related to the Current State of the Ideological Sphere." *ChinaFile*. Accessed November 22, 2022, https://www.chinafile.com/document-9-chinafile-translation#start.

Peng, Xiaoling 彭曉玲, and Yu Ziqing 于子青. "Guanyu zhonggongzhongyang guanyu dangde bainianfendou zhongdachengjiu he lishijingyan deshuoming" 關於《中共中央關於黨的百年奮鬥重大成就和歷史經驗的決議》的說明 [Explanation of resolution on major achieve-ments and historical experience of CPC over past century]. *CPC News,* December 1, 2021. https://web.archive.org/web/20230110182927/http://cpc.people.com.cn/n1/2021/1201/c64094-32296476.html.

"Publisher Yao Wentian (Aka Yiu Mantin) Sentenced to 10 Years in Prison." Pen America, last modified May 12, 2014. https://pen.org/rapid-action/publisher-yao-wentian-aka-yiu-mantin-sentenced-to-10-years-in-prison/.

Ramzy, Austin. "China Sentences Hong Kong Bookseller Gui Minhai to 10 Years in Prison." *New York Times,* February 25, 2020. https://www.nytimes.com/2020/02/25/world/asia/gui-minhai-china-hong-kong-swedish-bookseller.html.

"The Rectification Campaign." *Baidu Baike.* Accessed January 10, 2023, https://web.archive.org/web/2/https://baike.baidu.com/item/%E5%BB%B6%E5%AE%89%E6%95%B4%E9%A3%8E%E8%BF%90%E5%8A%A8/4416458.

"Red Guard Apologizes for Role in Teacher's Death," *China Digital Times*, accessed June 20, 2014, https://chinadigitaltimes.net/2014/01/red-guard-apologizes-role-teachers-death/.

"Renmin ribao: yonghao wenwu ziyuan, jianghao hongse gushi" 人民日報：用好文物資源　講好紅色故事 [People's Daily: Make good use of cultural resources, tell good red stories]. *WeChat*, March 29, 2022. https://web.archive.org/web/20221205205423/https://mp.weixin.qq.com/s?__biz=MzI5NzE4MDI4NQ==&mid=2247494880&idx=5&sn=30dec863a79933e0f685888ccea84109&chksm=ecbba1f2dbcc28e4f4c6623112ffb9bb8950620d322bda3390a1b63bd5e1751a12aad65f4796&scene=27.

zhonghuaminzu weidafuxing mubiao fenyongqianjin" 習近平：承前啟後　繼往開來　繼續朝著中華民族偉大復興目標奮勇前進 [Xi Jinping: Inherit the past and usher in the future, continue to march towards the great rejuvenation of the Chinese nation]. *Xinhua Net*, November 29, 2012. https://web.archive.org/web/20221222113247/http://www.xinhuanet.com/politics/2012-11/29/c_113852724.htm.

Liu, Zongyuan 柳宗元. *Written in Exile: The Poetry of Liu Tsung-yuan*. Translated by Bill Porter. Port Townsend, WA: Copper Canyon Press, 2019.

Luo, Siling 羅四鴒. "Zao zuopai weigong, zuojia Fang Fang tan <Ruanmai> de 'Ruanmai' 遭左派圍攻，作家方方談《軟埋》的 '軟埋'," [Attacked by left wing writers: Writer Fang Fang talks about the "soft burial" of <Soft Burial>] *New York Times China*, June 27, 2017. https://cn.nytimes.com/china/20170627/cc27fang-fang/.

MacKinnon, Stephen R. *Wuhan, 1938: War, Refugees, and the Making of Modern China*. Berkeley: University of California Press, 2008.

Mao, Zedong. "Our Study and the Current Situation," *Selected Works of Mao Tse-tung*, April 12, 1944. https://www.marxists.org/reference/archive/mao/selected-works/volume-3/mswv3_18.htm.

"The Memory Project." Duke University Libraries. Accessed July 22, 2022, https://repository.duke.edu/dc/memoryproject.

"Message from the Director." *National Museum of China*. Accessed January 10, 2023, https://web.archive.org/web/20230110182649/http://en.chnmuseum.cn/about_the_nmc_593/message_from_nmc_director_595/201911/t20191122_173222.html.

Minzner, Carl. "China's Doomed Fight Against Demographic Decline." *Foreign Affairs,* May 3, 2022. https://www.foreignaffairs.com/articles/china/2022-05-03/chinas-doomed-fight-against-demographic-decline.

"Mo Cun" 默存, *Jiaoyubu chongbian guoyu cidian xiudingban* 教育部重編國語辭典修訂版. Accessed January 10, 2023, https://web.archive.org/web/20220821021841/https://dict.revised.moe.edu.tw/dictView.jsp?ID=2794

online/2014/08/08/wang-lixiong-woeser-chinas-ethnic-unrest/.

Jurong Maoshan Zhi Bangongshi 句容市地方誌辦公室 [Jurong Municipal Gazetteer Office], *Jurong Maoshan Zhi* 句容茅山志 [Jurong Maoshan Magazine]. Hefei: Huangshashu Chuban, 1998.

Kurzynski, Maciej. "In Defense of Beauty: Gao Ertai's Aesthetic of Resistance." *Philosophy East and West* 69, no. 4 (2009).

Kundera, Milan. *The Art of the Novel.* Translated by Linda Asher. New York: Harper Perennial, 2000.

Lardy, Nicholas. *The State Strikes Back: The End of Economic Reform in China?* Washington, DC: Peterson Institute for International Economics, 2019.

Lee, Ching Kwan, *Hong Kong: Global China's Restive Frontier*. Cambridge: Cambridge University Press, 2022.

Li, Fangchun 李放春. " 'Dizhuwo' li de qingsuan fengbo—jiantan beifang tugaizhong de 'minzhu' yu 'huai ganbu' wenti" "地主窩" 裡的清算風波——兼談北方土改中的"民主"與"壞幹部"問題 [The liquidation storm in the 'landlord nest': and talks on 'democracy' and 'bad comrade' questions in the northern land reform]. *Aisixiang,* February 4, 2009. https://web.archive.org/web/20221202185703/https://www.aisixiang.com/data/24580.html.

"Li Wenliang," 李文亮. *Baidu Baike*. Accessed August 2, 2022, https://web.archive.org/web/20220802163927/https://baike.baidu.com/item/%E6%9D%8E%E6%96%87%E4%BA%AE/24300481.

Lian, Xi. *Blood Letters: The Untold Story of Lin Zhao, a Martyr in Mao's China.* New York: Basic Books, 2018.

Lifton, Robert Jay. *Thought Reform and the Psychology of Totalism: A Study of "Brainwashing" in China.* New York: Norton, 1961.

"Lishi xuwuzhuyi yu sulianjieti," 歷史虛無主義與蘇聯解體 [Historical nihilism and the dissolution of the Soviet Union]. April 23, 2022. Youku Video. https://v.youku.com/v_show/id_XNTg0NDEwNTk2OA==.html.

Liu, Qiong 劉瓊. "Xi Jinping: chengqianqihou jiwangkailai jixuchaozhe

Lixiong." *New York Review of Books*, August 7, 2014. https://www.nybooks.com/online/2014/08/07/interview-tsering-woeser-wang-lixiong/.

Johnson, Ian. "China's Brave Underground Journal." *New York Review of Books,* December 4, 2014. https://www.nybooks.com/articles/2014/12/04/chinas-brave-underground-journal/.

Johnson, Ian. "China's Brave Underground Journal II." *New York Review of Books*, December 18, 2014. https://www.nybooks.com/articles/2014/12/18/chinas-brave-underground-journal-ii/.

Johnson, Ian. "China's 'Black Week-e nd,' "review of *The Last Secret: The Final Documents from the June Fourth Crackdown*, by Bao Pu. *New York Review of Books*, June 27, 2019. https://www.nybooks.com/articles/2019/06/27/tiananmen-chinas-black-week-end/.

Johnson, Ian. "Finding Zen and Book Contracts in Beijing." *New York Review of Books*, May 29, 2012. https://www.nybooks.com/online/2012/05/29/zen-book-contracts-bill-porter-beijing/.

Johnson, Ian. "Lawsuit over Banned Memoir Asks China to Explain Censorship." *New York Times,* April 25, 2015. https://www.nytimes.com/2015/04/26/world/asia/china-lawsuit-over-banned-li-rui-memoir-censorship.html.

Johnson, Ian. "'My Personal Vendetta': An Interview with Hong Kong Publisher Bao Pu," *New York Review of Books*, January 22, 2016. https://www.nybooks.com/online/2016/01/22/my-personal-vendetta-interview-hong-kong-publisher-bao-pu/.

Johnson, Ian. "Ruling Through Ritual: An Interview with Guo Yuhua." *New York Review of Books*, June 18, 2018. https://www.nybooks.com/daily/2018/06/18/ruling-through-ritual-an-interview-with-guo-yuhua/.

Johnson, Ian. "Sexual Life in Modern China." *New York Review of Books*, October 26, 2017. https://www.nybooks.com/articles/2017/10/26/sexual-life-in-modern-china/.

Johnson, Ian. "Wang Lixiong and Woeser: A Way Out of China's Ethnic Unrest?" *New York Review of Books*, August 8, 2014. https://www.nybooks.com/

mp.weixin.qq.com/s/1wEgqbX-vhfx2zOrNc-4lQ.

Jiang, Xue 江雪. " 'Xinhuo' liaoluo, er wo zai xunzhao" "星火"寥落，而我在尋找 ["Sparks" is few and far between, and I'm looking]. *Jintian* 1 (2019): 211–234. https://www.jintian.net/121.pdf.

Jiang, Xue 江雪. "Xinghuo yusi piaoling: zai 2018 nian yongbie Tan Chanxue," 星火於斯飄零：在2018年永別譚蟬雪 [Spark drifts in the sky: Farewell to Tan Chanxue in 2018]. *The Initium*, January 6, 2019. https://web.archive.org/web/2/https://theinitium.com/article/20190107-china-dissident-history-tanchanshe/.

Jiang, Xue 江雪. "Jiang Xue: You Fu Cong xiangqile 'Xinghuo' qianbei Gu Yan." 江雪：由傅聰想起了"星火"前輩顧雁 [Jiang Xue: Fu Cong reminded me of "Spark" predecessor Gu Yan]. *Caixin*, December 31, 2020. https://web.archive.org/web/20230110211630/https://jiangxue.blog.caixin.com/archives/239996.

Jiang, Yu 江宇. "The History Connotations and Practical Significance of 'Two Cannot Be Rejected.' " *CPC News,* October 12, 2013. https://web.archive.org/web/20221208164809/http://cpc.people.com.cn/n/2013/1012/c69120-23179702.html.

"Jinfang 'lishi xuwu zhuyi' liyong hulianwang qinglue zhongguo," 謹防"歷史虛無主義"利用互聯網侵略中國, [Beware of "historical nihilism" using the Internet to invade China]. *China Daily*. Accessed December 2, 2022, https://web.archive.org/web/20221202211521/http://china.chinadaily.com.cn/2015-10/28/content_22303537.htm.

Johnson, Ian. "A Revolutionary Discovery in China." *New York Review of Books*, April 21, 2016. https://www.nybooks.com/articles/2016/04/21/revolutionary-discovery-in-china/.

Johnson, Ian. "At China's New Museum, History Toes Party Line." *New York Times,* April 3, 2011. https://www.nytimes.com/2011/04/04/world/asia/04museum.html.

Johnson, Ian. "Beyond the Dalai Lama: An Interview with Woeser and Wang

Quartz, January 17, 2016. https://web.archive.org/web/20230109083717/http://www.news.cn/english/2021-11/16/c_1310314611.htm.

Huang, Yanzhong. *The COVID-19 Pandemic and China's Global Health Leadership*. New York: Council on Foreign Relations, 2022.

Hua Xia. "Resolution of the CPC Central Committee on the Major Achievements and Historical Experience of the Party over the Past Century." *Xinhua Net*, November 16, 2021. https://web.archive.org/web/20230109083717/http://www.news.cn/english/2021-11/16/c_1310314611.htm.

Hung, Chang-tai. "The Red Line: Creating a Museum of the Chinese Revolution." *China Quarterly* no. 184, December 2005.

Hung, Ho-fung. *City on the Edge: Hong Kong Under Chinese Rule*. Cambridge: Cambridge University Press, 2022.

Huxtable, Ada Louise. "Dissent at Colonial Williamsburg; Errors of Restoration." *New York Times*, September 22, 1963.

Illegal and Harmful Information Reporting Center 中央網信辦舉報中心. "Reporting Historical Nihilism to '12377.' "Last modified on April 9, 2021. https://web.archive.org/web/20221205184840/https://www.12377.cn/wxxx/2021/fc6eb910_web.html.

Israel, George L. *Doing Good and Ridding Evil in Ming China: The Political Career of Wang Yangming*. Leiden: Brill, 2014.

"Jiabiangou jishi—01 youpai nongchang" 夾邊溝祭事—01 右派農場 [Jiabiangou Elegy—01 Rightist Farm].Y ouTubeV ideo, 1:17:15, September 6, 2019. https://www.youtube.com/watch?v=9bEBG6Hqb6Y&t=11s.

Jiang, Haofeng 姜浩峰. "*Zhang Hongbing wei "shimu" daoqian beihou*" 張紅兵為 "弒母" 道歉背后 [Behind Zhang Hongbing's matricide apology]. Xinmin Weekly, September 21, 2013. https://web.archive.org/web/20150713080414/http://xmzk.xinminweekly.com.cn/News/Content/2835.

Jiang, Xue 江雪. "Jiangxue: changan shiri" 江雪：長安十日 [Jiang Xue: Ten days of Chang'an] Mocun Gewu 默存格物. WeChat Subscription, accessed January 10, 2023. https://web.archive.org/web/20220105001144/https://

State Farm]. 2009; New York: Icarus Films, 2009, DVD. https://i car usfi lms.com/df-ew.

Hu, Jie 胡杰, dir. *Maidichong de gesheng* 麥地沖的歌聲 [Maidichong's singing voice], 2014. https://www.youtube.com/watch?v=oZ90J3M6C3s&t=21s.

Hu, Jie 胡杰, dir. *Spark*. 2019; New York: Icarus Films, 2019, DVD. https://icarusfilms.com/df-spark.

Hu, Jie 胡杰, dir. *Wode muqin Wang Peiying* 我的母親王佩英 [My mother Wang Peiying], 2011. https://www.youtube.com/watch?v=W2eaFJXxwTQ.

Hu, Jie 胡杰, dir. *Wosui siqu* 我雖死去 [Though I am gone]. 2007; New York: Icarus Films, 2012, DVD. https://icarusfilms.com/df-gone.

Hu, Jie 胡杰, dir. *Xunzhao Lin Zhao de linghun* 尋找林昭的靈魂 [Searching for Lin Zhao's soul]. 2004; New York: Icarus Films, 2012, DVD. https://icarusfilms.com/df-linzha.

Hu, Jie 胡杰, dir. *Zai Haibian* 在海邊 [Beside the sea], 2000. https://www.youtube.com/watch?v=x-BVedSlU_I.

"Hu Jintao huijian quanguo dangshigongzuo huiyidaibiao, Xi Jinping jianghua" 胡錦濤會見全國黨史工作會議代表，習近平講話 [Hu Jintao visits representatives of national working meeting on party history, Xi Jinping gives a speech]. *Xinhua News Agency via Sina*, July 21, 2010. https://web.archive.org/web/20221202204512/http://news.sina.com.cn/c/2010-07-21/175220728776.shtml.

Hu, Xijin 胡錫進. "Hu Xijing ping Jiang Xue fencheng wenjian: buyao ba kangyi chengjiu yu juti wenti duiyic 胡錫進評江雪封城見聞：不要把抗疫成就與具體問題對立" [Hu Xijing comment on Jiang Xue's lockdown commentary: Don't pit pandemic control achievements against specific problems]. Zaobao, January 6, 2022. https://web.archive.org/web/20220108035614/https://www.zaobao.com.sg/realtime/china/story20220106-1230132.

Huang, Zheping, Echo Huang, and Heather Timmons. "A Crackdown on Hong Kong Booksellers Reflects the Deep Divides in China's Communist Party."

and-enemies.html.

"Fuxing zhi lu·xinshidai bufen zhanlan mianxiang gongzhong kaifang" 復興之路・新時代部分展覽面向公眾開放 [The road to rejuvenation: New Era portion is open to public]. Central Commission for Discipline Inspection China. https://web.archive.org/web/20221208180116/https://www.ccdi.gov.cn/toutu/201807/t20180705_175124.html.

Gao, Hua. *How the Red Sun Rose*. New York: Columbia University Press, 2019.

Gao, Ertai 高爾泰. *Huangshan xizhao* 荒山夕照 [Sunset over the desolate mountain]. Personal History WeChat subscription channel, April 13, 2020. Accessed November 30, 2022, https://web.archive.org/web/20221205020329/https://mp.weixin.qq.com/s/9GzSZkioYcQ7XrZPgpkXZA.

Gao, Ertai 高爾泰. *Xunzhao Jiayuan* 尋找家園 [In search of my homeland]. Taipei: Yinke Wenxue Zazhi Chuban Youxian Gongsi, 2009.

"Gongchandang dangshi zhuanjia Sima Lu 102sui niuyue shishi" 中共黨史專家司馬璐102歲紐約逝世 [Expert on Chinese Communist Party Sima Lu died at 102 in New York]. *Voice of America Chinese*, March 30, 2021. https://www.voachinese.com/a/Sima-Lu-expert-ccp-history-passed-away-102/5832909.html.

Guo, Yuhua 郭于華. *Shoukurende jiangshu: Jicun lishi yu yizhong wenming de luoji* 受苦人的講述：驥村歷史與一種文明的邏輯 [Narratives of the sufferers: The history of Jicun and the logic of civilization]. Hong Kong: Chinese University of Hong Kong Press, 2013.

Hartman, Saidiya. *Scenes of Subjection: Terror, Slavery, and Self-Making in Nineteenth Century America*. New York: Norton, 1997.

Hirsch, Marianne. *Family Frames: Photography, Narrative, and Postmemory*. Cambridge, MA: Harvard University Press, 1997.

"HK Records 36 Mln Visitor Arrivals in 2010, over 60 pct from Mainland." China.org.cn. Accessed December 2, 2022, https://web.archive.org/web/20110120233724/http://china.org.cn/travel/2011-01/08/content_21698059.htm.

Hu, Jie 胡杰, dir. *Guoying dongfeng nongchang* 國營東風農場 [The East Wind

Deng, Yongsheng 鄧永勝. “Cong shenmi dao kaifang—z oujin Zhonggong Zhongyang dangshiyanjiushi” 從神秘到開放——走近中共中央黨史研究室 [From mystery to openness—a closer look at the Party History Research Office of the CPC Central Committee]. *China News*, July 21, 2010. https://web.archive.org/web/20221202205042/https://www.chinanews.com.cn/gn/2010/07-21/2415049.shtml.

Dikötter, Frank. *Mao's Great Famine*: *The History of China's Most Devastating Catastrophe, 1958–1962*. New York: Bloomsbury, 2011.

“Document 9: A China File Translation: How Much Is a Hardline Party Directive Shaping China's Current Political Climate?” *ChinaFile,* November 8, 2013. https://www.chinafile.com/document-9-chinafile-translation#start.

Dong, Joy. “Two Years After His Death, the Chinese Doctor Who Warned of the Virus Is Remembered.” *New York Times,* February 7, 2022. https://www.nytimes.com/2022/02/07/world/asia/chinese-doctor-li-wenliang-covid-warning.html.

“Drawing the News: Apology Not Accepted.” *China Digital Times*. Accessed July 10, 2022, http://chinadigitaltimes.net/2014/01/drawing-news-apology-accepted/.

Escherick, Joseph W. *Accidental Holy Land: The Communist Revolution in Northwest China*. Berkeley: University of California Press, 2022.

Fallada, Hans. *Every Man Dies Alone.* Translated by Michael Hofmann. New York: Melville House, 2009.

Fang, Fang. *Wuhan Diary: Dispatches from a Quarantined City*. Translated by Michael Berry. New York: HarperVia, 2020.

Fang, Lizhi. “The Chinese Amnesia.” *New York Review of Books*, September 27, 1990. Translated by Perry Link. https://www.nybooks.com/articles/1990/09/27/the-chinese-amnesia/.

Forsythe, Michael, and Andrew Jacobs, “In China, Books That Make Money and Enemies.” *New York Times*, February 4, 2016. https://www.nytimes.com/2016/02/07/business/international/in-china-books-that-make-money-

lunar new year. Citizen Journalist Chen Qiushi Wuhan pandemic district reporting series 10]. YouTube Video, 26:47, January 29, 2020. https://www.youtube.com/watch?v=iXozpbomAns&t=276s.

Chen, Thomas. "Blanks to Be Filled: Public-Making and the Censorship of Jia Pingwa's Decadent Capital." *China Perspectives,* January 2015.

Chin, Josh. "In China, Xi Jinping's Crackdown Extends to Dissenting Versions of History." *Wall Street Journal,* August 1, 2016. https://www.wsj.com/articles/in-china-xi-jinpings-crackdown-extends-to-dissenting-versions-of-history-1470087445?mod=article_inline.

"China's Yan'an to Be Revamped into 'City of Revolutionary Museums.'" *Xinhua News*. Accessed April 3, 2021, https://web.archive.org/web/20221205204418/http://www.xinhuanet.com/english/2021-04/03/c_139857078.htm.

"China's 2019 'Red Tourism' Revenue Tops 400b Yuan." *State Council*. Accessed January 10, 2023, https://web.archive.org/web/20221205204123/http://english.www.gov.cn/statecouncil/ministries/202105/19/content_WS60a50610c6d0df57f98d9bef.html#:~:text=BEIJING%20%E2%80%94%20The%20revenue%20generated%20by,NCHA)%20said%20on%20May%2019.

Courtney, Chris. *The Nature of Disaster in China: The 1931 Yangzi River Flood.* Studies in Environment and History. Cambridge: Cambridge University Press, 2018. doi:10.1017/9781108278362.

Crossley, Gabriel, and Alison Williams. "Wuhan Lockdown 'Unprecedented,' Shows Commitment to Contain Virus: WHO Representative in China." *Reuters*, January 23, 2020. https://web.archive.org/web/20200124203401/https://www.reuters.com/article/us-china-health-who-idUSKBN1ZM1G9.

"Dabukua de jianghu 打不垮的江湖." Xin Mocun 新默存. WeChat Subscription. Accessed January 10, 2023, https://web.archive.org/web/20220821140558/https:/mp.weixin.qq.com/s/DgJ5PkPOuG_OWc1vSmAR0A.

DeMare, Brian. *Land Wars: The Story of China's Agrarian Revolution*. New York: Oxford University Press, 2019.

Buckley, Chris. "Hong Kong Man Seeking to Issue Book About Xi Is Held in China." *New York Times*, January 28, 2014. https://www.nytimes.com/2014/01/29/world/asia/publisher-of-book-critical-of-chinas-leader-is-arrested.html.

Buckley, Chris. "Liberal Magazine, 'Forced into a Corner' by China, Girds for Battle." *New York Times,* July 27, 2016. https://www.nytimes.com/2016/07/28/world/asia/china-yanhuang-chunqiu.html.

Buckley, Chris. "Revamped Chinese History Journal Welcomes Hard-Line Writers." *New York Times,* August 17, 2016. https://www.nytimes.com/2016/08/18/world/asia/china-yanhuang-chunqiu.html.

Buckley, Chris. "Vows of Change in China Belie Private Warning." *New York Times*, February 14, 2013. https://www.nytimes.com/2013/02/15/world/asia/vowing-reform-chinas-leader-xi-jinping-airs-other-message-in-private.html.

Cao, Yaxin 曹雅欣. "Xi Jinping: Mieren zhi guo, bi xuanqu qishi" 習近平：滅人之國，必先去其史 [Xi Jinping: To destroy a country's people, start with destroying their history]. *China Daily*, August 6, 2015. https://web.archive.org/web/20221201204953/http://china.chinadaily.com.cn/2015-08/06/content_21520950.htm.

"Chang'an Shiri" 長安十日 [Ten days of Chang'an]. *Wikipedia*. Accessed August 20, 2022, https://zh.m.wikipedia.org/zh-hans/%E9%95%BF%E5%AE%89%E5%8D%81%E6%97%A5.

Chen, Qiushi 陳秋實 (@chenqiushi404). "你好，我是秋實！好久不見呀！我計畫在2021年12月31日跨年夜，組織一場慈善搏擊比賽。聯絡方式：抖音號quanjishou999." Twitter post, September 30, 2021. https://archive.ph/9UNih.

Chen, Qiushi. "Ziyuan jingque, yiqing jingji | Chen Qiushi danianchuliu zhongwu jiaolü huizong baodao (Goingmin jizhe Chen Qiushi Wuhan yiqu caifang shilu xilie 10)" 資源緊缺，疫情緊急｜陳秋實大年初六中午焦慮總結報導（'公民記者陳秋實武漢疫區採訪實錄'系列10）[Supplies are short, the pandemic is urgent. Chen Qiushi nervously reports on the 6th day of the

vol2/text/b1470.html.

"Appendix: Resolution on Certain Questions in the History of Our Party." *Selected Works of Mao Tse-T ung*, vol. 3. Beijing: Foreign Language Press, 1965. http://www.marx2mao.com/PDFs/MaoSW3App.pdf.

Assmann, Aleida. "Funktionsgedächtnis und Speichergedächtnis—Z wei Modi der Erinnerung." In *Erinnerungsräume: Formen und Wandlungen des kulturellen Gedächtnisses*. München: C. H. Beck., 2009.

Assmann, Jan. *Cultural Memory and Early Civilization: Writing, Remembrance, and Political Imagination*. Cambridge: Cambridge University Press, 2011.

Auden, W. H., and Christopher Isherwood. *Journey to a War*, cited in Stephen R. MacKinnon. *Wuhan, 1938: War, Refugees, and the Making of Modern China*. Berkeley: University of California Press, 2008.

Baker, Graeme. "Outrage as China Lays Claim to Genghis Khan." *The Telegraph*, December 30, 2006. Accessed August 7, 2022, https://www.telegraph.co.uk/news/worldnews/1538174/Outrage-as-China-lays-claim-to-Genghis-Khan.html.

Barnett, Robert, Benno Weiner, and Françoise Robin, eds. *Conflicting Memories: Tibetan History Under Mao Retold*. Leiden: Brill, 2020.

Beaverstock, J. V., R. G. Smith, and P. J. Taylor. *A Roster of World Cities*. Leicestershire, UK: GaWC, 1999. doi:10.1016/S0264-2751(99)00042-6.

"Bianzhe de hua 編者的話" [Editor's Words]. 民間歷史 [Folk History]. Accessed August 10, 2022, https://web.archive.org/web/20220811160323/http://mjlsh.usc.cuhk.edu.hk/Default.aspx.

Boyd, Alexander. "The Historical Nihil-L ist: Cyberspace Administration Targets Top Ten Deviations from Approved History." *China Digital Times,* August 16, 2021. https://chinadigitaltimes.net/2021/08/the-historical-nihil-list-cyberspace-administration-targets-top-ten-deviations-from-approved-history/.

Brzeski, Patrick. "Inside China's Conspicuous Absence from Cannes." *Hollywood Reporter*, May 19, 2022. https://www.hollywoodreporter.com/movies/movie-news/cannes-2022-china-conspicuous-absence-covid-hong-kong-1235150139/.

參考資料

"About Colonial Williamsburg: Annual Reports." Accessed April 20, 2022, https://www.colonialwilliamsburg.org/learn/about-colonial-williamsburg/#annual-reports.

"Ai Luming 艾路明." *Baidu Baike*. Accessed January 10, 2023, https://web.archive.org/web/20221128154605/https://baike.baidu.com/item/%E8%89%BE%E8%B7%AF%E6%98%8E/10773540.

Ai, Xiaoming 艾曉明. "Beifengzhu de ren fanwaipian: jiangjun de never" 被封住的人番外篇：將軍的女兒 [The isolated person's other story: The general's daughter]. *Mirror Media,* February 17, 2022. https://www.mirrormedia.mg/premium/20200217pol006.

Ai, Xiaoming 艾曉明. "Jiabiangou Elegy." YouTube Video, 36:24, March 6, 2017. https://www.youtube.com/watch?v=M0NN1F_HegY&t=2182s.

Ai, Xiaoming 艾曉明. "Pandemic Diary." *New Left Review* 122 (March–April 2022).

Ai Xiaoming 艾曉明. "Women yiqi zouguo de lu: chentong daonian wode zuopin xiangdao Zhang Suiqing xiansheng" 我們一起走過的路：沉痛悼念我的作品嚮導張遂卿先生 [The road we walked together: A sorrowful tribute to Mr. Zhang Suiqing, the mentor of my works]. NewCenturyNet, April 15, 2017. https://web.archive.org/web/20190409221906/http://2newcenturynet.blogspot.com:80/2017/04/blog-post_15.html.

Ai, Xiaoming 艾曉明. *Xue Tong* 血統 [Lineage]. Beijing: Huacheng Chubanshe, 1994.

"Answers to the Italian Journalist Oriana Fallaci." Accessed December 20, 2022, https://web.archive.org/web/20220521071225/http://en.people.cn/dengxp/

3 **For problems in the Covid policy**, see, for example, Yanzhong Huang, *The COVID-19 Pandemic and China's Global Health Leadership* (New York: Council on Foreign Relations, 2022). **On mishandling demographics**, Carl Minzner, "China's Doomed Fight Against Demographic Decline," *Foreign Affairs,* 3 May 2022, https://www.foreignaffairs.com/articles/china/2022-05-03/chinas-doomed-fight-against-demographic-decline. **For aversion to economic reform**, see Nicholas Lardy, *The State Strikes Back: The End of Economic Reform in China?* (Washington, DC: Peterson Institute for International Economics, 2019). **On educational failure**, see Scott Rozelle and Natalie Hell, *Invisible China: How the Urban-Rural Divide Threatens China's Future* (Chicago: University of Chicago Press, 2020).

4 **Saidiya Hartman:** For a profile of Hartman and her impact, see "How Saidiya Hartman Retells the History of Black Life," by Alexis Okeowo, *New Yorker,* 19 October 2020. Hartman's book *Scenes of Subjugation* describes her theory of critical fabulation and how it can be used to describe slavery.

5 **Nguyen on "just memory":** "Just Memory: War and the Ethics of Remembrance," *American Literary History*, 2013, pp. 1–20. doi:10.1093/alh/ajs069.

6 **Sebald on "secondhand memories":** *On the Natural History of Destruction* (New York: Modern Library, 2004), 88.

7 **Hirsch on postmemory:** *Family Frames: Photography, Narrative, and Postmemory* (Cambridge, MA: Harvard University Press, 1997), 13.

8 **Foreign festivals pulling films due to Chinese pressure:** See James Tager et al., *Made in Hollywood and Censored by Beijing* (New York: Pen America, 2020), 31, https://pen.org/wp-content/uploads/2020/09/Made_in_Hollywood_Censored_by_Beiing_Report_FINAL.pdf. China also reportedly pulled out of the 2022 Cannes Film Festival because it aired a documentary in 2020 about the Hong Kong protests. See Patrick Brzeski, "Inside China's Conspicuous Absence from Cannes," *Hollywood Reporter*, 19 May 2022, https://www.hollywoodreporter.com/movies/movie-news/cannes-2022-china-conspicuous-absence-covid-hong-kong-1235150139/.

Archived at https://web.archive.org/web/20220821142458/https://mp.weixin.qq.com/s/DgJ5PkPOuG_OWc1vSmAR0A.

11 **Bill Porter on hermits:** See *Road to Heaven: Encounters with Chinese Hermits* (Berkeley, CA: Counterpoint Press, 2009). On his status in China and his comment on seclusion being like graduate school, see my piece in Ian Johnson, "Finding Zen and Book Contracts in Beijing," *New York Review of Books* online edition, 29 May 2012, https://www.nybooks.com/daily/2012/05/29/zen-book-contracts-bill-porter-beijing/.

15. 結論

1 **Arendt quote in Jiang Xue article:** "yige qizi de zheyinian" 一個妻子的這一年 ["This Year of a Wife"], *Gongmin*, 2 October 2015, https://cmcn.org/archives/22005. It is also noteworthy that Arendt's *The Origins of Totalitarianism* is widely available in translation. Perhaps the Communist Party sees its relevance as specific to Europe.

2 **China's domestic intelligence services budget rivals the national defense budget:** exact figures are impossible to obtain, but various experts and analysts triangulate statements and budgets. According to Statista, for example, the total budget for domestic intelligence is $205 billion: "Expenditure on public security in China from 2011 to 2021, by government level," 15 December 2022, https://www.statista.com/statistics/1049749/china-public-security-spending-by-government-level/. This compares with an official military budget of $230 billion: "China to raise military budget 7.1% this year," *China Daily*, 6 March 2022, https://www.chinadaily.com.cn/a/202203/06/WS62245064a310cdd39bc8aacb.html). This represents about 10 percent of total government outlays, based on calculations by Bloomberg: "China's 2022 Budget: A Breakdown of the Key Numbers," 4 March 2022, https://www.bloomberg.com/news/articles/2022-03-05/china-s-2022-budget-a-breakdown-of-the-key-numbers?leadSource=uverify%20wall.

Xue: Ten Days in Chang'an]. Mocun gewu 默存格物, WeChat Subscription, accessed 20 August 2022. The original URL has been blocked. Archived as https://web.archive.org/web/20220105001144/https://mp.weixin.qq.com/s/1wEgqbX-vhfx2zOrNc-4lQ.

5 **200,000 readers:** The piece ultimately gained 210,000 views before being pulled, Jiang Xu 20 August 2022 correspondence.

6 **Hu Xijin on Jiang Xue's article:** See a summary of the controversy in Singapore's *Lianhe Zaobao*, 6 January 2022. Hu Xijin 胡錫進, "Hu Xijing ping Jiang Xue fencheng wenjian: buyao ba kangyi chengjiu yu juti wenti duili 胡錫進評江雪封城見聞：不要把抗疫成就與具體問題對立 [Hu Xijing comments on Jiang Xue's lockdown commentary: Don't pit pandemic control achievements against specific problems] Zaobao, 6 January 2022, https://web.archive.org/web/20220108035614/https://www.zaobao.com.sg/realtime/china/story20220106-1230132.

7 **Entry in the Chinese-language edition of Wikipedia:** "Chang'an Shiri 長安十日" [Ten days of Chang'an], Wikipedia, accessed 20 August 2022, https://zh.m.wikipedia.org/zh-hans/%E9%95%BF%E5%AE%89%E5%8D%81%E6%97%A5.

8 **the public account "Silent Observer":** 默存格物. It was relaunched as 新默存. As of August 2022 it still existed.

9 **The phrase in Liezi**: "左右曰：「王默存耳。」由此穆王自失者三月而復" ("his attendants told him he had been sitting there quietly.") Most dictionaries gloss this with the meaning that he had been sitting silently while his spirit roamed. See, for example, "Mo Cun 默存," Jiaoyubu chongbian guoyu cidian xiudingban 教育部重編國語辭典修訂版, accessed 20 August 2022, https://dict.revised.moe.edu.tw/dictView.jsp?ID=27944&word=%E9%BB%98%E5%AD%98.

10 **Ye Fu on *jianghu*:** 打不垮的江湖, 23 June 2022. Online at "Dabukua de jianghu 打不垮的江湖," 新默存, WeChat Subscription, accessed 20 August 2022, https://mp.weixin.qq.com/s/DgJ5PkPOuG_OWc1vSmAR0A.

running and had been largely archived on the internet archive, "USC for China Studies Collection: A-Z collections," *Chinese University of Hong Kong Library*, 2 December 2022, https://www.lib.cuhk.edu.hk/en/collections/spc/usc-collections/.

憶往事：失落的倉庫

32 **Note for Warehouses:** For more on Bao Pu, see my 22 January 2016 online interview with him: Ian Johnson, "My Personal Vendetta," https://www.nybooks.com/daily/2016/01/22/my-personal-vendetta-interview-hong-kong-publisher-bao-pu/. For a review of one of his most important books, *The Last Secret: The Final Documents from the June Fourth Crackdown*, see my article Ian Johnson, "China's 'Black Week-end,'" *New York Review of Books*, 27 June 2019, https://www.nybooks.com/articles/2019/06/27/tiananmen-chinas-black-week-end/.

14. 隱士之土

1 **Note to Chapter 14:** Interviews with Jiang Xue in the Zhongnan Mountains were made on 16 September 2018. The interview with the hermit was made the same day.

2 **Details of Xi'an lockdown:** See Vivian Wang and Joy Dong, "China, Holding to Its 'Zero Covid' Strategy, Keeps a City of 13 Million Locked Down," *New York Times,* 30 December 2021, https://www.nytimes.com/2021/12/30/world/asia/china-xian-lockdown-covid.html.

3 **People began walking:** See Zhaoxiang de Song shifu 照相的宋師傅, "Xi'an zuowei yizhong chidu" 西安作為一種尺度 ["Xi'an Has Become a Yardstick"], WeChat Subscription, 7 January 2022, https://web.archive.org/web/20220820214031/https://mp.weixin.qq.com/s/E74vG_NV0dBCBBY2IxzX6A.

4 **Jiang Xue's account:** Jiang Xue 江雪, Chang'an Shir長安十日 [Jiang

24 **Yiu Mantin:** In pinyin it is Yao Wentian, but I have kept the original Cantonese romanization as this was how it appeared in his publications.

25 **Yiu Mantin disappearance:** Chris Buckley, "Hong Kong Man Seeking to Issue Book About Xi Is Detained," *New York Times,* 28 January 2014, https://www.nytimes.com/2014/01/29/world/asia/publisher-of-book-critical-of-chinas-leader-is-arrested.html.

26 **Yiu Mantin sentence.** "Publisher Yao Wentian (aka Yiu Mantin) Sentenced to 10 years in Prison," Pen America, accessed 30 November 2022, https://pen.org/rapid-action/publisher-yao-wentian-aka-yiu-mantin-sentenced-to-10-years-in-prison/.

27 **Both men pleaded guilty:** Zheping Huang et al., "A Crackdown on Hong Kong Booksellers," *Quartz*, 17 January 2017, https://qz.com/588511/a-crackdown-on-hong-kong-booksellers-reflects-the-deep-divides-in-chinas-communist-party/.

28 **Televised confessions:** "Writing on the Wall: Disappeared Booksellers and Free Expression in Hong Kong," Research & Resources, Pen America, modified 5 November 2016, https://pen.org/research-resources/writing-on-the-wall-disappeared-booksellers-and-free-expression-in-hong-kong/, accessed 30 November 2022.

29 **Gui sentence:** Austin Ramzy, "China Sentences Hong Kong Bookseller Gui Minhai to 10 Years in Prison," *New York Times*. 25 February 2020. https://www.nytimes.com/2020/02/25/world/asia/gui-minhai-china-hong-kong-swedish-bookseller.html.

30 **The store survives by selling trouble:** Dan Renping 單仁平, "Shao shu gangren buying dongzhe zhiyi 少數港人不應動輒質疑'一國兩制,' " [The minority Hongkongers shouldn't doubt 'one nation two systems'] *Global Times*, last modified 3 January 2016, https://opinion.huanqiu.com/article/9CaKrnJSR5H.

31 **Universities Service Center stopped hosting the Folk History Project:** http://www.usc.cuhk.edu.hk/folk-history. As of 2022 the site was still

University Press, 2022), 1.

16 **One country-two systems a repetition of Tibetan strategy:** See Ho-fung Hung, *City on the Edge: Hong Kong Under Chinese Rule*, (Cambridge: Cambridge University Press, 2022), 105.

17 **"racialist nationalism":** Hung, *City on the Edge*, 107.

18 **Anson Chan attacked as a traitor:** Chinese state media cited in Hung, *City on the Edge*, 131.

19 **The center's folk history pages:** In 2022, the university announced that it would no longer support this project. "Bianzhe de hua 編者的話" [Editor's Words], 民間歷史 [Folk History], accessed 10 August 2022, https://web.archive.org/web/20220811160323/http://mjlsh.usc.cuhk.edu.hk/Default.aspx.

20 **Sima Lu biography:** Taken from "Zhonggong dangshi zhuanjia Sima Lu 102sui niuyue shishi," 中共黨史專家司馬璐102歲紐約逝世 [Chinese Communist Party Historian Sima Lu dies at 102 in New York], Voice of America, 30 March 2021, https://www.voachinese.com/a/Sima-Lu-expert-ccp-history-passed-away-102/5832909.html. His party history is in Zhonggong dangshiji wenxian xuancui 中共黨史暨文獻選粹 [Selection of Chinese Communist Party history document] (Hong Kong: 自聯出版社, 1973).

21 **By 2010, 36 million mainlanders visiting Hong Kong:** "HK records 36 mln visitor arrivals in 2010, over 60 pct from mainland," China.org.cn, accessed 2 December 2022, https://web.archive.org/web/20110120233724/http://china.org.cn/travel/2011-01/08/content_21698059.htm.

22 **Southern Hill monitoring campaign:** Ian Johnson, "Lawsuit over Banned Memoir," *New York Times*, 25 April 2015, https://www.nytimes.com/2015/04/26/world/asia/china-lawsuit-over-banned-li-rui-memoir-censorship.html.

23 **Local governments reported how they had banned Hong Kong books:** Michael Forsythe and Andrew Jacobs, "In China, Books That Make Money and Enemies," *New York Times*, 4 February 2016, https://www.nytimes.com/2016/02/07/business/international/in-china-books-that-make-money-and-enemies.html.

https://highpeakspureearth.com/category/key-voices/woeser/.

6 **Note to Chapter 13:** As indicated in the text, many of the direct quotations are taken from a 2014 interview I did with Woeser and Wang Lixiong in their home. That resulted in a two-p art interview in the *New York Review of Books Daily* on 7 and 8 August 2014, at Ian Johnson, "Wang Lixiong and Woeser: A Way Out of China's Ethnic Unrest?" the *New York Review of Books*, 8 August 2014; and Ian Johnson, "Beyond the Dalai Lama: An Interview with Woeser and Wang Lixiong," *New York Review of Books*, 7 August 2014.

7 **"I put my gloves on …"** Tsering Woeser, *Forbidden Memory: Tibet During the Cultural Revolution*, trans. Sara T. Chen (Sterling, VA: Potomac, 2010), vii.

8 **Cultural Revolution Database:** Song Yongyi, ed., "The Chinese Cultural Revolution Database (3rd Edition)" 中國文化大革命文庫光碟（第三版）[Chinese Cultural Revolution Database DVD (Third Edition)], *Chinese University of Hong Kong Press,* https://cup.cuhk.edu.hk/index.php?route=product/product&product_id=3050.

9 **A New Collection of Red Guard Publications:** Zhou Yuan 周原, *Xinbian hongweishi ziliao* 新編紅衛兵資料 [A New Collection of Red Guard Publications. Part I, Newspapers] (Oakton, VA: Center for Chinese Research Materials, 1999), https://www.google.com/books/edition/New_collection_of_Red_Guard_publictions/gLwFwgEACAAJ?hl=en.

10 **… the only academic studies:** as per Barnett, Woeser, *Forbidden Memory*, xxxvii.

11 **Tibetan woman wielding a hoe:** Woeser, *Forbidden Memory*, 33.

12 **"In the photograph, she looks young":** Woeser, *Forbidden Memory*, 52.

13 **"But finally he said, choking":** Woeser, *Forbidden Memories*, xi.

14 **"Postmemory":** see Robert Barnett, Benno Weiner, and Françoise Robin, eds., *Conflicting Memories: Tibetan History under Mao Retold* (Leiden: Brill, 2020), 400.

15 **"Chinese rule transformed "a shoppers' and capitalists' paradise":** Ching Kwan Lee, *Hong Kong: Global China's Restive Frontier* (Cambridge

historical-nihil-list-cyberspace-administration-targets-top-ten-deviations-from-approved-history/.

13. 帝國

1 **The Qing was twice the size of the Ming:** At the Qing's peak around 1790, it controlled 14 million square kilometers of territory compared to 6.5 million for the Ming. Even when it collapsed in 1911, the Qing controlled 12 million. The only other dynasty that could rival the Qing was the Yuan, but this was essentially just a name for Mongolian control of China that included vast stretches of modern-day Siberia. Its lifespan was also short, and so I think it's fair to give the title to the Qing. It certainly bequeathed modern-day China with its borders in a way that the Yuan did not, and for the purposes of this chapter that is the decisive point.

2 **"a great man of the Chinese people":** the citation is from Guo Wurong, manager of the Genghis Khan memorial in Inner Mongolia. Cited in Graeme Baker, "Outrage as China Lays Claim to Genghis Khan," *The Telegraph*, 30 December 2006, https://www.telegraph.co.uk/news/worldnews/1538174/Outrage-as-China-lays-claim-to-Genghis-Khan.html, accessed 7 August 2022.

3 **Government claims Tibet since "eternal times":** See 2011 white paper, "Sixty Years Since Peaceful Liberation of Tibet," Permanent Mission of the People's Republic of China to the United Nations Office at Geneva and Other International Organizations in Switzerland, 11 July 2011, https://web.archive.org/web/20220805100316/https://www.fmprc.gov.cn/ce/cegv/eng/rqrd/jblc/t953962.htm#:~:text=Over%20the%2060%20years%20since,Autonomous%20Region%2C%20socialist%20construction%2C%20and.

4 **"a link between territory and sacredness":** Michael J. Walsh, *Stating the Sacred: Religion, China, and the Formation of the Nation-State* (New York: Columbia University Press, 2020), 17

5 **The website High Peaks Pure Earth:** "Woeser," *High Peaks Pure Earth*,

"Ni hao, wo shi Qiushi 你好，我是秋實 [Hello, I am Qiushi], Twitter post, 30 September 2021. The original post has been deleted, but it can be found archived: https://archive.ph/9UNih.

17 ***Baidu* biography of Li Wenliang:** "Li Wenliang," 李文亮 *Baidu Baike*, accessed 2 August 2022, https://web.archive.org/web/20220802163927/https://baike.baidu.com/item/%E6%9D%8E%E6%96%87%E4%BA%AE/24300481.

憶往事：軟埋

18 ***Soft Burial* wins literary prize:** Wang Yu 王渝, "Fang Fang <Ruanmai> huo disanjie Lu Yao wenxuejiang 方方《軟埋》獲第三屆路遙文學獎" [Fang Fang's Soft Burial won the third Lu Yao literature award] China Federation of Literary and Art Circles, 24 April 2014, https://web.archive.org/web/20221202191926/http://www.cflac.org.cn/ys/wx/wxjx/201711/t20171121_385173.html.

19 ***Soft Burial* denounced:** Luo Siling 羅四鴒, "Zao zuopai weigong, zuojia Fang Fang tan <Ruanmai> de "Ruanmai" 遭左派圍攻，作家方方談《軟埋》的'軟埋,' " [Attacked by left wing writers: Writer Fang Fang Talks about the "soft burial" of <Soft Burial>] *New York Times China*, 27 June 2017, https://cn.nytimes.com/china/20170627/cc27fang-fang/.

20 **Chronology of Soft Burial's ban:** "<Ruanmai> tingyin, Jingdong, Dangdang ye xiajia: Fang Fang hen 'wu nai' " "《軟埋》停印，京東、當當也下架：方方很'無奈,' " [Soft Burial stopped printing, Jingdong, Dangdang took it down too: Fang Fang feels helpless] *wxhaowen*, 25 May 2, 2017, https://web.archive.org/web/20180104132526/http://www.wxhaowen.com/article_675f687981ef41359ffe313c8b786da5.shtml.

21 **Cyberspace Administration of China's list of 10 "historically nihilist" rumors:** Alexander Boyd, "The Historical Nihil-List: Cyberspace Administration Targets Top Ten Deviation from Approved History," *China Digital Times,* 16 August 2021, https://chinadigitaltimes.net/2021/08/the-

New York Times, 6 October 2022, https://www.nytimes.com/2022/10/06/world/asia/covid-china-doctor-li-wenliang.html?smid=nytcore-ios-share&referringSource=articleShare.

7 **Comments on Li's Weibo site:** Yvette Tan, "Li Wenliang: 'Wailing Wall' for China's virus whistleblowing doctor," *BBN News,* 23 June 2020, https://www.bbc.com/news/world-asia-china-53077072.

8 **"A healthy society should have more than one voice":** Joy Dong, "Two Years After His Death, the Chinese Doctor Who Warned of the Virus Is Remembered," *New York Times,* 7 February 2022. https://www.nytimes.com/2022/02/07/world/asia/chinese-doctor-li-wenliang-covid-warning.html.

9 **"Panic is leading to problems":** as translated in Ai, *New Left Review*, 19.

10 **Chen Qiushi video, "I am afraid":** "Ziyuan jingque, yiqing jingji | Chen Qiushi danianchuliu zhongwu jiaolv huizong baodao (Goingmin jizhe Chen Qiushi Wuhan yiqu caifang shilu xilie 10) 資源緊缺，疫情緊急｜陳秋實大年初六中午焦慮總結報導（"公民記者陳秋實武漢疫區採訪實錄"系列10）[Supplies are short, the pandemic is urgent Chen Qiushi anxiously reports at noon on the sixth day of the New Year ("Citizen Journalist Chen Qiushi Wuhan pandemic district interview record series 10")] YouTube Video, 29 January 2020, https://www.youtube.com/watch?v=iXozpbomAns&t=276s.

11 **"It's 12:40 am":** Zhang Zhan, "Wuhan Huozangchang de hongmingsheng 武漢_火葬場深夜的轟鳴聲 20200218004553" [Explosions Sounding in the Middle of the Night from the Wuhan Crematorium 2020021800455] YouTube Video, 17 February 2020, https://www.youtube.com/watch?v=C09WCm0wMDo.

12 **"Keenly aware of the unprecedented nature …"** Yang, Wuhan Lockdown, 84.

13 **"prohibiting people from speaking the truth …"** Fang, Fang, *Wuhan Diary*, 16.

14 **"If I had known it would come to this":** *Wuhan Diary*, 135.

15 **"Over the course of this process of resistance …":** *Wuhan Diary*, 221.

16 **"Over the past year and eight months":** Chen Qiushi (@chenqiushi404),

12. 病毒

1 **"The modern disaster regime":** Chris Courtney, *The Nature of Disaster in China: The 1931 Yangzi River Flood*, Studies in Environment and History (Cambridge: Cambridge University Press, 2018), 17.

2 **On January 16, Ai Xiaoming returned to Wuhan:** Ai Xiaoming's experiences in Wuhan were reconstructed from in-person interviews in 2021 and Ai's "Pandemic Diary," which was published in *The Initium* in Chinese and excerpted in an issue of the *New Left Review*: Ai Xiaoming 艾曉明, "Pandemic Diary," *New Left Review* no. 122 (March–April 2022), 15–21, https://newleftreview.org/issues/ii122/articles/xiaoming-ai-wuhan-diary.

3 **"Unprecedented in public health history": Gauden Galea:** Gabriel Crossley and Alison Williams, "Wuhan Lockdown 'Unprecedented,' Shows Commitment to Contain Virus: WHO Representative in China," *Reuters*, 23 January 2020, https://web.archive.org/web/20200124203401/https://www.reuters.com/article/us-china-health-who-idUSKBN1ZM1G9.

4 **"Quarantined in the emergency department":** Details of Li Wenliang's online postings, "As New Coronavirus Spread, China's Old Habits Delayed Fight" by Chris Buckley and Steven Lee Myers, updated 7 February 2020, https://www.nytimes.com/2020/02/01/world/asia/china-coronavirus.html.

5 **"Preventable and treatable":** The statement can still be read on the internet archive at "Wuhanshi weijianwei guanyu dangqian woshi feiyan yiqing de qingkuang tongbao" 武漢市衛健委關於當前我市肺炎疫情的情況通報 [Briefing by the Wuhan Municipal Health Commission on the current pneumonia epidemic in the city], Wuhan Municipal Health Commission, 31 December 2019, https://web.archive.org/web/20200430030406/http://wjw.wuhan.gov.cn/front/web/showDetail/2019123108989.

6 **Chronology of Li Wenliang's illness:** to date, the best reconstruction of his final days is by Muyi Xiao, Isabelle Qian, Tracy Wen Liu, and Chris Buckley, "How a Chinese Doctor Who Warned of Covid-19 Spent His Final Days,"

chinadigitaltimes.net/2014/01/red-guard-apologizes-role-teachers-death/. Song's name was also blocked on microblogs. "Collecting Sensitive Words: The Grass-Mud Horse List," *China Digital Times*, accessed 20 June 2014, http://chinadigitaltimes.net/2013/06/grass-mud-horse-list/.

憶往事：鐵流小店

12 Huang Zerong interviews conducted on 14 and 15 August 2019.

11. 放下屠刀

1 **His name is Tan Hecheng:** Interviews for this chapter were conducted by the author in Dao County in November 2016 and in Beijing in October 2019.

2 **Book published in Hong Kong:** The book was published by Tianxingjian Publishing, 天行健出版社, which was founded in 1994 and dissolved in 2022 after passage of the new National Security Law.

3 **Their findings:** Tan Hecheng, *The Killing Wind: A Chinese County's Descent into Madness During the Cultural Revolution*, trans. Stacy Mosher and Guo Jian (New York: Oxford University Press, 2017), 21.

4 **"Rubbing the knife marks made everything recede":** Tan, *Killing Wind*, 265.

5 **"China's literati":** Tan, *Killing Wind*, 265.

6 **One survey of local gazetteers:** See Yang Su, *Collective Killings in Rural China During the Cultural Revolution* (Cambridge: Cambridge University Press, 2011).

憶往事：拍攝中國村落影片

7 All interviews and descriptions for this section recorded by the author on April 23 and 24, 2016, at the oral history conference "Starting from Zero" at Communication University of China, Beijing.

8 **The films are held by Duke University:** See https://repository.duke.edu/dc/memoryproject, accessed 22 July 2022.

"Zhang Hongbing wei 'shimu' daoqian beihou" 張紅兵為"弒母"道歉背後, [Behind Zhang Hongbing's Matricide Apology], *Xinmin Weekly*, 21 September 2013, https://web.archive.org/web/20150713080414/http://xmzk.xinminweekly.com.cn/News/Content/2835. **Informing on mother:** Jiang Haofeng, Behind Zhang Hongbing's Matricide Apology. **Spitting on peasant:** Wang Keming 王克明, " 'Wenge chanhui huiyilu 文革' 懺悔回憶錄" [Cultural Revolution Confession Memoir] *Huaxiazhiqing*, accessed 11 February 2022, https://web.archive.org/web/20220211091719/http://www.hxzq.net/aspshow/showarticle.asp?id=10201.

6 **Chen Xiaolu interview:** interview with author, 22 November 2013 in Beijing.

7 **Bloomberg investigation into Song Binbin's family:** "U.S. Family of Mao's General Assimilates, Votes for Obama," *Bloomberg News*, 26 December 2012, https://www.bloomberg.com/news/articles/2012-12-26/chinese-in-ann-arbor-voted-obama-in-elite-family-of-mao-s-rulers#xj4y7vzkg.

8 **The magazine also published a piece by her:** Song Binbin 宋彬彬, "Sishi duonian wo yizhi xiangshuo de hua" 四十多年來我一直想說的話 [Words I've Wanted to Speak for Forty Years], *Remembrance*, 31 January 2021, http://prchistory.org/wp-content/uploads/2014/05/REMEMBRANCE_No80.pdf.

9 **Husband rejected apology:** "Wenge shoushang xiaozhang zhangfu jushou daoqian Chize Song Binbin xuwei" 文革受害校長丈夫拒受道歉 斥責宋彬彬虛偽 [Cultural Revolution Victim President's Husband Rejected Apology, Scolded Song Binbin as "hollow"] last modified 1 February 2014, http://news.sina.com.cn/c/p/2014-02-01/142129388421.shtml.

10 **Cartoons parodying Song Binbin:** see "Drawing the News: Apology Not Accepted," *China Digital Times*, accessed 10 July 2022, http://chinadigitaltimes.net/2014/01/drawing-news-apology-accepted/.

11 **Banned discussion of Song Binbin's apology:** See directive from State Council Information Office reprinted in "Red Guard Apologizes for Role in Teacher's Death," *China Digital Times*, accessed 20 June 2014, https://

憶往事：血統

10 **Yu Luoke biographical details and quotations:** Shao Jiang, *Citizen Publications in China Before the Internet* (New York: Palgrave Macmillan, 2015), 76–81.

11 **"To this day, Yu Luoke's name is still banned":** "Jinwan ruyou baofengzhouyu—jinian jiaxiong Yu Luoke jiuyi sishi zhounian 今夜有如暴風驟雨紀念家兄遇羅克就義四十六週年" [Tonight like a Hurricane: Commemorating the Sixtieth Anniversary of the Martyrdom of my Brother Yu Luoke], *Wanwei Blog*, last modified 15 March 2016, https://blog.creaders.net/u/5568/201603/250396.html.

10. 記憶

1 ***Remembrance*, chapter 10:** Much of this is culled from interviews conducted by the author in 2012 and 2013, which were published in the New *York Review of Books*, issues dated 4 and 18 December 2014. It was augmented by further interviews in 2021 and 2022.

2 Wu Di 吳迪, *Zhongxifeng maniu* 中西風馬牛, [*China-West: Things Completely Unrelated*] (Beijing: World Publishing Corp., 2014).

3 **He published it in an English-language monograph:** W. Woody [pseud.], "The Cultural Revolution in Inner Mongolia: Extracts for an Unpublished History," ed. and trans. Michael Schoenhals, *Occasional Paper* (Stockholm: Stockholm University, Center for Pacific Asia Studies, 1993).

4 **In 2000, Wu published the book in Hong Kong:** Wu Di 吳迪, *Neimeng wenge shilu: "minzu fenlie" yu "wasu" yundong* 內蒙文革實錄："民族分裂"與"挖肅"運動, *[Record of the Cultural Revolution in Inner Mongolia: "Ethnic Separatism" and the Movement to "Weed out Counterrevolutionaries"*] (Hong Kong: Mirror Books, 2000).

5 **"I cannot forget what I have done wrong":** Jiang Haofeng 姜浩峰,

War, Refugees, and the Making of Modern China (Berkeley: University of California Press, 2008), 97–98.

3 **Three separate roles in three separate spaces:** Ai described this to me in our 2016 interview. It is more fully analyzed and described by Zeng, "The Genesis of Citizen Intelligentsia," 59.

4 **Ai Luming business history and wealth: "Ai Luming" 艾路明,** *Baidu Baike,* accessed 2 December 2022, https://baike.baidu.com/item/%E8%89%BE%E8%B7%AF%E6%98%8E/10773540#:~:text=%E8%89%BE%E8%B7%AF%E6%98%8E%EF%BC%8C%E6%B9%96%E5%8C%97%E6%AD%A6%E6%B1%89,%E3%80%81%E9%A2%86%E5%86%9B%E4%BA%BA%E3%80%81%E8%91%A3%E4%BA%8B%E9%95%BF%20%E3%80%82.

5 **"My father was very strict with us":** Ai Xiaoming cited in Mirror Media: Zeng Zhijun 曾芷筠 "Bei fengzhu de ren fanwaipian: jiangjun de nü'er" 被封住的人番外篇：將軍的女兒 [The Isolated Person's Other Story: The General's Daughter] Mirror Media, 17 February 2020, https://www.mirrormedia.mg/premium/20200217pol006.

6 **Details of Ai Renkuan's self-c onfession and biography:** Ai Xiaoming, *Lineage* (1994), 59.

7 **Tan Zuoren essay on Longmen Mountain:** originally published on 4 April 2009 on his blog, it was subsequently censored. It has been republished on numerous sites, for example, Tan Zuoren 譚作人, "Longmenshan——Qing wei beishan haizi zuozheng," 龍門山——請為北川孩子作證 [Longmen Mountain: please testify for the Beichuan children], *China Weekly Report,* accessed 30 June 2022, https://www.china-week.com/html/4894.htm.

8 **"The severe political pressure unleashed …":** Zeng Jinyan, "Jiabiangou Elegy," *Made in China Journal* (February 2019):139, https://press-files.anu.edu.au/downloads/press/n6874/pdf/jiabiangou_elegy.pdf.

9 **To avoid political risk:** Zeng, "The Genesis of Citizen Intelligentsia in Digital China," 95.

Through Ritual: An Interview with Guo Yuhua," *New York Review of Books*, 18 June 2018, https://www.nybooks.com/daily/2018/06/18/ruling-through-ritual-an-interview-with-guo-yuhua/.

8. 廢都

1 **Thomas Chen on the significance of Jia's blank boxes:** Thomas Chen, "Blanks to Be Filled: Public-M aking and the Censorship of Jia Pingwa's Decadent Capital," *China Perspectives*, 2015, https://journals.openedition.org/chinaperspectives/6625.

憶往事：雪訪

2 **The 30-minute film was released in 2016:** It is posted on YouTube: "Laohumiao hukan," zhuixun xinghuo zhi yi: Xiang Chenjian 老虎廟．虎侃，"追尋星火之一：向承鑑，" [Tiger Temple: "Pursuing One of the Sparks: Xiang Chenjian"] YouTube Video, 17 April 2016, https://www.youtube.com/watch?v=oDpADWHFCj0&list=PL0on9OuQeeDPMQjCxElkBO10tfgKTugpm&index=16&t=357s.

3 **Hearing it, she wonders:** personal correspondence with author, 20 May 2022.

9. 門戶

1 **Note on Chapter 9:** Unless otherwise noted, biographical details on Ai Xiaoming are taken from the author's interviews (2016, 2021), Zeng Jinyan 曾金燕. "The Genesis of Citizen Intelligentsia in Digital China: Ai Xiaoming's Practice of Identify and Activist," PhD diss., University of Hong Kong, 2017; and Ai Xiaoming 艾曉明, *Xue Tong* 血統 [Lineage], (Beijing: Huacheng Chubanshe 花城出版社, 1994), 59.

2 ***This is the real wartime capital of China:*** W. H. Auden and Christopher Isherwood, *Journey to a War*, cited in Stephen R. MacKinnon, *Wuhan, 1938:*

憶往事：地主的華廈

12 **Articles in the government press encouraging tourism:** See, for example, Zhang Danhua, "Red Memories on the Loess Plateau," *People's Daily*, 23 March 2022, 16.

13 **Ma died of natural causes:** "Yangjiagou "xinyuan" de "jiuzhuren shanganning bianqu zhuming aiguo mingzhu renshi Ma Xingmin Jishi 楊家溝"新院"的"舊主人"——陝甘寧邊區著名愛國民主人士馬醒民紀事 " [Yangjiagou "Xinyuan"s Old Owner: Shanganning district famous patriotic democrat Ma Xingmin Memo], accessed 20 May 2022, https://web.archive.org/web/20221202184304/http://shx.wenming.cn/xwdt/201602/t20160226_3171394.htm.

14 **Kang Sheng on the need for violent land reform:** Li Fangchun 李放春, "Dizhuwo' li de qingsuan fengbo—jiantan beifang tugaizhong de "minzhu" yu "huai ganbu" wenti, '地主窩'裡的清算風波——兼談北方土改中的'民主'與'壞幹部'問題," [The Liquidation storm in the "landlord nest": and talks on "democracy" and "bad comrade" questions in the northern land reform] *aisixiang,* last modified 4 February 2009, https://web.archive.org/web/20221202185703/https://www.aisixiang.com/data/24580.html.

15 **Guo Yuhua's book:** Guo Yuhua 郭于華, *Jicun lishi yu yizhong wenming de luoji* 受苦人的講述：驥村歷史與一種文明的邏輯 [Narratives of the sufferers: The history of Jicun and the logic of civilization] (Hong Kong: Chinese University, 2013). Guo follows academic convention by anonymizing Yangjiagou as "Ji" Village, using an archaic name for the location. I have used Yangjiagou throughout because this anonymizing is pointless. By explaining the village's history, using the true names of the clan members, and adopting a near synonym for Yangjiagou, Guo makes it impossible not to identify the village. Thus I have decided in the interests of simplicity and accuracy to use its real name, Yangjiagou.

16 **Guo Yuhua's career hampered by her activism:** See Ian Johnson, "Ruling

und Speichergedächtnis—Zwei Modi der Erinnerung," in *Erinnerungsräume: Formen und Wandlungen des kulturellen Gedächtnisses* (München: C. H. Beck., 2009).

5 **Flooding the media with its version of reality:** See Margaret E. Roberts, *Censored: Distraction and Diversion Inside China's Great Firewall* (Princeton, NJ: Princeton University Press, 2018). Roberts distinguishes between "friction," that is, government efforts to make information harder to obtain, including outright censorship, and "flooding," which involves overwhelming media space with only one version of events.

6 **Memory boom, the role of World War I, "theaters of memory":** Jay Winter, *Remembering War: The Great War Between Historical Memory and History in the Twentieth Century* (New Haven, CT: Yale University Press, 2006).

7 **Wang Xiaobo symbolizing China's recovery of speech:** This is a central insight of Sebastian Veg in *Minjian: The Rise of China's Grassroots Intellectuals* (New York: Columbia University Press, 2019). I personally was also drawn to Wang in the 1990s and interviewed him for the Baltimore *Sun* in 1996, a year before his death. Some of the material in this section also appeared in an article I wrote for the *New York Review of Books* in 2017.

8 **"The Silent Majority":** Wang Xiaobo 王小波, *The Silent Majority*, trans. Eric Abrahamsen, (Paper Republic), https://media.paper-republic.org/files/09/04/The_Silent_Majority_Wang_Xiaobo.pdf.

9 **Wang's decision to speak out:** See Sebastian Veg, "Wang Xiaobo and the No Longer Silent Majority," *The Impact of China's 1989 Tiananmen Massacre*, ed. Jean-Philippe Béja (New York: Routledge, 2010), 93.

10 **Wang influenced by Russell and Foucault:** see my interview with his former wife, Li Yinhe, cited in Ian Johnson, "Sexual Life in Modern China," *New York Review of Books,* 26 October 2017. I also interviewed Professor Cho-yun Hsu on 15 April 2017.

11 **Veg on Foucault and Chinese grassroots intellectual:** See Veg, *Minjian*, 3.

Ian Johnson, "At China's New Museum, History Toes Party Line," *New York Times*, 3 April 2011, https://www.nytimes.com/2011/04/04/world/asia/04museum.html.

26 **The Enlightenment show avoided discussing human rights:** Interview with German curators, Johnson, "At China's New Museum."

27 **Museum Director Wang Chunfa statement:** "Message from the director," accessed on 22 April 2022, http://en.chnmuseum.cn/about_the_nmc_593/message_from_nmc_director_595/201911/t20191122_173222.html.

28 **Items on display in new exhibition:** Personal observation. See also "Fuxing zhi lu·xinshidai bufen zhanlan mianxiang gongzhong kaifang" 復興之路・新時代部分展覽面向公眾開放 [The Road to Rejuvenation· New Era Portion is Open to Public] Central Commission for Discipline Inspection China, archived at https://web.archive.org/web/20221208180116/https://www.ccdi.gov.cn/toutu/201807/t20180705_175124.html.

7. 失憶症的極限

1 Fang Lizhi, "The Chinese Amnesia," *New York Review of Books*, 27 September 1990, trans. Perry Link, https://www.nybooks.com/articles/1990/09/27/the-chinese-amnesia/.

2 Jan Assmann, *Cultural Memory and Early Civilization: Writing, Remembrance, and Political Imagination* (Cambridge: Cambridge University Press, 2011). First published as *Das kulturelle Gedächtnis: Schrift, Erinnerung und politische Identität in frühen Hochkulturen*, 1992).

3 **Cultural vs. Communicative Memory:** Susanne Weigelin-Schwiedrzik makes this point about the Cultural Revolution in her 2006 essay: "In Search of a Master Narrative for 20th-Century Chinese History," *China Quarterly* 188 (December 2006), 1070–1091, https://doi.org/10.1017/S0305741006000555.

4 **"stored" vs. "functional" memory:** Aleida Assmann, "Funktionsgedächtnis

Resolution on Major Achievements and Historical Experience of CPC over Past Century," *Xinhua Net*, 16 November 2021. http://www.news.cn/english/2021-11/16/c_1310314613.htm. For the Chinese original, see https://web.archive.org/web/20221205220844/http://cpc.people.com.cn/n1/2021/1201/c64094-32296476.html.

18 **"In the late spring and early summer …":** "Resolution of the CPC Central Committee on the Major Achievements and Historical Experiences of the Party over the Past Century," *Xinhua Net*, 16 November 2021, http://www.news.cn/english/2021-11/16/c_1310314611.htm.

19 **Visit to Jurong:** I visited the archives on 3 November 2010.

20 **Red Guards burned temples to the ground and dug up foundation stones:** Unpublished oral history interviews from 2010, 2011, and 2012 in the author's collection. I personally saw the stones strewn at the bottom of two hills that contained major monasteries. In the 2010s, they were built anew in a completely different architectural style.

21 **The earlier gazetteer:** *Jurong Maoshan Zhi* 句容茅山志 [Jurong Maoshan Gazetteer], Jurong shi defangzhi bangongshi bian, 句容市地方誌辦公室編 (Hefei: Huangshashu Chuban, 1998), 82.

憶往事：中國國家博物館

22 **Zhou Enlai said museum did not emphasize "red line" as well as other details on the museum's early history:** Chang-tai Hung, "The Red Line: Creating a Museum of the Chinese Revolution," *China Quarterly* no. 184 (December 2005), 927.

23 **Deng on the lack of Li Dazhao photos being "totally unacceptable":** Chang-t ai Hung, "The Red Line," 928.

24 **British think tank declares Beijing a third-tier city:** J. V. Beaverstock, R. G. Smith, and P. J. Taylor, *A Roster of World Cities* (Leicestershire, UK: GaWC, 1999), doi:10.1016/S0264-2751(99)00042-6.

25 **Largest museum under one roof:** For details on the renovation, see

China's Current Political Climate?" *ChinaFile*, 8 November 2013, https://www.chinafile.com/document-9-chinafile-translation#start.

12 **Banking books from Hong Kong:** See, for example, Ian Johnson, "Lawsuit over Banned Memoir Asks China to Explain Censorship," *New York Times*, 25 April 2015, https://www.nytimes.com/2015/04/26/world/asia/china-lawsuit-over-banned-li-rui-memoir-censorship.html.

13 ***Seeking Truth* on foreign forces:** "Jinfang 'lishi xuwu zhuyi' liyong hulianwang qinglue zhongguo" 謹防"歷史虛無主義"利用互聯網侵略中國, [Beware of "historical nihilism" using the internet to invade China], *China Daily*, accessed 2 December 2022, https://web.archive.org/web/20221202211521/http://china.chinadaily.com.cn/2015-10/28/content_22303537.htm.

14 **The Five Heroes of Langya Mountain:** Josh Chin, "In China, Xi Jinping's Crackdown Extends to Dissenting Versions of History," *Wall Street Journal*, 1 August 2016, https://www.wsj.com/articles/in-china-xi-jinpings-crackdown-extends-to-dissenting-versions-of-history-1470087445?mod=article_inline.

15 **Illegal and Harmful Information Reporting Center:** The center's main site is https://w ww.12377.cn/index.html. On 9 April 2021, it announced that it had added historical nihilism: "Jubao wangshang lishi xuwuzhuyi cuowu yanlun qingdao 12377" 舉報網上歷史虛無主義錯誤言論請到12377 [Please report online historical nihilism to 12377] *Illegal and Harmful Information Reporting Center*, 9 April 2021, https://www.12377.cn/wxxx/2021/fc6eb910_web.html.

16 **A list of other taboo topics:** Alexander Boyd, "The Historical Nihil-List: Cyberspace Administration Targets Top Ten Deviations from Approved History," *China Digital Times,* 16 August 2021, https://chinadigitaltimes.net/2021/08/the-historical-nihil-list-cyberspace-administration-targets-top-ten-deviations-from-approved-history/.

17 **Xi's explanation of resolution:** "Full Text: Xi's Explanation of

6 **Xi Jinping keynote speech in 2010:** "Hu Jintao huijian quanguo dangshi gongzuo huiyi daibiao, Xi Jinping jianghua" 胡錦濤會見全國黨史工作會議代表，習近平講話 ["Hu Jintao visits representatives of national working meeting on party history, Xi Jinping gives a speech") *Xinhua news agency via Sina*, 21 July 2010, https://web.archive.org/web/20221202204512/http://news.sina.com.cn/c/2010-07-21/175220728776.shtml.

7 **17,000 employees:** "Cong shenmin dao kao kaifang-zoujin dangzhongyang yanjiushi" 從神祕到開放——走進黨中央研究室 [From Mystery to Openness–into the Party Central Research Office], *China News*, accessed 2 December 2022, https://web.archive.org/web/20221202205042/https://www.chinanews.com.cn/gn/2010/07-21/2415049.shtml.

8 **Xi Jinping speech at National Museum of China:** "Xi Jinping: chengqianqihou jiwangkailai jixu chaozhe zhonghuaminzu weidafuxing mubiao fenyongqianjin" 習近平：承前啟後　繼往開來　繼續朝著中華民族偉大復興目標奮勇前進 [Xi Jinping: Build on the past and open up the future; continue to advance toward the goal of the Great Nation Rejuvenation of China] *Xinhua News*, 29 November 2012, https://web.archive.org/web/20221205215653/http://www.xinhuanet.com/politics/2012-11/29/c_113852724.htm.

9 **Their ideals and convictions wavered:** Chris Buckley, "Vows of Change in China Belie Private Warning," *New York Times,* 14 February 2013, https://www.nytimes.com/2013/02/15/world/asia/vowing-reform-chinas-leader-xi-jinping-airs-other-message-in-private.html.

10 **Later books and videos repeated concerns about the fall of the Soviet Union:** See, for example, "Lishi xuwuzhuyi yu sulian jieti 歷史虛無主義與蘇聯解體" [Historical Nihilism and the Dissolution of the Soviet Union] *Youku Video*, accessed 28 April 2022, https://v.youku.com/v_show/id_XNTg0NDEwNTk2OA==.html.

11 **Document Number Nine:** For a reliable translation, see "Document 9: A China File Translation: How Much Is a Hardline Party Directive Shaping

2 **Yan'an new theme park:** Sui-L ee Wee and Elsie Chen, "'Red Tourism Flourishes in China Ahead of Party Centennial," *New York Times*, 25 June 2021, https://www.nytimes.com/2021/06/25/business/china-centennial-red-tourism.html.

3 **Figures on Yan'an memorial sites, attendance, and revenues:** "China's 2019 'Red Tourism' Revenue Tops 400b Yuan," State Council Information Service, accessed 15 March 2022, https://web.archive.org/web/20221205204123/http://english.www.gov.cn/statecouncil/ministries/202105/19/content_WS60a50610c6d0df57f98d9bef.html#:~:text=BEIJING%20%E2%80%94%20The%20revenue%20generated%20by,NCHA)%20said%20on%20May%2019. See also "China's Yan'an to Be Revamped into "City of Revolutionary Museums," *Xinhua News*, accessed 3 April 2021, https://web.archive.org/web/20221205204418/http://www.xinhuanet.com/english/2021-04/03/c_139857078.htm.

4 **Critics of idealized places of memory:** In the United States, for example, writers such as Ada Louise Huxtable criticized Colonial Williamsburg in the 1960s. See her article Ada Louise Huxtable, "Dissent at Colonial Williamsburg; Errors of Restoration," *New York Times*, 22 September 1963, 131, https://www.nytimes.com/1963/09/22/archives/dissent-at-colonial-williamsburg-errors-of-restoration.html.

5 **Statistics on red tourism/education for 2021:** "Renmin ribao: yonghao wenwu ziyuan, jianghao hongse gushi" 人民日報：用好文物資源　講好紅色故事 [People's Daily: Make good use of cultural resources, tell good red stories], *WeChat*, 29 March 2022, https://web.archive.org/web/20221205205423/https://mp.weixin.qq.com/s?__biz=MzI5NzE4MDI4NQ==&mid=2247494880&idx=5&sn=30dec863a79933e0f685888ccea84109&chksm=ecbb.a1f2dbcc28e4f4c6623112ffb9bb8950620d322bda3390a1b63bd5e1751a12aad65f4796&scene=27. The article is accompanied by a table of statistics. The source is not cited, but given the authoritative nature of *People's Daily* it is safe to say it reflects the central government's figures.

Shiraev (New York: Palgrave Macmillan, 2014). I also relied on Frederick Tewies, *Politics at Mao's Court* (London, Routledge, 1990).

15 **Documentary politics:** Wu Guoguang, *Anatomy of Political Power in China* (Singapore: National University of Singapore, 2005), 100.

16 **Deng's history resolution:** Deng's role is drawn in part from Robert Suettinger's essay: Robert Suettinger, "Negotiating History: The Chinese Communist Party's 1981," posted 17 July 2017, https://project2049.net/wp-content/uploads/2017/07/P2049_Suettinger_Negotiating-History-CCP_071717.pdf.

17 **Oriana Fallaci interview:** "Answers to the Italian Journalist Oriana Fallaci," *Deng Xiaoping Collected Works*, vol. 2. The original webpage has been taken down. It is archived at https://web.archive.org/web/20220521071225/http://en.people.cn/dengxp/vol2/text/b1470.html.

18 **Deng on discrediting Mao:** Quote from *Selected Works of Deng Xiaoping*, as per Suettinger.

憶往事：紅太陽是怎樣升起的

19 **Biographical details and quotations:** Unless otherwise noted, postscript to *How the Red Sun Rose*, 707–718.

20 **Gao Hua's father as an underground radio operator:** David Cheng Chang, interview with the author 23 March 2021.

21 **Gao's use of the Universities Service Center:** 15 March 2021 interview with former USC head Jean Hung. For a discussion on the center's fate see chapter 13.

6. 歷史神話

1 **Colonial Williamsburg:** For statistics, see "2020 Annual Report," Colonial Williamsburg, accessed 20 April 2022, https://www.colonialwilliamsburg.org/learn/about-colonial-williamsburg/#annual-reports.

(New York: Columbia University Press, 2019), 743.

5 **"debased character … execrable":** Gao Hua, *Red Sun*, 743.

6 **Mao wrote several essays against Wang:** Several of Mao's most important essays: "On Practice" and "On Contradiction" were penned in 1937 when Wang was sent back to China.

7 **The rectification campaign is portrayed in China as a great achievement:** See, for example, the entry in *Baidu Baike*, which describes it as a "great pioneering work in the history of party building. "Yan'an zhengfeng yundong" 延安整風運動 [Yan'an rectification campaign], *Baidu Baike*, accessed 22 November 2022, https://baike.baidu.com/item/%E5%BB%B6%E5%AE%89%E6%95%B4%E9%A3%8E%E8%BF%90%E5%8A%A8/4416458.

8 **"thought reform":** See, for example, Robert Jay Lifton, *Thought Reform and the Psychology of Totalism: A Study of "Brainwashing" in China* (New York: Norton, 1961).

9 **Wang Ming and Meng Qingshu crying before Mao:** Gao Hua, *Red Sun*, 633.

10 **Wife of one official died of "mental derangement."** Gao Hua, *Red Sun*, 728.

11 **Wording of 1945 history resolution.** "Resolution on Certain Questions in the History of Our Party," 20 April 1945.This is taken from the 1965 "First Edition" of vol. 3 of the *Selected Works of Mao Tse-t ung* as the Appendix to "Our Study and the Current Situation." The 1965 text Romanizes Mao's name as Mao Tse-t ung but, I have converted it to pinyin for consistency's sake. "Appendix: Resolution on Certain Questions in the History of Our Party," *Selected Works of Mao Tse-Tung*, vol. 3 (Beijing: Foreign Language Press, 1965), 178, http://www.marx2mao.com/PDFs/MaoSW3App.pdf.

12 **"labored painstakingly":** Gao Hua, *Red Sun*, 690.

13 **"magic incantation":** Gao Hua, *Red Sun*, 749.

14 **Gao Gang's purge:** See Eric Shiraev and Zi Yang, "The Gao-Rao Affair: A Case of Character Assassination in Chinese Politics in the 1950s," in *Character Assassination throughout the Ages*, ed. Martijn Icks and Eric

7 **Wushan population, and estimated deaths:** Du's estimate as per Tan, *Qiusuo*, 44.

8 **"Now all these different voices are gone":** Tan, *Qiusuo*, 255.

9 **"grand church worship":** Lian Xi, *Blood Letters*, 140

10 **"the most selfish person":** Lian Xi, *Blood Letters*, 193.

11 **"In the future they will make up another volume …":** Lian Xi, *Blood Letters*, 195.

12 **Every Man Dies Alone:** Hans Fallada, *Every Man Dies Alone*, trans. Michael Hofmann (New York: Melville House, 2009). The book was also published in English as *Alone in Berlin*, and a film was made of it with the same name.

13 **"Redemption for my soul":** Lian Xi, *Blood Letters*, 244.

14 **"a martyred saint":** Lian Xi, *Blood Letters*, 220.

15 **"Now we have our genealogy":** Lian Xi, *Blood Letters*, 246.

憶往事：版畫

16 **Etchings:** All quotations from this Memory vignette are taken from interviews conducted with Hu Jie in Nanjing, 26 March 2015. In addition, I conducted follow-up phone interviews with him on 9 June 2020 and on 8 March 2022 to fact-check and update the information.

5. 以歷史為武器

1 **Edgar Snow on Liu Zhidan:** Edgar Snow, *Red Star over China* (New York: Grove Press, 1968), 209.

2 **Purge of Liu Zhidan, Xi Zhongxun and Gao Gang:** For a complete account, see Joseph W. Escherick, *Accidental Holy Land: The Communist Revolution in Northwest China* (Berkeley: University of California Press, 2022), 117.

3 **"Halt the executions!":** Escherick, *Accidental Holy Land*, 122.

4 **Mao's use of the base area's history:** Gao Hua, *How the Red Sun Rose*

4 **Details of Liu Guozhong's works:** Ian Johnson, "A Revolutionary Discovery in China," *New York Review of Books*, 21 April 2016. https://www.nybooks.com/articles/2016/04/21/revolutionary-discovery-in-china/.

5 **Three batches of bamboo slips:** A fourth, the Mawangdui site in Hunan, which was excavated between 1972 and 1974, is probably most famous, but its texts date from later era.

6 **Twenty-five hundred slips:** The exact number of slips is open to debate. At least two thousand are full slips. The other five hundred are fragments.

4. 星火

1 Unless otherwise noted, details of the establishment of the magazine *Spark*, biographical details of Zhang Chunyuan, Tan Chanxue and the other students, as well as direct quotations from the people involved are drawn from Tan's memoir *Qiusuo: lanzhoudaxue "youpai fangeming ji'an" jishi* 求索：蘭州大學「右派反革命集團案」紀實 [Seeking: The Rightist Anti-Revolutionary Group Case at Lanzhou University] (Hong Kong: Hong Kong Tianma Publisher, 2017).

2 **"Grain production was supposedly sky high …":** Tan Chanxue 譚蟬雪, bianzhu *Qiusuo: lanzhoudaxue "youpai fangeming ji'an" jishi* 求索：蘭州大學「右派反革命集團案」紀實 [Seeking: The Rightist Anti-Revolutionary Group Case at Lanzhou University] (Hong Kong: Hong Kong Tianma Publisher, 2017), 10.

3 **"The next day I heard that someone found a fingernail …":** Tan, *Qiusuo*, 11.

4 **"He really opposed those who only thought …":** Hu Jie 胡杰, director, *Spark* (dGenerate Films, 2020), 00:58:03. https://icarusfilms.com/df-spark.

5 **"If you do not break out of silence …":** Tan, *Qiusuo*, 3.

6 **"The power of truth …" and "Freedom, I cry out …":** Translation by Lian Xi, *Blood Letters: The Untold Story of Lin Zhao, a Martyr in Mao's China* (New York: Basic Books, 2018), 75 and 93.

Su Shi (Su Dongpo)," *Blogger*, accessed 22 November 2022, accessible at https://alicewaihanpoon.blogspot.com/2016/10/more-poems-by-su-shi-su-dongpo.html.Usedbypermission.

憶往事：尋找家園

13 **Facing Walls:** Details of Gao Ertai's experiences are drawn from his memoir *In Search of My Homeland* (New York: Ecco, 2009), and email exchanges with the author in November and December 2019.

14 **His writings circulate online:** Gao Ertai 高爾泰, *Huangshan xizhao* 荒山夕照 [Sunset over the desolate mountain], Personal History WeChat subscription channel, 13 April 2020, https://web.archive.org/web/20221205020329/https://mp.weixin.qq.com/s/9GzSZkioYcQ7XrZPgpkXZA, accessed 30 November 2022.

15 **"Writing In Search of My Homeland":** Gao Ertai 高爾泰, *Xunzhao Jiayuan* 尋找家園 [In search of my homeland] (Taipei: Yinke Wenxue Zazhi Chuban Youxian Gongsi, 2009), 9, cited in Maciej Kurzynski, "In Defense of Beauty: Gao Ertai's Aesthetic of Resistance," *Philosophy East and West* 69, no. 4 (2009), 1007.

3. 犧牲

1 **The Sacrifice:** Details of Jiang Xue's life drawn from a series of interviews with the author in 2016, 2019, 2022, and 2023.

2 **"A thousand mountains and not a bird flying …":** Translation by Bill Porter, in *Written in Exile: The Poetry of Liu Tsung-yuan* (Port Washington, WA: Copper Canyon Press, 2019), 57.

憶往事：竹簡

3 **First Historical Archives of China:** In 2021, the archives began to move to the Forbidden City.

4 **Up to 2 million died in land reform:** For a discussion, see Brian DeMare, *Land Wars: The Story of China's Agrarian Revolution* (New York: Oxford University Press, 2019), 161–162.

5 **Up to 45 million died:** Frank Dikötter, *Mao's Great Famine: The History of China's Most Devastating Catastrophe, 1958–1962* (New York: Bloomsbury, 2011).

6 **Most people received roughly five hundred yuan:** As per interviews in Ai's film.

7 **Yang Xianhui:** *The Woman from Shanghai* (New York: Anchor Books, 2010).

8 **"As an author …":** Translated by Sebastian Veg, "Testimony, History and Ethics: From the Memory of Jiabiangou Prison Camp to a Reappraisal of the Anti-Rightist Movement in Present-Day China," *China Quarterly* no. 218 (June 2014), 514–539.

9 **Xi statement that Mao era cannot be rejected:** Jiang Yu 江宇, "liangge bu neng foudingde lishi neihan he xianshi yiyi" "兩個不能否定"的歷史內涵和現實意義" The Historical Connotations and Practical Significance of 'Two Cannot Be Rejected' ", *CPC News,* 12 October 2013, https://web.archive.org/web/2/http://cpc.people.com.cn/n/2013/1012/c69120-23179702.html.

10 **Ai's point is clear:** She makes this explicit in a 2019 interview with Zeng Jinyan. See "Jiabiangou Elegy: A Conversation with Ai Xiaoming," *Made in China Journal* 2 (2019), 132. Also available at https://press-files.anu.edu.au/downloads/press/n6874/pdf/jiabiangou_elegy.pdf.

11 **Ai was aided by Zhang Suiqing:** Ai Xiaoming 艾曉明, "women yiqi zouguo de lu: chentong daonian wode zuopin xiangdao Zhang Suiqing xiansheng" 我們一起走過的路：沉痛悼念我的作品嚮導張遂卿先生 [The Road We Walked Together: A Sorrowful Tribute to Mr. Zhang Suiqing, the Mentor of My Works], *NewCenturyNet*, 15 April 2017, https://web.archive.org/web/20190409221906/http://2newcenturynet.blogspot.com:80/2017/04/blog-post_15.html.

12 **"Stop listening to the rain …":** Translated by Alice Poon, "More Poems by

to the Red Cliff: Reflection on the Narrative Mode in Early Literati Landscape Painting (Ann Arbor: Regents of the University of Michigan, 1995), 29.

4 **perfect dictatorship:** Stein Ringen, *The Perfect Dictatorship: China in the 21st Century* (Hong Kong: Hong Kong University Press, 2016).

5 **Communist Party rule can be divided into two periods:** "Xi Jinping: Zai fazhan zhongguo tese shehui zhuyi shijianzhong buduan faxian, chuangzao, qianjing," 習近平：在發展中國特色社會主義實踐中不斷發現、創造、前進 [Xi Jinping: Continue to discover, innovate, and progress in the process of developing socialist society with Chinese characteristics], *CPC News*, accessed 1 December 2022, https://web.archive.org/web/20221201210745/http://cpc.people.com.cn/n/2013/0106/c64094-20101215-2.html.

6 **To destroy a country's people:** Cao Yaxin 曹雅欣, "Xi Jinping: Mieren zhi guo, bi xuanqu qishi" 習近平：滅人之國，必先去其史 [Xi Jinping: To destroy a country's people, start with destroying their history], *China Daily*, accessed 1 December 2022, https://web.archive.org/web/20221201204953/http://china.chinadaily.com.cn/2015-08/06/content_21520950.htm.

2. 夾邊溝

1 **The Ditch:** scenes and quotes are taken from *Jiabiangou Elegy*, an independent documentary film made by Ai Xiaoming and released in five parts to YouTube in 2017. See "Jiabiangou jishi—01 youpai nongchang" 夾邊溝祭事—01右派農場 [Jiabiangou Elegy—01 Rightist Farm], accessed 20 August 2022, https://www.youtube.com/watch?v=M0NN1F_HegY&t=2182s.

2 **Ai Xiaoming biographical information:** Interviews with the author in person on 29 June 2016, and by phone 4 January 2021, as well as follow-up correspondence in 2022

3 **"The person punished does not know the reason":** Milan Kundera, *The Art of the Novel,* trans. Linda Asher (New York: Harper Perennial, 2000), 102–103.

注釋

序

1 **Solzhenitsyn, Kundera, or Forman:** Especially relevant is Alexander Solzhenitsyn's *Gulag Archipelago*, which chronicles the Soviet prison camps, Milan Kundera's *The Joke* and its satire of totalitarianism, and Milos Forman's film "The Firemen's Ball," which satirized Eastern European Communism. The parallels are imperfect because all three defected or emigrated to the West, giving them greater freedom and resources, but these earlier works were created in the home countries, suggesting similarities to those that I discuss in today's China.

2 **Jiang Xue posted a widely circulated article:** "2022 jizhu qingnian dailaide guangliang," originally posted on NGOCN Telegram site, https://web.archive.org/web/20230118213333/https://ngocn2.org/article/2023-01-01-new-year-the-youth/.

1. 前言

1 **hard to travel two hundred miles in any direction:** Gregory Veeck, Clifton W. Pannell, Christopher J. Smith, and Youqin Huang, *China's Geography: Globalization and the Dynamics of Political, Economic, and Social Change* (Lanham, MD: Rowman and Littlefield, 2016), 30.

2 **"Do you really understand the water":** *Inscribed Landscapes*, trans. Richard Strassberg (Berkeley: University of California Press, 1994), 187.

3 **"with so many painful and dangerous matters":** Jerome Silbergeld, *Back*

中國觀察 48

星火：中國地下歷史學家與他們的未來之戰

Sparks: China's Underground Historians and their Battle for the Future

作　　者　張　彥（Ian Johnson）
翻　　譯　林　瑞
編　　輯　邱建智
校　　對　魏秋綢
排　　版　張彩梅

副總編輯　邱建智
行銷總監　蔡慧華
出　　版　八旗文化／遠足文化事業股份有限公司
發　　行　遠足文化事業股份有限公司（讀書共和國出版集團）
地　　址　新北市新店區民權路108-2號9樓
電　　話　02-22181417
傳　　真　02-22188057
客服專線　0800-221029
信　　箱　gusa0601@gmail.com
Facebook　facebook.com/gusapublishing
Blog　gusapublishing.blogspot.com
法律顧問　華洋法律事務所／蘇文生律師

封面設計　張巖
印　　刷　前進彩藝有限公司
定　　價　560元
初版一刷　2024年6月
ISBN　978-626-7234-91-4（紙本）、978-626-7234-93-8（PDF）、978-626-7234-92-1（EPUB）

國家圖書館出版品預行編目（CIP）資料

星火：中國地下歷史學家與他們的未來之戰／張彥（Ian Johnson）著；林瑞譯. -- 初版. -- 新北市：八旗文化：遠足文化事業股份有限公司, 2024.06
面；　公分. --（中國觀察；48）
譯自：Sparks: China's underground historians and their battle for the future
ISBN 978-626-7234-91-4（平裝）

1. CST：中國史　2. CST：史學家　3. CST：政治變遷

628.77　113006091